U0646995

为成长为未来

——高中生涯规划教育典型案例精选

田学峰 主编

燕山大学出版社

·秦皇岛·

图书在版编目（CIP）数据

为成长为未来：高中生涯规划教育典型案例精选 / 田学峰主编 .—秦皇岛：燕山大学出版社，2021.6

ISBN 978-7-5761-0094-5

Ⅰ.①为… Ⅱ.①田… Ⅲ.①高中生－职业选择－教学研究 Ⅳ.① G635.5

中国版本图书馆 CIP 数据核字（2021）第 046152 号

为成长为未来——高中生涯规划教育典型案例精选

田学峰 主编

出 版 人：陈　玉
责任编辑：王　宁
封面设计：方志强
出版发行：燕山大学出版社 YANSHAN UNIVERSITY PRESS
地　　址：河北省秦皇岛市河北大街西段 438 号
邮政编码：066004
电　　话：0335-8387555
印　　刷：英格拉姆印刷(固安)有限公司
经　　销：全国新华书店

开　本：700mm×1000mm 1/16	印　张：19.5	字　数：309 千字
版　次：2021 年 6 月第 1 版	印　次：2021 年 6 月第 1 次印刷	

书　号：ISBN 978-7-5761-0094-5
定　价：65.00 元

版权所有 侵权必究

如发生印刷、装订质量问题，读者可与出版社联系调换

联系电话：0335-8387718

编委会

主　编：田学峰

副主编：张　芳　康曙光　金艳萍　查　明
　　　　韩　静　宋　跃

编　委：刘　磊　李　楠　陈立安　华元杰
　　　　耿金卫　魏伶伶　邱贺辉　齐红梅
　　　　刘　楠　李熳露　王心颖　管志伟
　　　　温翠杰　李建忠　林玉民　刘海臣
　　　　韩　笑　丁志刚

顾　问：张铁军　杨　君

《为成长为未来—高中生涯规划教育典型案例精选》

书稿编审会议

主　编　田学峰（前排中 / 秦皇岛市新世纪高级中学）

副主编　张　芳（后排右二 / 秦皇岛市新世纪高级中学）

副主编　康曙光（前排左一 / 秦皇岛市新世纪高级中学）

副主编　金艳萍（后排左一 / 河北省昌黎汇文二中）

副主编　查　明（前排右一 / 秦皇岛市新世纪高级中学）

副主编　韩　静（后排右一 / 秦皇岛市第一中学）

副主编　宋　跃（后排左二 / 河北师范大学博士在读、秦皇岛市第五中学）

■ 2015 年 10 月，田学峰在"河北省高中生涯规划教育实验项目启动暨培训"仪式上作专题报告。

■ 秦皇岛市教育局批准成立"田学峰高中生涯规划工作室"，新梦想，新起航，工作室明确了"为成长为未来"的建设发展目标。

■ 2019 年 12 月，田学峰在"首届全国中学生涯规划教育学术年会"上获奖并介绍典型经验。

■ 2020 年 11 月，田学峰高中生涯规划工作室多名成员在秦皇岛市教科所举办的"秦皇岛市高中综合实践活动课程生涯规划教育展示观摩活动"上进行案例示范展示。

探索总结 升华提高 交流展示 服务教学

2020 第1期(总第17期)

新世纪高中
学刊

秦皇岛市新世纪高级中学(河北省示范性高中) 主办
NEW CENTURY HIGH SCHOOL OF QINHUANGDAO

河北省教育科学研究"十三五"规划立项课题
"高中职业生涯规划教育课程体系的建构研究"

■ 2020年6月，秦皇岛市新世纪高级中学"高中生职业生涯规划教育课程体系的建构研究"省级课题结题验收被评定为"优秀"等级，并获得秦皇岛市首届教育科研成果评比一等奖。

■2020年12月，田学峰高中生涯规划工作室骨干成员参加秦皇岛市教科所组织的"走进昌黎二中助力学生选科"生涯规划教育送课交流活动。

人生是一本书，是一本独一无二的自传，要用一生的时间去完成。对于高中生而言，此时他们要做的，不是信马由缰地莽撞前行，待到垂暮之年再追忆往昔；而应该是在青春的当下先行设计好"自传"的"目录"，以指引未来的人生"篇章"。但是，这对于那些十几岁的"作者"来说，绝非易事。他们需要智者的引领，让智者激发他们理想的内驱力，引导他们科学地认识"我是谁"，正确地选择"我的人生要走到哪里"，理性地设计"我的人生路线"。

那么，谁来担当"智者"之责呢？我想，高中生涯规划教育者当仁不让！

过去，生涯规划教育课程一般在大学阶段开设，似乎是因为大学毕业生要找工作，把职业生涯教育简单地等同于就业指导，但是这是一个误区。新高考改革"选科走班"管理模式的运行，要求高中生提前进行未来发展方向的初步选择。《关于新时代推进普通高中育人方式改革的指导意见》对高中学校开展生涯教育提出了明确要求，生涯规划教育要成为高中学校开设的必修课。

秦皇岛市新世纪高级中学党总支书记田学峰是高中生涯规划教育积极的探索者和践行者，2015年曾在"河北省高中生涯规划教育实验项目启动暨培训"仪式上作专题报告，2019年在"首届全国中学生涯规划教育学术年会"上介绍典型经验。带着对生涯规划教育的执着和热爱，他一直寻找"同道中人"，共同探索实践。2019年，田学峰被秦皇岛市教育局聘任为"秦皇岛市高中生涯规划工作室"主持人。近两年来，为了指导各高中学校规范开设高中生涯规划教育课程，田学峰同志和六位骨干成员带领"高中生涯规划工作室"研修成员共同开发专题课程，并提炼成果将生涯规划教育精品案例结集，出版《为成长为未来——高中生涯规划教育典型案例精选》一书，供各高中学校生涯规划教育教师借鉴参考，服务市域生涯规划教育的普及。

相信这些接地气的典型案例对我们高中学校开展生涯规划教育一定会有启示和帮助。让我们共同努力，担好"智者"之责，关注学生未来成长，争取做好生涯教育的引路人，为全省新高考改革的顺利推进贡献一份力量。

河北省教育厅基础教育处二级调研员

梁永良

2021 年 2 月 2 日

通读由田学峰老师领衔、多位高中一线教师精心编写的这本《为成长为未来——高中生涯规划教育典型案例精选》，我体会到一批高中学校生涯教育先行者对生涯发展学问的笃信与热爱，对生涯教育事业的情怀与坚持，以及对青少年成长的担当与奉献。这本书几乎涉及当前高中学校生涯教育所涵盖的所有方面，是作者长期以来对生涯教育深入思考并躬身实践的总结。这本书的重要价值不在于其结构上有多么精巧，也不在于其论点有多么高深，而在于其内容有强大的实用性和指导性，这本身就是一个探索出新的过程。

自 2014 年新高考政策实施以来，生涯教育的重心逐渐由高等教育阶段向基础教育阶段前置。此前生涯教育的重心在大学，有的高校做得好些，有的高校做得差些，但总体上存在着系统性偏差。一个学生已经到了自己不喜欢或力不能及的专业领域，再学习知己知彼、理性决策的原理，总是不能完全发挥他的潜力。通过招考制度的再设计，"选科走班"、按"专业（类）＋学校"填报高考志愿等方面的规则出现新变化，逻辑上使高中阶段对生涯教育的需求呈现出"刚需"，无论是"6 选 3"还是"3+1+2"，都绕不开生涯规划的原理与技术。然而，国家启动此轮教育改革的根本意图在于解决所学非所愿、所做非所学的问题，使人才培养更好地服务于国家发展战略。这一点在我们探讨新高考倒逼生涯教育向高中阶段前置的内在逻辑时，必须要深刻理解。如果高中生涯教育仅仅停留在回应高招方式的变化所带来的所谓"刚需"，而看不到政策对高中育人方式转变的牵引，就极易使生涯教育变成一种静态而僵硬的匹配工具，变成分数至上的附庸，甚至会陷入"生涯教育无用论"的泥淖。

高中学校的生涯教育究竟应该怎么做才能保证方向上是对的，方法上是有效的，国外的经验当然可以参考，但中国的教育生态毕竟不同于国外，生涯教育理论与实践的本土化是必须要走的路。在生涯教育本土化的过程中，一线教师的深度参与是必不可少的。一线教师与学生朝夕相处，更容易将生涯发展的理念传递给学生，更容易开展各种形式的生涯教育实验活动。这也正是眼前这本书能够打动我的地方。我向大家推荐这本书的缘由有二：一是其理念具有科学性，体现了生涯教育的本质内涵；二是其内容具有可操作性，易于其他学校学习与借鉴。

生涯教育要以促进学生生涯发展为核心。生涯教育的终极目的是提升学生的生涯适应力，使学生能够做最好的自己。教育是要见"人"的，这个"人"就是学生。生涯教育的本质内涵是通过唤醒学生的生涯意识，鼓励学生积极探索自我与外部环境，学会理性决策的方法，并对自己的生涯发展有一种掌控力和自信心，有能力应对生涯发展过程中的不确定性。要让学生们把自己的事情弄明白，而不是由老师或家长替他们作决定。青少年要自己能够回答"我是谁""我要向何处去""我如何到那里去"的人生三问。这些基本问题搞不清楚，青少年就没有足够的能量去应对生涯发展中所遇到的各种挑战，进而出现迷茫、厌学等各种"状况"，严重的甚至会抑郁、自杀，发展心理学家称之为"同一性混乱"。此书所展现的生涯教育内容是从理念和方法两方面为学生提供帮助的。在唤醒生涯意识的基础上，既激发学生生涯探索的兴趣与动机，又给出多种方法与路径指导。即使一些学生当下并不能对自身的发展问题完全想清楚，只要他们拥有正确的生涯发展观，保持着"生涯好奇"，一直在探索的路上，"自我同一性"终能得以完成。

生涯教育的对象是所有学校的所有学生。这里有两个层面：一是生涯教育应涵盖所有的学校；二是生涯教育必须面向所有的学生。就前者而言，以高考制度改革为标志的新一轮教育改革对所有高中学校育人方式的转变提出了明确要求，从而也为所有学校提供了发展新机遇，特别是为教育资源相对落后的学校提供了弯道超车的机会。生涯教育体系的有效建立成为学校落实新政策、抓住新机遇的基础环节。生涯教育开展的校际差异反映了校长的教育意识与办学理念，也反映了学校对政策的理解与把控能力。就后者而言，生涯教育的理念是让每一位青少年做最好的自己，衡量的标准不是考试分数而是作为"社会人""全人"的健康人格的塑造与综合素质的提升。从生涯发展的角度考查学生，没有"好"与"差"，只有"适合"与"不适合"。尊重每一位学生的人格特质与天赋智能，如其所是地找到最能发挥其潜能的专业领域，发掘其生命潜能，达成自我实现，是生涯教育内涵的应有之义。

生涯教育需要所有教师的参与。生涯教育绝不是培养几个生涯课教师，开出一门生涯课程那么简单。生涯教育活动需要生涯课教师、班主任以及学科教师的共同参与。通过生涯课引领、班级管理活动辅导、学科渗透等唤醒学生的生涯意识，激发学生的成长动力。生涯教育活动的开展与学科学习是相辅相成、彼此促进的。秦皇岛新世纪高级中学的生涯教育实践表明，生涯教育不仅不会削弱学科学习，相反，还会促进学习成绩的提升。而且，学生们拥有了清晰的发展目标，会增强对学习生活中挫折和困难的抵抗能力，更懂得调整自己的负面情绪，人际关系也会更和谐。因此，高中学校不仅要有专业的生涯课程教师，还要对所有班主任进行生涯规划知识与技能的系统培训，课任教师也要了解所教科目与学生发展的关系，为学生探索专业方向提供指导和帮助。

生涯教育应为学生提供多样化的生涯探索与体验活动。对于高中生来说，对"我是谁""我适合的职业方向"这样的问题，要有一个清晰的概念并不是一件容易的事情。除了给他们提供生涯规划的知识与测评工具以外，多样化的生涯探索与体验更加重要。到自己喜欢的大学去看一看，或者找到自己喜欢的职业去做一做，获得的感受比课堂上听老师讲要生动真切得多。在我接触的高中生厌学的案例中，有相当比例的孩子是由于执着于自己头脑中的理想职业，不了解又不知如何了解其真相，而面对当下繁重的学习任务又无法达成心理的一致性承诺所致。家长们往往急于解决表象的厌学问题，期望咨询师一两次交谈就能让孩子高高兴兴地去上学，殊不知，孩子的心结没打开，没有建立起当下的学习与未来的职业理想之间正确的因果关联，内心很挣扎，行动处于阻塞状态。驱散孩子内心的执念，欠缺的或许是几日职业实景的影随，或许是生涯榜样人物的几句话。通过在体验中学习，在学习中反思，青少年会形成真实的自我概念，理顺自己的生涯发展路径，构建起为自己的职业理想而努力奋斗的动力系统。秦皇岛市新世纪高级中学结合高一选科，让学生们开展各种职业、大学与专业的体验，把新高考政策落在了实处。

生涯教育应构建起青少年发展的良性生态系统。发展心理学家布朗芬布伦纳（Brofenbrenner，2005）把影响青少年发展的环境因素解释为由微观系统、中间系统、外系统以及宏观系统共同作用的嵌套结构。微观系统表现为青少年与直接环境（家庭、学校、同伴等）之间的互动；中间系统则是指直接环境之间的相互关系；外系统和宏观系统分别指对青少年发展有影响的社会背景和意识形态文化背景，这四个子系统共同构成影响青少年发展的生态系统。在我国高中教育语境下，学校在这一生态系统中处于显著核心地位，应主动担负起构建学生发展良性生态系统的责任。秦皇岛市新世纪高级中学在学校内部建立了直接面向学生发展的微观系统：一是建立学生发展指导中心，为生涯教育活动的开展提供实施载体；二是建立了由班主任、生涯课教师以及学科骨干教师共同参加的学生发展导师系统；三是建立起从入学生涯唤醒到毕业升学指导的全流程生涯教育与服务体系。在学校外部建立了促进学生发展的中观与宏观系统：一是建立了良好的家校互动机制；二是努力争取有利于学生发展的外部教育资源；三是用先进思想与文化引领学生发展，屏蔽消极文化对学生思想与心灵的侵蚀。

总之，这本《为成长为未来——高中生涯规划教育典型案例精选》涵盖了高中生涯教育的各个侧面，是国内少有的高中学校生涯教育实践探索的上乘之作，具有很强的实用性和推广价值。此书的最大受益者当是那些想用生涯理念与方法助力学生发展的高中学校和教师。

一花怒放不是春，百花齐放春满园。如果说，这本书是高中学校生涯教育百花园中竞相开放的花，那么，一朵唤起万枝开，相信高中学校生涯教育的姹紫嫣红一定会在不远的将来满园盛开！

河北省青少年职业生涯发展研究会会长

河北师范大学教授

苏志霞

2021 年 2 月 20 日

　　《为成长为未来——高中生涯规划教育典型案例精选》一书，在"秦皇岛市高中生涯规划工作室"的组织下，历时两年的实践探索、一年的精心编写，经编委会全体成员共同努力，终于付梓问世了。全书采用案例体例，共七章：第一章为生涯规划教育理论与实践；第二章为生涯课教学设计；第三章为学科融合课程设计；第四章为主题教育活动；第五章为团队辅导讲座；第六章为个别咨询与指导；第七章为学校文件及经验材料。

　　新高考改革使生涯规划教育成为高中学校的必修课，《关于新时代推进普通高中育人方式改革的指导意见》对高中学校开展生涯规划教育也提出了明确要求。生涯规划教育是新学科，高等师范院校还没有对口的专业设置，师资问题已成为当前省市各高中学校开展生涯教育活动面临的最突出问题。目前的生涯规划师认证培训只能说是"领进门"，而优秀的生涯教育学科教师需要持续的校本培训，对此我们认为案例研修则是推进生涯教育理论学习和实践反思的有效方法和途径。为了提高生涯教育学科师资水平，推进市域内生涯规划教育的普及和提高，在秦皇岛市教育局主管部门的支持下，"高中生涯规划工作室"将近两年来开发的专题课程和生涯教育案例，提炼精品结集出版，供各高中学校使用，以期对推进生涯教育实践和研究有所借鉴和启发。

　　本案例集共计48篇文章，全部出自工作室研修成员之手，深度发掘了市域高中生涯规划教育的内涵和特色。精选的案例均来自作者亲自开发的生涯教育专题课程及策划实施的特色活动，多数案例在全市生涯教育展示活动中公开示范或在省级以上期刊

1

公开发表。本案例集的整体框架由工作室研修成员讨论形成，对于入选的每篇案例，均再三斟酌、严格把关。编委会在基本保持原有风格的基础上，对题目和教学目标等内容进行了重点修订和格式规范。为了保护个人隐私，案例涉及的学生姓名全部使用了化名。

广义地讲，每一名教师都应该成为学生的生涯导师。生涯规划教育的主阵地除了生涯课和生涯主题教育活动之外，还应该依赖各学科的渗透和教师的日常教育指导。本书的读者定位为新高考背景下的全体高中教师，重点是从事生涯规划教育的专兼职教师和班主任等德育工作者，以及其他对生涯教育感兴趣的人士。希望在高中生涯教育开展的初始阶段，本书能帮助高中学校及一线教师破解一些难题，打开一些思路，甚至可即学即用，借鉴参考。

目　　录

第三章　学科融合课程设计

第六章　个别咨询与指导

第七章　学校文件及经验材料

第一章

生涯规划教育理论与实践

对高中生涯规划教育认识误区的重新审视

秦皇岛市新世纪高级中学　田学峰

在给高三年级毕业生家长做高考志愿填报培训时,谈到生涯规划教育,总有家长问我:"生涯规划教育有什么用?""高考分数上不去,规划再好也没有用。"其实这些问题也正困扰着每一位高中教师,这就需要我们对生涯规划教育的认识误区进行重视审视。

⊖ 每个人都需要生涯规划吗? ——发展自我概念

新高考背景下,高中生涯规划教育的作用日渐凸显,高中生必须面对选科问题,"专业+学校"的新高考志愿填报方式也倒逼高中学生必须提前思考职业方向。新高考改革的全面推进让家长认识到了生涯规划教育的迫切性,但生涯教育不仅是"选科和志愿填报",还有更丰富、更深刻的内涵。学生、家长、教师不能狭义且功利化地理解生涯规划教育的意义和作用。

高三毕业生填报高考志愿时产生困惑的根本问题是缺少系统化的自我认知,究其原因往往要追溯至刚进高中校园或更早些时期的自我认知定位。自我认知简单来说就是一个人对自己的了解程度。自我认知度高的人,更熟悉自己,就好像晚上自己在不开灯的黑暗房间里,也能大致了解身边的物品,而身处一个陌生的房间里时就做不到这点。知道你是谁,比知道你要去哪里更重要。明确自己的职业理想,知道自己喜欢什么、擅长什么、需要什么,这些都是选科和志愿填报的重要依据,也是进行未来职业规划的必备条件。生涯教育理论认为,个人的生涯计划或生涯决策行为是自我概念的一种实现,职业选择的核心动力来自自我概念的发展。生涯教育的首要任务是发展自我概念,"传其道"——让高中生们拥有生涯规划的理念、意识、价值、态度，强化自我意识；"授之术"——使高中生初步了解自我探索方法，培养自我规划基本能力，掌握自我发展的判断、修正、再出发的入门技艺。

绝大多数成功人士没有接受过系统的生涯规划教育，但为什么还能事业有成？原因是他们能够自发地领悟并践行生涯的理念，这就是通过精准的自我认知定位，能够更全面地理解问题与挑战，执着地追求人生目标，虽然没接受过生涯规划教育，却实现了生涯规划的自觉。

总体上讲，有效的生涯规划教育可以帮助高中生明确考学目标，找到人生的箭靶子，让学生自我赋能，激发学习的内动力。但对于某一个个体，生涯规划教育可能与提高高考成绩无直接必然关系，但从发展自我角度来说，每个孩子都需要生涯规划教育。

自我认知是一个永恒的主题，永远不会结束，生涯教育越早越好，再晚也不晚，只要开始了就不晚。

⊖ 生涯真的能规划吗？——关注未来成长

人生无常，生命轨迹是不可预知的。世界变化万千，新职业层出不穷，学生心智不甚成熟，人的发展很复杂，时刻在变化。的确如此，静态机械性的生涯匹配论、线性生涯观很难适应动态的人生发展过程。

马云曾经说过："梦想还是要有的，万一实现了呢？"如果你的目标是登上非常陡峭的高山的山腰，很少有人一不小心就登上山顶。生涯规划教育可以铺就通往未来之路，通过梦想与未来的连接，引领学生走向更加明确的未来。生涯教育是"目标引领"的教育，即解决"为何出发"和"到达何方"两大问题。缺乏目标定位的人，就好像自驾车外出，如果只是看哪条路不堵车就往哪儿走，到了最后自己都不知道走到哪里去了。生涯教育的关键作用是激发梦想，如果一个孩子开始思考未来发展问题，他的生涯意识就被唤醒了。

但是，生涯规划的目标是茫茫大海上的航标而不是铁轨上必须经过的某一个车站。生涯规划方案不是建筑工程图，无须按图施工。高中生的个人生涯规划方案，只是初步确定职业方向，确切地说，只是"铅笔画的草图"，有很大的不确定性。现代管理之父、目标管理大师彼得·德鲁克说过：

"一般来说，一项计划的时间跨度如果超过了 18 个月，就很难做到明确和具体。"

　　未来之路，终究要让学生自己去走。生涯规划教育通过目标引领关注学生的"成长之心"，这就是"看到梦，找到路"。激发学生成长愿景——"欲望"，不仅要让学生们明白每个阶段都要有"愿景"，而且还要关注成长的方法，即关注"成长之术"，包括对学习、时间、情绪、交往、效率等的管理。

　　生涯教育还要让学生明白：梦想的实现永远在路上，我们在成长，梦想也应该在成长。

⊝ 什么才是重要的生涯能力？——适应变化能力

　　当前是互联网智能时代，自我意识的觉醒和价值多元化的追求使个人面临着前所未有的风险压力和不确定性，标准化地执行生涯规划路径不可能做到。但世界不管多么错综复杂，亦可认知，有规可循。变化是有规律的，是可以预测和应对的。自我建构的多元生涯类型时代已经来临，要在"变"的外在世界中找到"不变"的核心要素。

　　达尔文在《物种起源》中有这样的一段经典论述："能够生存下来的物种，并不是那些最强壮的，也不是那些最聪明的，而是那些对变化作出快速反应的。"人的一个重要的生涯能力是具备应变的能力，即社会学派的观点认为，这就是指"预先社会化和继续社会化"。前者指的是个人必须未雨绸缪地积累日后进入社会的知识与技能，后者主张面对不断变化的现代社会，个人必须不断地学习新观念、新技能，以培养个人掌控环境的能力。环境的变与个人的应变，成了个人生涯发展过程中应有的警觉，所以，有专家称生涯之学即应变之学。生涯是未来之学，因为生涯总是关乎未来；生涯也是应变之学，因为未来总是变幻莫测。

　　应对变化主要通过重要节点的生涯决策来完成，"适应"是关键词。一个人在青少年阶段会面临各种环境变化，这是提升他们生涯适应性的好机会，包括从幼儿园开始，每次升学、换学校、换老师、换同学、换班级。高中生为未来作准备，不仅要关注学习成绩，而且要自觉地提高应对变化的能力，因为到了大学、职场，要面临更为复杂的适应问题。大学是一个人真正独立生活的开始，有些学生因为不适应大学生活而产生焦虑，严重的甚至抑郁，不得不休学。

生涯规划的实施操作不能简单化，它是高配置的智能"导航系统"，不仅有设计路径或重新规划调整路线的功能，还能自己设定和修正目标，适应人生发展的千变万化。

理论认识上的误区一定会导致行动上的错位，我们要理性地认识生涯规划教育。生涯教育是认知之学，是系统的自我认知，发展自我，解决"我是谁"；生涯教育是梦想之学，是通过目标定位和引领，关注成长，为未来发展作准备，解决"到哪里去"；生涯教育是应变之学，培养生涯的选择适应管理能力，解决"如何去"。

总之，高中阶段实施生涯规划教育，是帮助高中生了解自己的教育，是帮助高中生选择人生目标的教育，是激励高中生为实现目标而奋斗的教育。激励、唤醒、点燃、鼓舞是教育的全过程，那么生涯教育就是唤醒人生目标的开始！

参考文献

[1] 金树人 . 生涯咨询与辅导 [M]. 北京：高等教育出版社，2007.

[2] 赵昂，任国荣 . 通往未来之路 [M]. 北京：机械工业出版社，2020.

注：本文为 2020 年 11 月 20 日在秦皇岛市高中综合实践活动课程生涯规划教育展示观摩活动专题讲座上的发言。

高中职业生涯教育课程的思考与实践

秦皇岛市新世纪高级中学　康曙光

【摘要】 高中生在毕业后面临着就业和升学的选择，他们是促进社会发展的人才，也是我国青年劳动力的后备军，所以他们是否有清晰的职业认知和职业规划会直接影响到其个人职业的发展，更会对我国人才与劳动力队伍的整体素质产生不容忽视的影响。由此可见，开展、优化和提升高中职业生涯教育尤为重要和迫切。对此，本文将从实施体验式的教育模式、丰富职业生涯教育载体与充分发挥家庭教育作用三方面出发，系统地分析和论述高中职业生涯教育课程开展的有效方法和具体策略。

【关键词】 高中；职业生涯教育；课程；实践

7

职业生涯是一个人的终生职业体验和经历，是一个漫长的过程。而高中生具有独立的意识与价值观念，正处于个体职业生涯的尝试阶段，所以培养高中生初步的职业生涯意识与规划能力，能够让学生科学地进行专业和志愿的选择，也能让学生充分地作好对未来的准备。但是当前高中职业生涯教育中还存在着教学观念落后、方法和模式单一等诸多问题，不利于高中生职业生涯意识的形成和规划能力的发展，因此，作为高中教师，我们必须要树立全新的教学观念和思想，从高中生的认知结构出发，改进职业生涯教育的方法和策略，以提升高中职业生涯教育的水平和质量。

㊀ 实施体验式的教育模式

高中职业生涯教育与语文、数学、英语等文化科目并不相同，其教学的重点是重视、突出学生的体验和分享，让学生形成基本的职业生涯意识。所以，高中教师必须要重视职业生涯课程教育模式实施的多样性。具体来说，教师一方面需要以课堂讲授为基本的教学方法，适当地引入典型性的职业生涯案例，让学生能够系统、全面地了解关于职业生涯的知识和常识性内容，有效激发学生的内心情感体验。另一方面，教师则需要在课堂中开展形式多样的趣味化体验活动，组织学生进行角色扮演，让学生在活动中体验职业身份，感悟职业生涯。

例如，为了让学生们更好地感悟职业生涯，笔者结合课程内容，为学生们开展了课外实践活动，让学生们转变角色，进入自己喜欢的职业当中，认识该职业所需要的专业技能。本班有一位学生想成为一名兽医，这位学生曾说过："生活中的宠物越来越普及，随着宠物走进人们的生活，宠物的生命安全也日益受到关注，但是由于宠物医院数量较少，很多宠物在得病后都没有得到有效治疗，痛失生命。"所以这位学生立志要做一名兽医，维护这些小动物们的生命健康。在为期一天的职业体验中，这位学生收获了很多感悟：要想成为一名合格的兽医，现在的知识与能力还远远不够，还需要不断学习，获取更多的知识。这样一来，在高中职业生涯课程教学中，笔者通过实施体验式的教育模式，使学生在活动中体验到了职业的身份，感悟了职业生涯。

⊝ 丰富职业生涯教育载体

职业生涯教育不仅仅局限于课堂教学和讲授，还要充分地丰富和拓展职业生涯教育的途径和载体，才不会让学生出现职业理想失实、职业生涯设计不合理等问题，最终能让学生对职业世界有更加清醒和全面的认知。所以，高中学校和教师可以在校园内为学生提供社会实践的机会，加强学生的实践体验，为学生设置各种体验岗位，鼓励学生进行充分体验，让学生能够在实践中学习；同时，组织学生进行社会实践，参与社会生活，调查和了解职业相关知识，从而树立正确的职业生涯意识，形成科学的职业观和职业期望。

⊝ 充分发挥家庭教育作用

家庭是学生的第一所学校，在学生学习、发展和成长的过程都发挥着不容忽视的作用。家庭中，父母对社会职业往往有着直接的体会和深刻的认识，是学生了解职业、树立职业意识、进行职业规划的重要支撑。所以说，高中学校和教师需要充分发挥家庭教育的作用，定期举办家长会，对家长进行培训，从而使家长们能够认识到职业生涯教育的重要性，更多地关注学生的未来职业发展，帮助学生了解职业世界，指导学生科学地设计职业规划，从而让高中职业生涯教育在家庭的配合下更加高质高效。

例如，为了让学生们更加高效地规划自己的职业生涯，笔者充分发挥了家庭教育的作用，与学生家长构成了合作共育的体系。首先，笔者结合现代社交软件——微信，建立了家长群，在群内与各位家长分享一些学生职业生涯方面的知识，让家长们认识到职业生涯教育的重要性。其次，笔者还会分享一些培训的方法，让家长们在家庭教育中引入职业生涯教育。这样一来，在高中职业生涯课程教育中，笔者通过充分发挥家庭教育的作用，帮助学生更好地了解职业世界。

总之，高中职业生涯教育课程是我国教育教学体系的重要组成部分，优化和提升职业生涯教育是帮助学生更好地升学和就业的动力。因此，高中学校和教师必须要树立全新的教学观念和思想，通过实施体验式的教育模式、丰富职业生涯教育载体与充分发挥家庭教育作用等策略的运用，有效地优化高中职业生涯教育课程，帮助学生树立正确的职业意识，提高学生的职业生涯规划能力。

参考文献

[1] 武曼.普通高中职业生涯教育研究 [D].天津：天津职业技术师范大学，2017.

[2] 崔霞.生涯教育课程与高中生职业目标确立的实践与思考 [J].现代教育，2017（10）：60-62.

注：本文发表于《好家长》2019 年第 49 期。

做最好的自己，生涯教育正当时

——新世纪高级中学生涯教育课程实施案例

秦皇岛市新世纪高级中学　张芳

　　随着普通高中课程改革以及高考制度改革的不断深化，新高考模式、专业选择等话题越来越受到普遍的关注，与此密切相关的高中生生涯教育也正在成为业内的专业话题。庄子有云："吾生也有涯，而知也无涯。"因为人生有涯，所以需要规划，有规划的人生，步履才会迈得更加坚定。生涯教育将对学生未来的发展起到重要而深远的作用，它可以唤醒学生的生涯意识、自我规划意识，目前已经成为学校在课程建设中必须面对和研究的一个新课题。秦皇岛市新世纪高级中学是河北省生涯教育实验学校，自2017年开始，未雨绸缪，率先行动，走在改革前面，积极构建生涯教育课程。

⊖ 成立一个生涯课题小组

　　本着"以课题研究引领重点工作"的思路，学校在 2017 年 6 月申请题为"高中生职业生涯规划教育课程体系的建构研究"的研究课题，并于 2017 年 9 月被河北省教育科学规划领导小组办公室审批立项为河北省教育科学"十三五"规划课题。课题甫一立项，学校迅速成立了课题研究工作组，校长杨君担任课题主持人，党总支书记田学峰担任课题主研人。课题组现有成员 26 人，人员组成覆盖学校 10 个学科、3 个年级以及教务处、德育处、科研处等教育教学科室，以确保课题研究工作在校内的全面开展。自课题立项以来，课题组先后召开了课题论证会、学习交流会、开题报告会、行动推进会等近 20 次会议。会议上大家集中进行理论学习，研讨生涯课题研究方案，部署生涯活动计划等。另外，根据总课题研究目标和研究内容，课题组将总课题分解成"教师、学生、家长生涯规划教育情况调查研究""生涯规划教育校本教材编写""高中生涯规划教育课程实施策略的研究""高中各学科与生涯教育融合的研究""指导高中毕业生填报高考志愿的研究"等15个子课题，每个子课题下均成立了独立研究小组，设置了中心负责人。随着各项子课题研究工作的推进，生涯教育研究已逐步从理论学习过渡到了实践研究。

打造一支专业教师团队

教师队伍是课程实施的保证，开展生涯教育首先要打造一支拥有专业知识和技能的生涯教师团队。生涯教育是一项全员工程，因此学校从生涯专业教师、班主任教师、学科教师三个层次对全校教师进行有关生涯教育的培训培养，力求让每一名老师都能树立起生涯教育观，提升生涯指导能力，将生涯教育渗透到每一个学科教学和每一项活动中。两年来，学校先后派出9批次共计31人次远赴北京、烟台、无锡、杭州等地学习考察，学习内容涉及专业生涯规划师资格培训、高考志愿填报、生涯学科融合课等，先后有8名教师取得国家认证生涯规划师资格，其中5名教师取得GCDF全球生涯规划师认证资格。另外，学校要求外出学习的教师归来后均要形成书面材料，总结心得、体会，并在校内进行二次培训。交流促消化，研讨促落实，真正做到一人学习，全校受益；教师学习，学生受益。

开展一批生涯特色活动

为了更好地唤醒学生的生涯意识，学校陆续开展了一批生涯特色活动。例如，成立校友宣讲团，组织校友回访、校友讲座等活动，通过校友团体宣讲和个体分享，帮助学生梳理高中学习特点、专业选择、职业特色等生涯信息。身边的榜样人物有着巨大的激励作用，学生被学长们的经历所激励，他们的生涯意识被逐渐唤醒。

高一新生基本情况收纳面谈。在新生入学注册之时，生涯课题组精心设计了收纳面谈环节，对2018级、2019级1300余名新生进行一对一的收纳面谈。活动进行之前，生涯课题小组联合学校的心理教师，提前设计收纳面谈表，并对高一年级全体班主任进行收纳面谈技巧的培训，组成收纳面谈小组。收纳面谈过程中，学生需自主完成收纳表中的 13 个题目，其中包括旅行去过的城市、《西游记》师徒四人中最喜欢的人物、初中擅长学科、最想考的大学、理想的职业，等等，然后再与收纳面谈组的教师进行一对一的交流。收纳面谈环节收集上来的信息可以帮助教师提早了解学生的性格、兴趣、能力、家庭状况以及生涯成熟度等。活动结束后，年级组对学生的信息进行归纳整理，形成调查报告，并将每名同学的个人信息作为高中成长档案的第一页保留存档。

召开"讲述我的成就事件"主题班会。成就事件回顾是生涯规划的一个重要技术手段，它可以帮助人们在找到自信的同时，更加了解自己的兴趣、能力、价值观等。因此我们将此技术应用到军训主题班会中，将以往军训期间传统的"师生见面会"变为"讲述我的成就事件"主题班会。此项活动深受师生们的喜爱，打破了以往常常出现的"初次见面，无话可说"的局面。学生们纷纷走上讲台，回顾并讲述让自己颇有成就感的事件，在这个过程中既增强了学生的自信心，加深了对自己的认识，也增进了师生间、生生间的了解。

开展"职场人物大讲堂"主题活动。定期邀请来自社会各行业的成功职场人士在校内开设"职场人物大讲堂"，指导高中生检验和印证以前通过课堂学习和社会实践等其他渠道获得的信息，了解潜在的不同行业的入职标准、核心素质要求、晋升路径和行业工作者的内心感受，获取相关职业领域完整、准确的信息，提升对于自身和环境的认知，帮助高中生在未来职业方向选择过程中科学决策。

开展"大学生进校园专业探索面对面"生涯教育活动。2019 年 5 月，邀请东北大学秦皇岛校区"学霸公益教育团队"为我校高一年级全体学生作"职业与专业"的辅导报告。活动分两部分，第一部分由"学霸公益教育团队"负责人作主报告，内容涉及高考准备和体验，如何为高中与大学衔接、大学生活作准备等问题；第二部分分 7 个分会场进行专题交流，东北大学秦皇岛分校 7 个学院 18 名大学生分别担任主讲，各分会场重点介绍本学院的专业学科设置，解读各专业核心课程与高中学科的关系。高一年级学生通过参加"面对面"专业探索活动，对大学专业与高中选科的关系有了更深层次的认知。

⊖ 走出一条生涯研学之路

研学旅行是学校教育教学的重要补充，是综合实践育人的有效途径。2016 年 11 月，教育部联合 11 个部门发布了《关于推进中小学生研学旅行的意见》（以下简称《意见》），提出研学旅行将纳入中小学教育教学计划。学校在认真研读《意见》内容后，认为学生在参加集体旅行中进行研究性学习和参观体验的活动中，通过自主地学习、沟通协作、问题探究、创造实践，可以更好地获得相应的学习、生活与生存能力，而这与生涯教育的目标基本是一致的。因此，学校将研学旅行与生涯教育有机融合，带领学生先后赴西安、北京、西柏坡等地开展研学旅行活动。研学活动中设置了一系列包括"学长交流会""生涯人物访谈""我是小记者"等富有挑战性的任务，学生与大学教授、优秀学长面对面交流，亲身体验大学校园生活，了解大学专业设置。这些活动不仅开阔了学生的视野，加深了其对大学专业的认识，而且增强了学生的自理、实践、创新等生涯管理能力，也成功地燃起学生的学习热情。很多学生开始反思，开始重新规划自己的学涯目标、生涯目标。

⊖ 留下一串职业探索脚印

职业探索是生涯规划中的一个重要组成部分。学生对职业广泛而深入的了解有助于他们提早树立起生涯方向，避免学生在选科、择业时的盲目性。但现实情况是大部分学生职业视野狭窄，对职业的种类及特征了解远远不够，很多学生对未来的职业缺乏思考和向往，导致自主学习动机不强。生涯教育理念认为，职业体验是职业探索效果最佳的途径，因此我校与市内多家知名企业单位联系，积极在校园之外开辟实践基地。自 2018 年开始，在学校德育处的组织下，课题组先后 7 次带领学生走进企业，与相关职业亲密接触，留下了一串串职业探索的足迹：走进正大食品有限公司，直击生产现场，了解了食品生产过程，近距离感受科技发展带来的便捷与高效；走进市中心血站，亲眼见证血液制备、检测、储存等流程，亲身采访工作人员，让学生对本来陌生的职业有了全新的认识；走进康泰医学，现代化的医疗器械生产线，不仅开阔了学生的视野，而且让学生了解到这样现代化的企业需要医学、电子、机械、设计等各方面的人才……一次次的亲身体验都在触动着学生的内心，大家立志要努力学习，掌握知识，让自己能进入理想的大学，学到心仪的专业，从事喜欢的职业。

⊖ 举办一组志愿填报讲座

高考结束后，高考志愿填报是广大考生和家长最关心的话题，学校想学生之所想，急家长之所急，在 2018 年、2019 年的毕业季先后为高三毕业生举办了四场高考志愿填报讲座。学校党总支书记田学峰担任主讲人，他把多年来对高考志愿填报的研究心得毫无保留地介绍给考生及家长。田书记从大学生毕业后的就业率、高校录取分数及位次、学科级别和专业排序的分类、志愿选择的参考因素、学校和专业的优先次序、平行志愿的解读等几个方面作了详细分析。每一次讲座，可容纳 200 人的西阶梯教室均座无虚席，会后很多家长纷纷表示："学校举办的高考志愿填报讲座非常好、非常及时，对我们填好志愿有很大的帮助。"除了集中讲座外，2018 年、2019年的 6 月到 8 月期间，学校还为近 80 名毕业生提供高考志愿填报个别咨询服务，深受考生及家长的好评。

⊖ 编写一套生涯校本教材

为确保 2018 级新生入学时能顺利开设生涯教育课，学校生涯课题小组提前谋划，于 2018 年 5 月成立生涯校本教材编写小组，在广泛学习的基础上，立足于我校学生实际开展生涯校本教材的编写工作。该教材在结构设置上分为上、中、下三册，按照"知己—知彼—决策—行动"的思路内涵，上册侧重生涯唤醒及内生涯的探索，下册侧重外生涯的探索及决策行动，设有"走进高中生活""踏上生涯列车""发动小引擎——兴趣探索""发现自己的长板——能力探索""天生我材必有用——性格探索""心中的灯塔——价值观探索""选我所爱，爱我所选""高考与个人发展""职业认知""职业选择"等共计 12 个单元，目前三册教材编写均已顺利完成，已作为学科教材用以对学生授课，并将在课程实践中进一步修改完善。

⊖ 增开一个生涯教育学科

要想将生涯规划的理念落到实处，必须以课程为载体，学校在 2018 年 9 月开始面向高一全体新生增开了生涯教育必修课。学校制定了完整、科学的课程体系，保障了生涯规划教育课有序推进：高一年级侧重自我发现、唤醒潜能，以生涯规划校本课程为主；高二年级侧重职业探索，以实践探索活动为主；高三年级侧重实战演练，以团体辅导、励志课为主。此外，成立生涯学科备课组，每周固定时间进行集体备课。全新的生涯教育课给学生们带来了全新的认识，每周一节的生涯教育课越来越被学生接受和喜欢，这门课已经成了老师、家长和学生谈论的热点。

除生涯教育课外，学校还积极开展生涯学科融合课的教学研讨活动。语文学科耿金卫老师的《长恨歌》的生涯解读，地理学科田淑霞老师的"地理课堂上的角色体验"，都巧妙地在学科教学中融入了生涯教育的元素，在课堂中贯穿对学生进行专业的生涯指导。

生涯教育，我们走在大路上；生涯教育，我们愿做探路者。面对新的形势，我们还需要不断总结经验，发挥"先行一步"的优势，通过多种途径帮助学生适应高考改革，将生涯教育作为有效抓手，培养学生的学科特长、创新精神以及实践能力，为每一个学生的全面发展和终生发展奠定坚实的基础。

注：本文为 2019 年 3 月 14 日在秦皇岛市生涯规划培训现场会上的发言。

选科走班，稳步前行

——新高考改革背景下"选科走班"的管理实践与探索

秦皇岛市新世纪高级中学　查明

⊖ 新高考改革与学生发展需要

● 政策解读

《国务院关于深化考试招生制度改革的实施意见》（国发〔2014〕35号）中提出："体现科学高效，提高选拔水平。增加学生选择权，促进科学选才，完善政府监管机制，确保考试招生工作高效、有序实施。""由考生根据报考高校要求和自身特长，在思想政治、历史、地理、物理、化学、生物等科目中自主选择。"

《国务院办公厅关于新时代推进普通高中育人方式改革的指导意见》（国办发〔2019〕29号）中提出："四、创新教学组织管理（九）有序推进选课走班。适应普通高中新课程改革和高考综合改革，依据学科人才培养规律、高校招生专业选考科目要求和学生兴趣特长，因地制宜、有序实施选课走班，满足学生不同发展需要。指导学校制订选课走班指南，开发课程安排信息管理系统，加大对班级编排、学生管理、教师调配、教学设施配置等方面的统筹力度，提高教学管理水平和资源使用效率，构建规范有序、科学高效的选课走班运行机制。加强走班教学班级管理和集体主义教育，强化任课教师责任，充分发挥学生组织自主管理作用。"

"（十二）注重指导实效。加强对学生理想、心理、学习、生活、生涯规划等方面指导，帮助学生树立正确理想信念、正确认识自我，更好适应高中学习生活，处理好个人兴趣特长与国家和社会需要的关系，提高选修课程、选考科目、报考专业和未来发展方向的自主选择能力。"

"（十三）健全指导机制。各地要制定学生发展指导意见，指导学校建立学生发展指导制度，加强指导教师培训。普通高中学校要明确指导机构，建立专兼结合的指导教师队伍，通过学科教学渗透、开设指导课程、举办专题讲座、开展职业体验等对学生进行指导。注重利用高校、科研机构、企业等各种社会资源，构建学校、家庭、社会协同指导机制。高校应以多种方式向高中学校介绍专业设置、选拔要求、培养目标及就业方向等，为学生提供咨询和帮助。"

《河北省人民政府印发关于深化考试招生制度改革实施方案的通知》（冀政发〔2016〕5号）中提出："计入高等学校招生录取总成绩的学业水平考试3个科目，由学生根据报考高等学校要求和自身特长，在思想政治、历史、地理、物理、化学、生物6个科目中自主选择，考试成绩以等级呈现，其他科目一般以'合格、不合格'呈现。计入高等学校招生录取总成绩的学业水平考试3个科目，普通高中在校学生只能参加一次考试，今后将积极创造条件，为有需要的学生参加同一科目两次考试及更换已选科目提供机会。"

● 现状分析

选科问题是每个学校都必须面对的，学生拥有选科的自主权，但为了更可控，学校在学生选科之前就要对其有一定的思维导向，如：教学班与行政班并存，提供几种"套餐"行政班，一生一课表的全员走班等。

为适应考试招生制度改革，对于底子薄、基础条件差的学校，如何用最小的代价满足新高考的要求显得至关重要。学校采用几种课程组合的"套餐式"，在现有条件下也不失为一个权宜之计。

学生进入高一学习一段时间后，学校根据学生自主预选的情况，采用的课程组合的固定班模式满足不了学生的需求，不同的学校根据实际情况采用不同规模和范围的走班方式。等级性考试的3门可以完全走班，也可以3门中固定1门，其他2门走班；还可以3门中固定2门，另1门走班。学生只是在邻近教室走班，不是所有的科目都要走班，也不是所有的学生都在走班，行政班与教学班并存。

浙江和上海实行新高考改革后，有不少学校的选科走班从最初十分理想的全员走班，发展到后来的"套餐制"（给定学生有限课程组合，实行按班教学），一个十分重要的原因是，不少学生存在功利选科以及缺乏自主管理能力的问题，导致选科走班实施后，学生所选科目的成绩下降，学校的教学管理面临新的挑战。

就目前的情况来看，要实行选科走班就需要配套学生生涯规划教育，而生涯规划教育主要解决三大问题：1.学生自我认识；2.了解大学和专业；3.提高自主学习、自我管理、自我规划的意识和能力。

⊖ 学生选科指导

● 理论指导

学生进行选考科目的选择，其实也就是在进行学业规划和生涯规划。学生需要在辅导教师科学的指导下进行选择和规划。具体包括：

1.职业兴趣探索。在选科准备过程中，学生首先要考虑自身的职业兴趣和学科能力倾向，这两项会极大地影响学生今后的学习意愿和主动性。而且选科将会决定专业选择，进而影响到职业选择。学生需要在学校组织和教师的指导下，通过社会实践、职业体验、生涯课程等学习过程，了解自己的职业兴趣。学生还可以通过专业的心理量表进行科学评估，评估的结果可以作为选科重要的数据参考。

2.分析高校专业选考要求。河北省教育考试院发布的《普通高校本科招生专业选考科目要求说明（3+1+2模式）》对学生提出了高中学业水平选择性考试的选考科目要求。首选科目要求包括仅物理、仅历史、物理或历史均可3种，再选科目包括思想政治、地理、化学、生物4科，根据再选科目数量，选考要求分为"考生必须选考该科目方可报考"（1科）、"考生均须选考方可报考"（2科）、"考生选考其中1门即可报考"（2科）和"不提再选科目要求"。学生应该将选科组合和高校专业选考要求进行对比，确认自己的选科能报考的专业院校。

3.学习能力探索。依据兴趣初步划定选考科目后，学生还需要综合评估自身在这些科目上的学习能力如何。学习能力的评估可以通过高一年级各次考试的成绩分析得出，依据就是各次考试的校内学科排名或是校内学科组合排名，有条件的学校可以组织学生参加大联考（全市或是全省），这样的排名更有说服力。

4. 特长生的选考。理科实验班（奥赛班）、艺体特长生等学生需要根据自身和高校的特殊要求来确定选考科目。

● 新世纪高中选科制度

《秦皇岛市新世纪高级中学选科走班若干管理制度规定（试行）》：

根据《国务院关于深化考试招生制度改革的实施意见》《河北省普通高校招生考试制度改革实施方案》文件精神，为促进学生个性化发展，规范选科走班管理，我校特制定选科走班若干管理制度规定（试行）。

一、选科走班实施操作流程

（一）选科准备

1. 学校从高一年级开始设生涯规划教育课，每周一课时，第一学期以生涯学科课为主，第二学期以团队指导和实践活动为主。

2. 学校就新一轮高考改革的目的、意义、措施、步骤等事宜向广大学生及家长进行广泛的宣传。

3. 学校对学生的课程选择进行客观、理性的引导，努力确保学生选科能够体现学生的学习兴趣、利于挖掘学生潜力、利于学生长远发展。让学生最大限度地给予理解、接受、适应，减少走班教学过程中的阻力。

4. 学校组织学生进行职业倾向、学习能力等相关评测，分析数据，并告知学生和家长。

5. 学校组织两次模拟选科，根据选科结果进行分析，为正式走班教学作好准备。

（二）选科阶段

1. 广泛动员。学校开会动员，就选科的意义、原则、操作方法、注意事项等向学生作出明确解释，同时发放《选科走班实施方案》。

2. 个别咨询。由教师及家长为学生进行选科咨询，让学生对自己所选课程做到心中有数，为正式选科作好充分准备。

3. 填写选科意向表。学生可在教师、家长的帮助下选科，最后由学生本人填写选科意向表。

（三）公布结果阶段

在选科结束后一周内，教务处公布各门课程选修学生名单，由学生本人核对后签字确认。调班开学后按此选科名单上课。学生对自己选修的课程必须严肃认真对待，凡经确定选修的课程，一般不能随意改选。

序号	时间	进程	备注
1	2019.7	新生报到	
2	2019.9	新学期开始上课，每周每班一节生涯课	
3	2019.10	高一年级第一次月考	
4	2019.10	发致家长一封信，开始第一次模拟选科	
5	2019.10	编写新世纪高中2019级第一次模拟选科报告	
6	2019.11	期中考试	
7	2019.11	召开2019级学生家长会，解读《河北省普通高校招生制度改革实施方案》	
8	2019.11	开始第二次模拟选科	
9	2019.11	编写新世纪高中2019级第一次模拟选科报告	
10	2019.11	生涯人物事迹报告会	
11	2019.11	高一年级选科指导讲座（6个学科教研组长）	
12	2019.11	高一年级选科指导讲座（邀请专家）	
13	2019.11	"大学生进校园专业探索面对面"生涯教育活动	
14	2019.11	高一年级学生进行兴趣、性格、潜能评测	
15	2019.12	高一年级第二次月考	
16	2019.12	高一年级学生进行学习能力评测	
17	2019.12	发高一年级学生选科志愿确认单	
18	2019.12	编写新世纪高中2019级选科报告汇总选科情况	
19	2020.1	学生选科调整	
20	2020.1	准备走班的教室和教学设施	
21	2020.3	2019级学生正式开展走班教学	
22	2020.3	走班3周左右，学生选科调整，教学班进行调整	

走班教学管理

《秦皇岛市新世纪高级中学选科走班若干管理制度规定（试行）》：

二、教学班（走班）教师职责

实行选修课程任课教师负责制。任课教师负责本选修课的学业指导及学生管理，任课教师是教学班（走班）教育教学管理第一责任人。在教学班管理中，任课教师的职责是一岗双职：一是教学指导，二是班级管理。具体职责：

1. 导师传授学科知识，并负责学生该科目的学业评价（学分、成长记录等）；

2. 强化德育和班风班貌建设，形成动态稳定的教学班集体；

3. 负责选出教学班班长及各小组组长，组建教学班学生自主管理委员会；

4.安排好座次，要求学生在固定的座位上就座听课；

5.设计考勤登记表，组织好考勤，维持好教学秩序，作好学生课堂听课评价；

6.组织好各种学科考试及学分认定等；

7.关注学生的身心健康，同时为每个学生建立管理档案；

8.管理课堂秩序，作好学生成长记录（如学生出勤、课堂纪律、课堂表现等），学期结束时将学生的操行情况和成长记录与班主任沟通并交班主任留存。

三、教学班（走班）学习管理岗位职责

教学班（走班）教学方式为学习小组制。组成成员：任课教师—班长（课代表）—小组长（以行政班为单位），职责分别明确如下：

1.学习小组：以行政班为单位分配学习小组，根据各行政班的学习人数定小组数，每个小组选定一名组长，对学习小组进行考核，学习小组评比（出勤、卫生、纪律、听课、作业成绩）。

2.班长兼任课代表：协助任课教师管理班级纪律、卫生；收取并分发作业（小组长）；负责学习任务落实和信息传达；并对各小组进行汇总考核，同时帮助任课教师作好课前准备、课前考勤、课堂纪律维持、安排值日等常规工作。

3.小组长：负责相关学生作业的收发和信息的转达；监督组内同学学习过程。

4.组建教学班自主管理委员会，成员由班长和来自单元内各行政班的学习小组的组长组成，负责纪律、卫生等各项工作，各小组长每天要向行政班主任汇报本小组成员的学习表现。

四、教学班（走班）学生常规管理要求

1.学生（走班）提前3分钟到达指定教室等待上课，学生固定座位，不得随意更换；

2.自觉遵守课堂纪律，服从任课教师的管理，不迟到、不早退、不旷课，有事同时向行政班班主任、教学任课教师请假；

3.认真听课，不做与学习无关的事；

4.独立完成作业且主动上交给小组长，小组长收齐后交给班长（教学班），自觉认真地参加考试；

5.自觉爱护所在教室的公物，自觉爱护所在教室的环境卫生，不随地乱吐、乱扔东西；

6.走班时清理好自己桌面，为其他走班同学提供方便。来往走班走廊上安静有序。

⊖ 存在的主要问题

● 资源配置不足
包括师资结构性失衡和教室数量不够。

● 教学班学生管理难度加大
包括考勤、作业、安全等方面管理难度加大。

● 教师评价困难重重
选考等级赋分制度需要进一步科学规划。

● 学生发展指导制度不完善
高中学校需要成立学生发展指导中心，由专业的教师对学生发展做出科学指导。

注：本文为 2020 年 11 月 20 日在秦皇岛市高中综合实践活动课程生涯规划教育展示观摩活动专题讲座上的发言。

打造德育精品课程，激发生涯成长自觉

秦皇岛市新世纪高级中学　刘磊

【摘要】随着新高考改革的不断推进，学生生涯教育已经成为学校教育的重要组成部分，《关于推进中小学生研学旅行的意见》《中小学综合实践活动课程指导纲要》等文件的出台则为生涯教育的开展提供了实施路径。通过专业教育机构与学校的深度合作，链接社会资源为学生提供真实的生涯情境体验机会，有助于激发学生生涯发展的主体自觉性。

【关键词】德育课程；生涯教育；成长自觉

在打造德育精品课程的过程中，秦皇岛市新世纪高级中学通过让学生对社会环境与具体职业的亲身体验探索，了解社会的发展需要，明白职业的意义，从而更好地作出职业生涯规划。探索的内容比较多样，如生涯人物访谈、学生进社区体验服务、职业的了解体验活动、研学旅行切身感悟等，促进学生职业生涯的合理规划，打造德育精品课程，实现全方位育人。

⊖ 职业体验，设计丰富多彩的社会实践活动

在丰富的社会实践活动中开展生涯教育，学校充分发挥社会资源优势，组织多样的生涯体验教育活动，学生在具体真实的亲身体验中深刻体会每一种职业的责任和意义，也更加坚定了他们在今后学习和生活中的目标感。

组织学生进行社会参观考察活动，感悟不同职业的魅力，比如组织高一全年级学生分两批次赴中粮华夏长城葡萄酒有限公司参观体验学习，经讲解员介绍和零距离参观地下酒庄，同学们对葡萄酒酿造工艺流程有了初步认识，家乡的红酒酿造工艺世界一流，红酒文化源远流长，增强了学生爱家乡、爱祖国的民族自豪感；学校开展"携笔从戎，军旅生涯体验"活动，提高了学生们的职业体验热情，官兵们对自己对未来的设想也提醒学

生们规划好自己的学业生涯和未来的人生之路，尤其是军人们的时间观念、竞争意识等优良品质对学生们的学习动力产生潜移默化的影响；组织学生走进康泰医学感受职业魅力，助力学生寻找职业理想，近距离体验相关医疗产品，让大家切实感受到科技为人体健康维护带来的便捷和高效，更让学生们了解到这样现代化的企业需要医学、电子、机械等各方面的人才，学生们纷纷表示要努力学习，让自己进入一所理想的大学，学到自己心仪的专业。

总之，走进企业，通过对话企业 HR，深入了解企业用人标准，定位自我提升的目标和方向，明白了自己究竟为什么而学并应当选择哪些适合的学科专业。

⊝ 职业访谈，加强学生职业生涯规划的指导

职业人物访谈是学校生涯教育中一个重要的组成部分，学校利用假期组织高一、高二全体学生进行了职业访谈的实践活动，如医生、工程设计师、心理咨询师、面点师、教师、公务员、工程预算经理等一些职业。通过职业采访活动，不仅培养了学生的采访能力、文字记录能力以及沟通表达能力，而且使学生对生涯规划有了更加具象化的了解。有的学生直接表示，经过采访，发现自己梦寐以求的职业并不是自己未来想要从事的职业，让学生对采访的职业有了更加全面的认识；有的学生对一个陌生的职业会有一个新的认识，这是学生将来进行大学专业和职业选择较好的参考借鉴。

所谓知己知彼百战不殆，学生在知己的基础上充分关注外部世界的变化，了解社会所需，通过亲身体验感悟，激发自我追求动力，才能在社会大发展的时代下立于不败之地。

⊝ 校友宣讲，开启学生职业生涯规划之路

组织校友回访、校友讲座、校友分享等活动是我校生涯规划教育采取的新举措。通过校友团体宣讲和个体分享，帮助学生梳理高中学习、专业选择、大学校园文化、自主招生等生涯规划信息。榜样的力量是无穷的，人生路上需要正向人物的激励，特别是身边的榜样人物具有强大的激励作用。为此，学校充分挖掘校园资源优势，开展了"我的青春奋斗故事"优

秀校友返校宣讲与座谈系列活动，不仅让同学进一步了解了丰富多彩的大学生活，更重要的是，帮助了很多高中生在高中阶段"构建并启动生涯规划"，而优秀校友回访和恳谈，定会产生多维的人生思考和思想激荡，激发鼓励后继学子积极参照、主动印证，从而构建出属于新生代的富有时代色彩的人生境界。他们能给在校学生带来更开阔的视野，有利于这些孩子更好地优化学业安排。

这些讲座分享会让学生建立起职业生涯规划意识，了解职业生涯规划的重要意义，尽早开启学生的规划之路，使得他们能更加积极主动地进行职业生涯规划。这些特色德育课程带来的效果是老师、家长生硬的说教所达不到的。

⊖ 研学旅行，注重学生体验激发自我觉察

"一朝步入西安，一日读懂千年"研学活动是在河北省积极探索研学试点城市，秦皇岛市教育局积极响应并大力支持的大背景下产生的，是新世纪高中高考改革推出的新举措。

在本次研学活动中，同学们走进了西北工业大学、西安交通大学，感悟了"大学之道，大学之美"，与大学教师、学长面对面交流，了解大学招生录取政策，提前规划自己的升学之路；聆听学长分享，汲取成功经验，通过与高校学长的经验交流，了解专业职业发展，提前规划学业与职业目标方向。

感悟历史传承，思考文化保护。通过对城市文化遗产和传统手工艺人的探访，思考优秀传统文化在传承和保护中可能遇到的问题及可能的解决方案；游览了兴庆宫公园，在古老的历史文化遗迹上，回溯盛唐气象，感喟兴衰更迭；行经华清池，在诗词吟咏中体悟一段段传奇的繁华与悲欢；遨游陕西历史博物馆，聆听一件件珍藏文物的无言诉说；品赏秦始皇陵兵马俑，在兵马俑不同的表情间回望那段金戈铁马的激情岁月；踱步于大唐芙蓉园，听那秦腔吼起来，在声光影画中构筑千年长安的独特韵味。

参与团队协作，培养综合能力。小组团队形式的活动贯穿课程始终，专业导师全程陪伴指导，最大限度地提升学员团队意识。深度体验学习，激发自我觉察。通过素质拓展活动让学员理解生涯发展与领导力的核心内

涵；通过项目挑战发掘自己的领导力潜质，挖掘成就动机，提升自我认知与生涯意识。

总之，学校打造特色德育课程的宗旨就是着眼于学生个性化发展和终身发展的需要，充分整合利用各种资源，搭建学校与社会的桥梁。学生外生涯目标的确定可以促进内生涯目标的实现，力争让每个学生的最佳发展区域得到开发，为学生的终身发展奠基。

参考文献

[1] 郑凤，丁可夫. 社会主义核心价值观融入中小学德育的路径探析 [J]. 福建教育学院学报，2014，15（7）：26-30.

[2] 国家中长期教育改革和发展规划纲要（2010—2020 年）[EB/OL].（2010-07-29）. http://www.moe.gov.cn/srcsite/A01/s7048/201007/t20100729_171904.html.

[3] 鲁洁，王逢贤. 德育新论 [M]. 南京：江苏教育出版社，2010.

[4] 郭元祥，沈旎. 综合实践活动研究与培训资源库 [M]. 天津：天津教育出版社，2007.

注：本文发表于《文存阅刊》2019 年第 1 期。

经验学习圈理论在高中生涯教育课堂教学结构设计中的应用初探

秦皇岛市新世纪高级中学　田学峰

新高考改革方案全面推进以来，高中生涯规划教育（简称生涯教育）的重要性逐渐凸显出来，"生涯教育课"也成为不少普通高中学校的必修课程。生涯教育是新学科，对于我们这些半路出家的兼职生涯教师而言，生涯教育课堂教学可谓是"既熟悉又陌生"。之所以说"熟悉"，是因为我们都理解了"生涯教育"这个概念，学校的实践活动以及各学科教学活动中，都涉及或渗透着生涯教育；之所以说"陌生"，则是因为我们对生涯教育学科的特点还不太熟悉，对生涯教育课堂教学的学科特点研究得不多。在深入学习及实践探索的过程中，我们发现生涯教育课堂教学的结构建模非常重要，因此我们尝试应用"库伯经验学习圈"理论优化生涯教育课程教学，尝试"五步体验式"课堂教学结构设计。

☯ 对"库伯经验学习圈"理论"体验式学习"的理解

美国社会心理学家、教育家大卫·库伯（David Kolb）在他的著作《体验学习：体验——学习发展的源泉》中提出了著名的"库伯经验学习圈"理论，即把经验学习划分为"具体体验、反思性观察、抽象概念化、主动实践"四个阶段。库伯是著名的体验式学习大师，"库伯经验学习圈"理论提出"体验式学习概念"，把经验学习阐释为一个螺旋上升的循环程序：具体的体验—对体验的反思—形成抽象的概念—行动实验—新的具体体验，这与生涯教育强调体验的教学要求不谋而合。凡是有过亲身体验的人，印象就会更加深刻。生涯体验性认知是生涯规划教育的重要一环，以体验为导向的生涯认知，不仅可以让学生意识到生涯规划的重要性，更可以使他们对自己、对环境有基本的了解和把握，特别是在学习自我认知、社会和职业认知等实践操作性很强的课程内容时，尝试体验式教学，有意识地让学生从具体的体验入手学习探索是非常有效的一种手段。

⊖ 对"五步体验式"生涯课堂教学结构设计的尝试

体验式教学是以体验为特征，在教学过程中通过创设一定的情境，使学生联系自己的生活经历，凭借自己的情感、直觉、悟性等直观的感受、体味、领悟去再认识、再发现、再创造知识，达到认知过程和情感体验过程的有机结合、激情明理与导行相互促进的一种教学价值观和教学方法。"库伯经验学习圈"体验学习的四个阶段为我们构建课堂中的体验学习结构模式提供了很好的理论指导。在操作设计以生涯认知为重点目标的生涯课堂教学时，可以从"导入"开始，然后进入"四个阶段"程序，整合为"五步体验式"结构：导入—体验—反思—概念化—行动。我们以《踏上生涯列车》为例，尝试应用学习圈理论，设计生涯教育学科"五步体验式"课堂教学结构。

《踏上生涯列车》是我校"生涯课题组"开发的校本课程，是高一年级新生的生涯学科第二课，本课的教学重点目标定位为"学生认识生涯规划的目标意义，唤醒生涯意识"。在本课之前，我们通过系列生涯教育活动为本节课做好了铺垫工作："生涯课题组"在高一年级新生军训期间举办"优秀校友成长事迹报告会"；组织生涯教育基本信息问卷和面谈调查；指导全年级各班开展"成就事件"主题班会；高一年级生涯学科第一课以《××高中，我来了》为题，突出"适应"主题，设计由高三年级学长志愿者与高一年级新生交流分享高中学习生活感受，并布置了课后作业——上高中你最关注的问题是什么。在此基础上，我们尝试对《踏上生涯列车》的教学结构进行"五步体验式"设计。

第一步"反馈导入"。承前启后，激发学习者的兴趣。选取两位同学分享作业"高中最关注的问题"，有目的地引导学生梳理自己前一阶段的高中生活。随后提问：假设下周你们全家准备外出旅行，你将如何准备？学生都有经历，回答很积极。教师接着提出假设：有人说人生就是一次旅行，那你又如何准备呢？导入新课《踏上生涯列车》。

第二步"具体体验"。引导学习者投入到具体的体验式学习内容之中。利用多媒体回顾军训期间"校友成长事迹报告会"关键图文信息，并借助信息技术整合资源，精心选择与本课目标相对照的能够体现"生涯认知、决策、发展"理论知识的典型案例信息，具体情境的创设与学生个人学习或生活经验有着高度的贴合性，便于学生联系个人成长经历，分析问题，深入思考。

第三步"反思性观察"。指导学习者对经历的体验加以反思，尝试将具体经验转换为抽象经验。根据课堂教学的理论重点目标，有针对性地设计问题：根据你个人的体验感受和理解，总结优秀学长们成功的关键因素。组织学生以"独立思考＋小组讨论"的形式进行反思，并选派小组代表发言，在展示交流中相互启发，达成共识。学生对问题总结反思的关键词可能有：确定目标、职业理想、兴趣爱好、发挥特长、社会实践、选择学习方法、努力坚持、考上理想大学、抓住机遇、提高能力等。

第四步"抽象概念化"。要求学习者在充分理解所反思的内容的基础上，将其提炼成为合乎理论逻辑的概念。教师点评学生总结反思的关键词，引导学生把反思回答和教学目标结合起来，精讲重点，指导学生归纳整理，总结出生涯教育相关理论认识。理解"人生是一次旅行"的寓意，概括出生涯教育的关键问题：我是谁？我在哪里？我到哪儿去？我怎么去？从"优秀校友的成功因素"中提炼出生涯教育路径：知己、知彼、决策、行动。学生在实际生活中遇到的问题不能自己解答，教师运用"点化"的教学方法可起到画龙点睛的作用。

第五步"检验行动"。鼓励学习者积极验证所得概念，并将它运用到解决新的问题中去，将抽象经验转换为新的具体经验。先根据本节课的重难点展示真实案例——"名校大学生××的悲剧"，引导学生应用生涯理论思考分析悲剧原因：盲目选择大学专业、职业方向不清、缺少社会认知。检测教学效果，反馈目标达成信息，加深对"人生需要规划，没有规划的人生是瞎忙"的认识。当学生开始思考未来了，生涯意识也就唤醒了。随后布置课后实践作业：通过本课的学习，你对生涯课程内容目标有了初步了解，回家后与父母谈心，讨论自己的未来职业理想和考学目标，将交流的收获写出来上交。教师课下给予必要的指导，及时检查评价并反馈分享。

⊖ 对生涯教育"五步体验式"课堂教学实践的反思

1. 突出学生的主体地位。采用体验式教学设计，即学生的参与、体验、分享是课程核心，学生对所学知识的应用是课程的最终结果。要提倡知行合一，提倡学生主动思考，教师是引导者的角色，要指导学生发现，不能轻易将结论告知学生，无论是课堂教学还是课外实践都以学生为主体。

2. 积极组织社会实践活动。生涯教育课堂教学必须与专题体验作业、社会实践活动相结合，让具体体验成为生涯课堂教学的有效资源。精心设计组织成就事件、情景模拟、生涯幻游、操作训练、团队游戏、案例分析、社会实践等体验活动；也可以分享别人的具体体验，组织安排经验分享、职业人物访谈等活动。

3. 更新观念推进教学改革。体验学习对教师提出更高的要求，"反思观察"环节需要小组合作探究方式，但学习小组建设有很多学问，推行"高效课堂"教学模式的学校，开展体验式生涯规划教学不是一种创新的教学方式。重视学生生涯探索活动的经验"本土化"生涯教学模式建设，推动教学改革。

4. 不能机械照搬教学模式。要避免经验主义学习，不能用经验指导行动，没有理论指导下的学习是假学习，盲目的模仿不可以复制别人的成功。不是所有的知识都要靠具体体验进行教学，体验式教学更适合以生涯认知为重点教学目标的课程。建构生涯教育学科"五步体验式"课堂教学模式需要理论的指导，更需要实践的检验。

人最宝贵的是生命，生命每个人只有一次。人的一生应当这样度过：当回忆往事的时候，他不会因为虚度年华而悔恨，也不会因为碌碌无为而羞愧；在临死的时候，他能够说："我的整个生命和全部精力，都已献给了世界上最壮丽的事业——为人类的解放而斗争。"

——奥斯特洛夫斯基《钢铁是怎样炼成的》

用未来的眼光审视现在的自己，你后悔吗？

畅想未来，反观现在

——谈谈我理解的故事叙说生涯咨询

秦皇岛市新世纪高级中学　康曙光

在这个漫长的假期里，我硬着头皮阅读台湾著名心理学教授、心理咨询师金树人先生的著作《生涯咨询与辅导》。由于自身心理学知识的匮乏，读起来确实费力，很多专业性的术语和理论让我头昏脑涨。当我读到第七章"故事叙说取向的生涯咨询"时，终于有了一些勇气和趣味。对于故事叙说的生涯咨询方法，在我校的生涯教育历程中曾经模仿尝试过生涯幻游"畅想十年后的自己"，所以有种似曾相识的感觉。我本人是一个爱讲故事也爱听故事的人，用故事叙说和重写的方式帮助我的学生重新建构人生之路，是一件很有趣且有吸引力的事。

如果说当事人是一本书，被看作是一个"文本"，"咨询师就是伴读者，协助当事人对照这个文本对其生涯进行注释或解释，让其了解文本的内在意涵"，"协助当事人看清楚自己的生涯意义与价值"。也就是在当事人叙说自己生涯经验中的故事情节时，凸显和发现自己与生涯发展相关的兴趣、能力、价值等，更清晰地认识自己。不是咨询师去告诉当事人应当去做什么、怎么做，而是由咨询师陪伴着当事人一起去探索和发现，精准了解当事人的生涯问题，在理想和现实间找到落差所在，努力搭建起二者之间的桥梁。

我记得曾经在一本杂志上读过这样一篇文章，名字叫《周迅的成功之路》。文章中的周迅在自己18岁时因为能接到一些剧组小角色的演出而沾沾自喜、自鸣得意，根本没有想过如果一直这样下去，自己10年后的生活会是什么样子。1993年5月的一天，周迅的老师与她进行的一番对话，让她幡然醒悟。周迅梦想着10年后能成为全国最红最好的女演员，并发行自己的音乐专辑。老师就让她从 10 年后的 28 岁往现在推演：27 岁要有一个完成的音乐作品可以拿给唱片公司；25 岁要在演艺事业上不断学习和思考，音乐方面也要有很棒的作品开始录音；23 岁必须接受各种培训和训练，包括音乐和肢体上；20 岁要开始作曲、作词，演戏也要接一些大角色；现在，18 岁如果还在为能够演一些小丫鬟、小舞女而沾沾自喜，那周迅自己的人生也就止步于此，泯然众人矣。周迅听了老师的话，意识到自己的时间多么紧迫，看似漫长的 10 年时光根本经不起挥霍。从那时开始，周迅就按照既定的人生目标开始重新规划并书写自己的人生，学习培训、作曲作词、提升演技，终于在 10 年后成了心目中那个成功的自己。

我目前所教的学生都和当年 18 岁的周迅一样，很多孩子过着当一天和尚撞一天钟的日子，不去想甚至还不愿去想 10 年后的生活。学生的成长过程中，大多数都是顺从他人（包括父母长辈、老师同学等）的意志安排或建议而到高中来就读的，自身的学习动力不足，上进愿望不强烈，对当前新高考形势下的选科以及未来高考后的大学、专业的选择，行业和工作的选择，都是一头雾水。目标的缺失、动力的不足导致他们在高中的学习生活中浑浑噩噩，无所适从。现在，我们生涯教师最为紧迫的任务就是要帮助学生在认识自我的前提下，重塑自我，着眼未来，打造属于自己的人生，书写自己的人生故事和传奇。很多学生不愿意突破，归根到底还是没有脱离父母成为一个独立的生命，而新高考改革正是要突破过去的教育模式，变得尊重差异的存在，建立差异化学习新模式。

在新精英参加培训回来后，我们也学了一些关于生涯咨询的方法和技术，用一些量表和答卷来测评学生的内生涯要素（兴趣、性格、能力和价值观），用一些数字化或者模块化的信息来支撑起一个学生的未来。"故事叙说的生涯咨询"这章内容让我看到了每个人的人生经历和生命主题都存在着若干细微乃至宏大的差异及可能性，只有自己才能续写出最满意的人生故事。每个学生都曾经生活在由他人语言塑造的世界里，可能很多人都没有想过自己创造属于自己的世界。他从呱呱落地开始就被周围的人日复一日、年复一年地通过语言编织着世界，就像动画片《疯狂原始人》里的爸爸一样，总是用各种方法让他的孩子们认识到所有新的事物都是危险的，待在山洞里才最安全。我想，是时候让学生重新建构自己的人生了，像《小马过河》中的小马一样，只有自己走进小河才知道水的深浅。

高中生涯规划教育典型案例精选 ▼

面对新的课题，学生肯定会很迷茫，我们作为生涯教育的新入行者也在不断尝试和努力。我想接下来要做的是首先帮助那些初入高中的孩子们去唤醒、去梳理。根据金树人教授的文章得知，在叙说取向生涯咨询的历程中共有三个阶段（共构、解构、建构）和五个步骤。生涯咨询教师需要学生当事人通过故事叙说发现自己的生命主题，并找出自己在抉择时的生涯犹豫。很多学生的成长经历中所受到的挫折、失败，甚至是来自父母师长的训斥和谩骂都可能是续写生涯故事的绊脚石。当通过教师的引导和梳理后，学生能高度认同自己的生命并愿意续写生命故事时，我们就可以进入下一环节。

书中指出叙说取向生涯咨询共有七个情节在"问题的发生"与"解决"的咨询过程中来回穿梭：1. 详细阐述生涯问题；2. 组成生命故事；3. 建立对未来的叙说；4. 现实的建构；5. 改变生命结构；6. 实践角色；7. 抉择具体化。教师可以用一次谈话似的交流开始故事叙说的咨询。在故事的叙述中，在生活经验的取舍里，学生的生涯主题和生涯目标就会慢慢凸显出来，他／她也会渐渐有了更为清晰的自我觉察，更加明白"我是谁？""我是怎样到今天这个样子的？"生涯教师面对的学生就是自己生涯故事剧本的书写者，其故事叙说不仅包含说故事，还有编故事，还要继续发展和创造新的"剧情"，为自己规划出远景目标，创造出美好愿景，编制美好未来。这时，作为生涯教师的我就类似于合作写书的作者或编者，帮助主要的撰文者——"当事人"，去进一步地进行自我探索，进而发现自己生涯发展中的主题和冲突点，理清思路，规划行动。但是要实现抉择具体化还需要更好地确认阻碍是否排除，是否找到了实现目标的方法，找出提供抉择、获得愿景的方法。

也许对于我们现在的学生，这种叙说故事式的生涯咨询更适合一对一的交流，但恰恰是更好地让学生解构自我、重建自我的一次机会。我只想让他明白：每个人的人生故事需要自己去设定，本色出演才值得回味。学会讲述自己的故事，书写出精彩的人生剧本，建构起更加务实、有意义的规划，避免闭门造车和想当然。在讲述和编写中把生活的点点滴滴经验联结起来，重新排列组合并积极去创造新的更精彩的人生。

参考文献

[1] 金树人. 生涯咨询与辅导 [M]. 北京：高等教育出版社，2007.

生涯教育在高中思想政治学科教学中的渗透

秦皇岛市新世纪高级中学　李楠

【摘要】职业生涯教育在高中教育中占有越来越重要的地位。如何在高中思想政治学科教学中有效渗透职业生涯教育，实现对学生的全方位育人，帮助和引导高中生树立正确的职业规划观，是高中思想政治教师肩负的重要任务。

【关键词】生涯教育；高中思想政治；有效渗透

高中在学生整个学业生活中处于承上启下的地位，然而，生涯教育对于很多高中生来说，又是陌生的。基于学习和年龄等因素的影响，很多高中生越来越对生涯教育充满好奇。在高中思想政治课堂中，如果将生涯教育巧妙地融入其中，不但能够解除高中生对于生涯教育的陌生感，还能为高中生未来的生涯教育奠定一定的基础。笔者认为，生涯教育在高中思想政治课程中渗透路径主要表现在以下几个方面。

深入挖掘蕴藏在学科教材中丰富的职业生涯教育素材

高中思想政治课作为一门社会课，与社会经济、政治、文化领域紧密相连，知识点涉及社会诸多行业和部门。四个必修模块教材内容蕴含丰富的职业生涯教育素材，职业生涯教育渗透在必修一模块《经济生活》、必修二模块《政治生活》和必修四模块《生活与哲学》中体现得尤为明显。

●《经济生活》与高中生生涯教育

《经济生活》作为高中思想政治必修一模块教材，在整个高中阶段政治学科中具有重要地位，其中有很多可以与生涯教育进行有效渗透的资源，如《经济生活》中涉及的企业经营的相关知识，教师对此方面教学的重点是企业的含义、分类、企业的经营方式以及经营好一家企业的方法，而在大学阶段经济管理专业学生所要学习的知识，很大一部分也都是关于企业经营方面，经济管理学院学生未来可从事的职业也大多是关于企业经营发展方面。因此，将生涯教育融入高中思想政治《经济生活》课堂教学既相对容易，又非常必要。

●《政治生活》与高中生生涯教育

《政治生活》作为高中思想政治必修二模块教材，主要讲述了我国的国家性质与政策、我国公民的权利与义务、政府的宗旨与职能以及党的宗旨和性质等内容，而这些内容正是大学阶段法学专业必须学习的内容。因此，高中《政治生活》和未来想从事法律相关工作的高中生的生涯教育息息相关。面对这种实际情况，作为陪伴着高中生高考和成长的思想政治教师，就需要在备课时，根据学生的性格特点，将从事法律相关工作的基本要求与高中《政治生活》的教材重点巧妙地进行结合，让每一个学生都深刻地理解政治对于人类生活与发展的意义。

●《生活与哲学》与高中生生涯教育

《生活与哲学》作为高中思想政治必修四模块教材，同时也是学生最难懂的一本教材。的确，教材中涉及很多晦涩难懂的内容，如人生价值、人生目标、物质和意识等，学生以前从来没有接触过，但是这些教学内容又都对高中生涯教育有极大帮助。要想充分发挥哲学对于高中生未来生涯教育的指导作用，让学生深深地感受到哲学对于人类发展与生涯教育的意义和价值，作为高中思想政治教师，就必须对自身的教学方法与教学内容进行一定的改进与创新，如在"人生价值"的教学中，教师完全可以在讲解完人生价值的内涵和意义后，让学生以"人生价值与未来职业生涯"为主题写一篇演讲稿，在班级进行一次演讲比赛，以此来加深学生对"人生的真正价值在于对于社会的贡献"的理解。

⊝ 构建真实生动的课堂

课堂教学是学科职业生涯教育辅导渗透的主要载体，构建生动的课堂是职业生涯教育的主要任务之一。渗透职业生涯教育辅导课堂教学在一定程度上不同于普通意义上的课堂教学。因此，根据职业生涯教育辅导要求，重新确定课堂教学目标，选择适合职业生涯教育渗透的课堂教学模式，是教师备课过程中的重要任务。通过课堂教学的主渠道，可以使学生认识职业意义，了解职业生活，体验职业要求，树立职业理想。

● 确定课堂教学目标

高中思想政治课课堂教学目标以课程标准为依据，结合学生实际情况进行调整。高中思想政治学科职业生涯教育渗透点较多，并且分布于不同的模块。为了避免思想政治学科课堂渗透过程中的主观性、随意性，必须以科学合理的教学目标引领教学资源的选择、教学活动的开展。教师在渗透职业生涯教育辅导的课堂教学备课过程中，不仅要依据课程标准要求，还要有意识地以职业生涯教育的相关目标为依据，将二者有机结合，设计适合本节课和学生实际的三维目标。

● 选择课堂教学渗透的类型

根据教学目标和教学内容的不同，高中职业生涯教育辅导的课堂教学渗透可以分为两种类型：一种是职业生涯教育以辅导为主，以常规教学目标的实现为辅的课堂教学渗透；另一种是以前者为辅、后者为主的课堂教学渗透。具体选择哪种类型，要综合考虑教材教学内容的容量和难易程度、课程标准所规定的教学目标的多少、职业生涯教育渗透点在本节课中的价值大小等因素。

⊖ 在高中思想政治学科特色活动中渗透职业生涯教育辅导

学科特色活动是显现学科教学目标的重要途径，在高中思想政治学科特色活动中渗透职业生涯教育，可以使学生在活动中获得真实的职业体验，提高职业意识和职业技能。

● 明确学科相关职业

以职业生涯教育辅导为主要目的的学科特色活动要以与学科相关的职业为指向。因此，在高中思想政治学科特色活动中渗透职业生涯教育辅导，需要明确与高中思想政治课相关的职业，主要有政府公务员、律师、法官、检察官、教师、媒体记者和社会工作者等。

● 开展学科特色活动

以上述职业为指向，高中思想政治学科可以开展辩论、时事报道、模拟联合国大会、环保活动等，锻炼学生多方面的职业能力。

高中思想政治教师作为活动的组织者，要注意发挥学生的主体作用，以提高学生的自我组织管理能力，为活动做好铺垫。同时，教师还要引导学生建立团队，为活动提供坚实的组织保障。

高中思想政治课堂既是贯彻党的教育方针、培养高中生崇高理想信念的重要阵地，同时也是高中生形成良好综合素质的重要场所，而生涯教育对高中生的长远发展来说具有十分重要的意义。为了把高中生培养成德智体美劳全面发展的社会主义建设者和接班人，也为了高中生通过思想政治理论的学习，为自己未来的生涯教育打下良好的基础，作为高中思想政治教师，必须不断地更新自己的教学理念、内容和方法，同时不断地将生涯教育通过思想政治课堂进行有效渗透。

参考文献

[1] 毛亿慧.浅析新时期如何塑造高中政治教师的全新角色[J].科技风，2016（21）：30.

[2] 惠志杰.高中政治教师如何当好学生的生涯导师[J].亚太教育,2016（10）：36，58.

注：本文发表于《东西南北：教育》2017 年第 24 期。

普通高中语文学科渗透式生涯教育的实践与探索研究

【摘要】高中渗透式生涯教育并非单独的一门课程，而是将职业生涯教育与现有的高中课程很好地融会贯通在一起。语文学科在促进学生职业生涯发展方面至关重要，作为向学生渗透职业生涯教育的重要实践地，高中时期的语文课堂教学应从现实情况出发，拓宽学科教学知识面，树立先进的教学理念，培养学生的职业兴趣，深化学生对职业相关信息的了解，增强学生对目标职业的认知。本文通过语文学科课程进行渗透式生涯教育，适当指导学生的职业实践，引导学生在职业领域自我规划、自觉规划，旨在为学生面向未来的职业生涯选择提供有效的参考。

【关键词】语文学科；渗透式生涯；实践

现阶段，我国正在进行新一轮的高考制度改革，最新高考制度具有明显的"专业导向性"特点，紧密衔接学生高中、大学学习与未来职场。高中阶段学生正处于人生理想建立的关键时期，语文学科又属于课堂教育中不可缺少的一部分，所以语文学科与渗透式生涯教育的结合非常必要。因此，高中语文教学的实践必须从学生的目标职业出发，开阔教学视野，完善教学、实践方法，培养学生的实践能力。

㊀ 高中语文学科特点和现状

普通高中语文学科渗透式生涯教育是以语文教学内容和职业生涯教育内容的契合点为纽带，在语文学科教学中潜移默化地融入职业生涯教育内容，达到语文学科教学和生涯教育双重目标的一种教学活动。高中教育的目标是为培养高水平、高能力的实践型人才打下良好的根基，为学生发展服务，乃至进一步满足社会发展需求。语文作为一门普通高中的关键性学科，是一门实践性显著的学科。因此教师必须自觉地承担起培养人才和引导职业实践的责任，促进知识文化与实践能力的结合、学习领悟和应用实践的交融，帮助学生深入地认识学科课程与生涯规划两者之间的关系。此外，教师要丰富课堂教学内容，提高学生实践水平，为今后学生个人的职业生涯打好基础。

⊝ 语文学科渗透式生涯教育的意义

高中是学生发展的重要时期，渗透式职业生涯教育对目前高中学生的帮助可谓深远。一方面，高中生无论是心理还是思想都较为稚嫩，对未来充满憧憬和想象，渗透式职业生涯教育可以满足高中学生对职业相关信息的好奇心理，培育其良好的职业理念，增强其职业体验。当今时代社会经济发展迅速，职业种类复杂多样，对复合型、多元型人才的需求巨大，渗透式生涯教育可以培养他们良好的职业意识，提高他们的职业素养和能力，促进他们知识文化和专业水平的融合，并将理念应用到实际生活中。另一方面，在新高考制度的背景下，探究渗透式生涯教育的可行性可以增加学生对自身的了解，有利于他们的高中选课、填报高考志愿、选择大学专业，为形成职业生涯规划的良好开端打下坚实的基础。与此同时，还可以为高中语文教师提供另一种教学途径和方法。

⊝ 语文学科教学渗透式生涯教育的关键做法

● 要提高语文教师的知识素养

首先，学校应重视提高教师团队的文化素养和教学水平，开展系统渗透式教育培训。其次，教师不仅被要求有全面的知识体系，还要求其不断完善自己的各种学识，补充和更新自己的教学内容，实现自身的可持续发展，才能进一步提高高中生的各方面能力。因此，高中语文教师必须持续拓宽自身的教学视野，提高自身的教学水平，树立促进学生生存发展的教学理念，加强学校教师团队的整体师资力量。

● 要树立先进的教学理念

传统教学理念更多强调了教师在教学中的主导地位，忽视了学生的主体作用，没有正确处理好教与学的关系，也没有把学生放在首位。教师以生涯规划辅导内容进行有效引导，使学生参与课堂学习、课外拓展、职业体验、感悟撰写等相关活动，让其互相分享与讨论见解与感悟，在提高语文素养的同时，深入了解自我理想与规划，在行动和思想方面意识到寻找自己未来的道路的重要性。

● 要实施系统性教学和多元化教学方法

教师必须深入把握教学内容、教学规律和学生状况，还应全方位认识教学活动中的特殊、个别规律。需要注意的是，在表达时可以生动活泼，调动学生兴趣；在教授理念时却必须科学严谨，给学生留有独立思考的时间。此外，还需要注重个体差异，增加渗透式教育的针对性和深入性，因材施教，促进学生对自我的认识。最后还需系统、全面地进行教学，提高学生在学习中的自觉意识，调动积极性，推进学生全面、个性的发展。渗透式生涯教育在语文学科中不仅能够给学生平等交流体验的空间和机会，还有利于教师对学生的发展水平有一个正确的认知，同样可以推进落实我国科教兴国战略和素质教育政策，培养学生的实践能力。

⊖ 语文学科渗透式生涯教育的重要因素

语文学科主要是注重在学生生活态度、审美观念和学习情感等的基础上对其在听、说、读、写四方面的培养。普通高中语文学科教学要以学科特点和学生的培养目标为基础，开拓高中语文学科渗透式生涯教育的新局面，完成职业生涯规划教育的任务，由此构建出学科整体，培养学生的职业观念。

● 培养学生的人生态度和生活智慧

普通高中由于长期灌输应试教育，更多注重培养学生的理论知识，缺乏对学生在价值观和道德观方面的培育。基于此，语文作为一门实践性明显的学科，应把人格培养放在关键位置。语文学科教学应该引导学生理解众多作品中表达出来的人生态度、观点等，并对其进行独立思考。另外，语文教学应通过对名著的解析，引导学生思考其中的精神力量、价值观和生活智慧，着眼于塑造高尚崇高的人格，引导学生树立良好的人生态度。

● 培养学生的审美观念

作为实行德育的主要学科之一，语文学科在社会上应用最广泛的作用就体现在文学作品上，满足人民的审美需要，获得一定的审美趣味。渗透式生涯教育可以进一步帮助学生树立良好的审美观念，培养学生的文学素养，增强其对文学作品的感受能力，提高其审美标准。

● 培养学生的情感素质

素质教育的核心是情感教育，这进一步证明了情感教育在教育领域有着至关重要的地位。过去的教学理念忽视了情感培养，未将情感教育放在重要地位，容易使学生形成不健全的品性和人格。渗透式职业生涯教育通过培养学生的情感，健全学生人格，使学生全方面、多元化地发展。

⊖ 结束语

随着我国经济社会的发展，对人才的需求也在加大，渗透式教育不仅有利于培养学生自身对职业生涯的认识与职业目标的规划，还有利于满足社会多元型、复合型人才的需求。在我国高考改革的大背景下，语文学科渗透式生涯教育的实践与探索有利于完善学校整体的教学体系，对个人、学校乃至社会都有不可估量的影响。高中语文学科具有明显的实践性、价值导向性、综合性的特点，在与渗透式教育的结合中具有独特优势。普通高中要注重教师的知识水平和教学能力，树立科学的教学理念，实施系统性教学，注重培养学生人生态度、价值观、审美趣味和情感素质等方面的内容，通过学科课程渗透式生涯教育的实践与探索，将学校教学理念和培养方案相结合，推进学生全面、健康发展，科学、理智地进行职业生涯选择。

参考文献

[1] 杨爱乐. 高中语文教学中的职业生涯规划教育渗透初探 [J]. 汉字文化，2018，215（21）：72-73.

[2] 陈振杰. 高中语文教学实践中巧妙渗透情感教育的方式解读 [J]. 科教导刊，2018（7）：133-134.

注：本文发表于《语文课内外》2019 年第 30 期。

第二章

生涯课教学设计

踏上生涯列车，驶向美好未来

——高中生涯教育教学设计之"生涯唤醒"

秦皇岛市新世纪高级中学　康曙光

⊖ 教学目标

1. 了解生涯规划的基本含义，认识高中阶段的生涯规划在人生中的重要性。

2. 唤醒生涯意识，激发主动规划生涯和高中学涯的内在驱动力。

⊖ 课时安排

1课时：40分钟

⊖ 教学重难点

1. 重点：理解生涯规划在人的一生中的重要性。

2. 难点：唤醒学生自我意识，激发主动进行规划的内驱力。

⊖ 教学方法

讲授法、游戏体验教学法

⊖ 教学思路

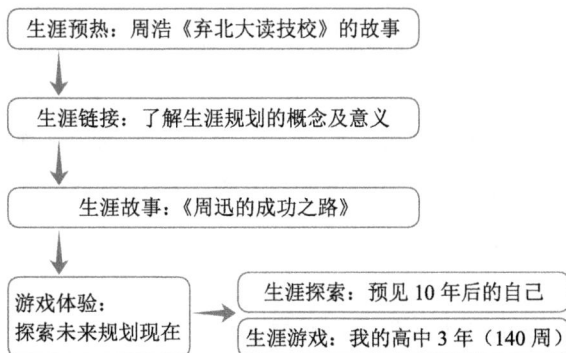

学涯规划：我的高中生涯任务表（参考）

生涯启程：喊出我们内心的生涯宣言，一起踏上生涯列车，开启探索之旅

教学过程

● 生涯预热，故事导入：周浩的故事

放弃北大读技校，毫不后悔很庆幸

2014 年 11 月 4 日，第六届全国数控技能大赛决赛中，有一个参赛者名叫周浩。3 年前，他从北京大学退学，转学到北京市工业技师学院，这样的身份转变，让很多人难以理解。但周浩谈起当年的决定，称"毫不后悔，很庆幸"。

2008 年，周浩高考考了 660 多分。在父母和老师的建议下，周浩报考了北京大学生命科学专业。但到了北大上学后，繁重的理论学习让周浩觉得压力很大。"生命科学是比较微观的一门学科，侧重于理论和分析，操作性不是很强。而我又喜欢捣鼓东西，喜欢操作，所以我们互相不来电。"没有兴趣的专业让周浩痛不欲生，他感到越来越迷茫，不知道自己的出路在哪里。

工程院旁听、转专业，这些尝试都因为种种原因失败了，到了大二，周浩决定先休学一年。休学期间，他当过电话接线员，做过流水线工人，没有一技之长又不擅交际的周浩感受到了社会的残酷。周浩再回到校园，开始打转校的"算盘"。从大一开始，他就已经在网上对中国的技师学院进行了查询，了解到中国比较缺乏知识技能复合型人才。于是，周浩毅然选择了转学到北京市工业技师学院开始了人生的新起点。凭借着自己扎实的学习功底和在技师学院学习到的技术操作，他成了学院最优秀的学生。他现在自豪地说："我所学的技术在人们的生活中非常有用，我不后悔自己的选择。三百六十行，行行出状元，每个人只要在适合自己、自己感兴趣的岗位上工作，都会是幸福的、强大的。"

思考与分享：

1. 看了周浩的故事，你有什么感受？

2. 你的理想大学专业是什么？你将来打算从事什么职业？

3. 为了你的理想，你高中三年打算怎么度过呢？

● **生涯链接：生涯规划的概念和意义**

1. 生涯是什么？

"生"是生命或人生，"涯"就是边界。生和涯合在一起指的是人生的边界，也就是人的生命历程。

2. 什么是"生涯规划"？

广义的生涯规划也可以称为人生规划，是指确定人生发展方向、制订发展计划、管理自身行为以实现所规划人生目标的过程。

狭义的生涯规划即职业生涯设计，是指个人和组织相结合，在对个人职业生涯的主客观条件进行测定、分析、总结研究的基础上，确定自己的职业倾向和最优的职业奋斗目标，并为实现这一目标作出行之有效的安排。

3. 生涯规划的意义

中学生进行生涯规划对人生规划具有重要意义，有人将其概括为以下四点：

※ 找到人生的最适合　　※ 寻找心中那片热土

※ 让梦想成为现实　　　※ 把变化握在手中

● **生涯探索——预见 10 年后的自己**

听老师讲述生涯故事《周迅的成功之路》，感悟生涯规划对人生的重要性。完成生涯探索，大胆畅想 10 年后的自己是怎样的状态和生活。

	10 年后的我
所在城市	
从事职业	
职场目标	
我的收入	
闲暇时光	

● **生涯游戏：我的高中三年**

1	2	3	4	5	6	7	8	9	10	11	12	13	14
15	16	17	18	19	20	21	22	23	24	25	26	27	28
29	30	31	32	33	34	35	36	37	38	39	40	41	42
43	44	45	46	47	48	49	50	51	52	53	54	55	56
57	58	59	60	61	62	63	64	65	66	67	68	69	70
71	72	73	74	75	76	77	78	79	80	81	82	83	84
85	86	87	88	89	90	91	92	93	94	95	96	97	98

99	100	101	102	103	104	105	106	107	108	109	110	111	112
113	114	115	116	117	118	119	120	121	122	123	124	125	126
127	128	129	130	131	132	133	134	135	136	137	138	139	140

高中从高一入学的 9 月份开始到高三毕业的 6 月，一共约 140 周，那我们想象一下，我们能有多少时间用来为自己的理想奋斗呢？让我们一起来算一笔账吧：

寒暑假 大约 6 个月（26 周）

其他法定假日 大约 1.5 个月（6 周）

正常周日 大约 3 个月（13 周）

午晚休 每天 8 个小时（35 周）

吃饭休闲 每天 2 小时（9 周）

发呆偷懒 每天 1 小时（4.5 周）

还有……（40 周的时间）

剩下的时间就是你能够为理想奋斗的时间！

●生涯启程：踏上生涯列车，向梦想出发

师：同学们，让我们一起踏上生涯列车，开启美好的人生旅程吧！相信我们会更好地发现、了解自己，并探索、认知职业世界，不断培养生活技能，提高个人职业素养。

让我们共同签署《生涯启程宣言》，祝福我们都能在未来遇见更好的自己！

生：（领誓员）请起立，握紧右拳与我一起喊出生涯宣言。

宣言书

从今天开始，我将加入生涯探索的队伍。等待我的既有旖旎风光，又有神秘挑战。我将秉承着信心、决心和耐心，不怕困难和挑战，坚持进行探索与实践。我将根据环境的变化适时评估和调整我的生涯规划方案，助我能顺利完成人生旅程。

我定能在人生探索之旅中发现独特的自己，成长为更好的自己。加油！加油！加油！

探索者：×××

见证人：康曙光

×××年××月××日

⊖ 课后反思

本课设计的主要目的在于唤醒学生的生涯意识，主动对自己的学业和生涯进行规划，特别是面对新的高考选科走班，学生必须要将曾经高考之后才考虑的选专业提前到高一第一学期末，这无疑是对学生和家长莫大的挑战。学生的生涯意识唤醒绝不是一次生涯课就能完成的，需要从小开始由家长有意识地培养，高中才能有较强的个体意识，才会主动接受生涯教育，分班选科也就不会反复修改、盲目跟风。关于生涯教育我们都是初学者，我国中小学的生涯规划教育特别是北方一些落后省份才刚刚起步，任重而道远。我们亟须在全社会形成生涯教育的良好氛围，在家庭教育中普及生涯教育理念，家校协同，社会参与，才能真正让生涯规划落地，为学生的终身成长服务。

参考文献

[1] 黄天中，吴先红.生涯规划——体验式学习（中学版）[M].北京：北京师范大学出版社，2010.

[2] 张纪元.中学生职业生涯规划教学设计[M].北京：北京师范大学出版社，2012.

[3] 程雪峰，缪仁票，潘怡红，等.生涯规划（高中）[M].杭州：浙江教育出版社，2017.

[4] 山东省教育科学研究院.高中学生发展指导：生涯规划（第一册）[M].济南：山东教育出版社，2016.

附：

周迅的成功之路

18岁之前，我是个不知道自己想要什么的人，那时我每天就在浙江艺术学校里跟着同学唱唱歌，跳跳舞。偶尔有导演来找我拍戏，我就会很兴奋地去拍，无论多小的角色。

如果没有老师跟我的那次谈话，那么也许直到今天，仍然没有人知道周迅是谁。

那是1993年5月的一天，教我专业课的赵老师突然找我谈话："周迅，你能告诉我，你对于未来的打算吗？"

我愣住了，不明白老师怎么突然问我如此严肃的问题，更不知道该怎么回答。

老师问我："现在的生活你满意吗？"我摇摇头。

老师笑了："不满意的话证明你还有救。你现在就想想，10年以后你会是什么样？"

老师的话音很轻，但是落在我心里却变得很沉重。我脑海里顿时开始风起云涌。沉默许久，我看着老师的眼睛，忽然就很坚定地说："我希望10年后的自己成为最好的女演员，同时可以发行一张属于自己的音乐专辑。"

老师问我："你确定了吗？"

我慢慢地咬紧着嘴唇回答："Yes"，而且拉了很长的音。

老师接着说："好，既然你确定了，我们就把这个目标倒着算回来。10年以后，你28岁，那时你是一个红透半边天的大明星，同时出了一张专辑。"

"那么你27岁的时候，除了接拍各种名导演的戏以外，一定还要有一个完整的音乐作品，可以拿给很多很多的唱片公司听，对不对？"

"25岁的时候，在演艺事业上你就要不断进行学习和思考。另外在音乐方面一定要有很棒的作品开始录音了。"

"23岁就必须接受各种培训和训练，包括音乐上和肢体上的。"

"20岁的时候就要开始作曲、作词。在演戏方面就要接拍大一点的角色了。"

老师的话说得很轻松，但是我却感到一阵恐惧。这样推下来，我应该马上着手为自己的理想作准备了，可是我现在却什么都不会，什么都没想过，仍然为小丫鬟、小舞女之类的角色沾沾自喜。我觉得有一种强大的压力忽然朝自己袭来。

老师平静地笑着说："周迅，你是一棵好苗子，但是你对人生缺少规划，散漫而且混乱。我希望你能在空闲的时候，想想10年以后的自己到底要过什么样的生活，到底要实现什么样的目标。如果你确定了目标，那么希望你从现在就开始做。"

一年以后，我从艺校毕业了，老师的话从那天开始一直刻在了我的心底：想想10年后的自己。是的，当我意识到这是一个问题的时候，我发现我整个人都觉醒了。

从学校毕业后，我忙于接拍各种各样的影视剧。我始终记得，10年后我要做最成功的明星，所以对角色我开始很认真地筛选。后来我拍了《那时花开》，拍了《大明宫词》，我渐渐被大家接受，也慢慢地感受到了成功的快乐。

2003年4月，恰好是老师和我谈话后的10周年，我不知道这是偶然还是必然，我居然真的拥有了属于自己的第一张专辑——《夏天》。

其实你也和我一样，如果你能及时地问自己一句："10年后我会怎么样？"你会发现，你的人生就会在不知不觉中发生变化。时刻想着10年后的自己，你会朝着自己的梦想越走越近。

（文/周迅，摘自互联网）

何"趣"何从话生涯

——高中生涯教育教学设计之"兴趣探索"

秦皇岛市第一中学　韩静

⊖ 教学目标

1. 准确掌握霍兰德职业兴趣理论，理解六种兴趣类型的特点与相互关系。

2. 测评自己的职业兴趣类型，充分认知兴趣在职业生涯规划中的重要作用。

⊖ 课时安排

1课时：40分钟

⊖ 教学重难点

1. 重点：准确理解霍兰德职业兴趣理论，了解自己的职业兴趣类型。

2. 难点：在充分了解自己职业兴趣类型的前提下为将来专业、职业的选择提供参考，指导当下选科。

⊖ 教学方法

讲授法、体验式教学法、合作讨论法

⊖ 教学思路

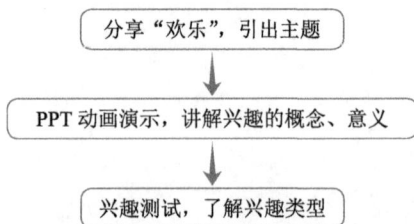

```
         │
         ▼
┌─────────────────────────────────────┐
│ 寻找志趣相投伙伴，学习职业兴趣理论 │
└─────────────────────────────────────┘
         │
         ▼
    ┌──────────────────┐
    │ 总结寄语，情感升华 │
    └──────────────────┘
```

⊖ 教学过程

● 分享"欢乐"，引出主题

请同桌之间交互分享自己非常愉快的一个场景，说出自己的感受，通过同学们的分享，引出主题——兴趣。

● PPT 动画演示，讲解兴趣的概念、意义

1. 何为兴趣？

兴趣是人们力求认识、掌握某种事物，并经常参与该种活动的心理倾向；是人们积极探究某种事物的认识倾向。

2. 兴趣是职业规划的内因。

● 兴趣测试，了解兴趣类型

进行《霍兰德职业兴趣测试》（后附测试），得分最高的一项就是自己的主导职业兴趣类型。

● 寻找志趣相投伙伴，学习职业兴趣理论

简要介绍约翰·霍兰德（John Holland）及职业兴趣理论。

1. 六种职业兴趣类型

教室里已经贴出六种职业兴趣类型，请大家根据自己的主导职业兴趣站到相应区域。

每一区域即为一组，每组选组长。

小组讨论这一类型同学们都有哪些共同的兴趣爱好，以及将来可能从事的职业。组长总结发言，代表小组进行全班分享。

教师讲解。

（1）现实型

性格与职业特征：

①具有较强的动手能力；

②喜欢户外活动与使用工具，通常喜欢与机械和工具打交道，而不愿与人打交道，思想较保守。

职业倾向：

喜欢使用工具机器，对要求具备机械方面才能、体力或从事与机器、工具、植物、动物相关的职业有兴趣，并具备相应能力。如技术性职业（计算机硬件人员、摄影师、制图员、机械装配工），技能性职业（木匠、厨师、技工、修理工等）。

（2）研究型

性格与职业特征：

①常常对自然现象和规律很感兴趣，喜欢同"观念"而不是同人或事物打交道；

②抽象思维能力强，肯动脑，善思考，但有时不愿动手；

③一般具有较强的创新精神，而不愿循规蹈矩。

职业倾向：

喜欢智力的、抽象的、分析的、独立的定向任务，要求具备智力或分析才能，并将其用于观察、估测、衡量、形成理论、最终解决问题的工作，并具备相应的能力。如科学研究人员、教师、工程师、电脑编程人员、医生、系统分析员等。

（3）艺术型

性格与职业特征：

①喜欢以各种艺术形式的创作来表现自己的才能，实现自身的价值；

②想象力丰富，创造力很强，喜欢凭直觉作出判断；

③独立性、自主性较强；感情丰富，敏感，情绪易波动。

职业倾向：

喜欢的工作要求具备艺术修养、创造力、表达能力和直觉，并将其用于语言、行为、声音、颜色和形式的审美、思索和感受，具备相应的能力；不善于事务性工作。

如艺术方面（演员、艺术设计师、雕刻家、建筑师、摄影家、广告制作人），音乐方面（歌唱家、作曲家、乐队指挥），文学方面（小说家、诗人、剧作家）。

（4）社会型

性格与职业特征：

①往往有较强的社会责任感和人道主义倾向，喜欢参与解决人们共同关心的社会问题和从事为他人服务和教育他人的工作；

②通常善于表达，善于与周围的人相处，不喜欢与事物打交道。

职业倾向：

喜欢要求与人打交道的工作，能够不断结交新的朋友，从事提供信息、启迪、帮助、培训、开发或治疗等事务，并具备相应能力。如教育工作者（教师、教育行政人员），社会工作者（咨询人员、公关人员）。

（5）企业型

性格与职业特征：

①精力充沛、热情洋溢、富于冒险精神、自信、支配欲强；

②追求权力、财富与地位，比较适合那些需要胆略、冒风险和承担责任的活动；

③往往不喜欢那些需要精耕细作，以及长期智力劳动和复杂思维的工作。

职业倾向：

喜欢要求具备经营、管理、劝服、监督和领导才能，以实现机构、政治、社会及经济目标的工作，并具备相应的能力。如项目经理、销售人员、营销管理人员、政府官员、企业领导、法官、律师。

（6）常规型

性格与职业特征：

①工作踏实，忠诚可靠，遵守纪律；自我控制能力强；喜欢有秩序安稳的生活；

②做事有计划，讲求精确，喜欢从事高度有序的工作；

③习惯接受他人指挥和领导，通常不习惯于自己对事情作出判断和决策；有时候有些保守。

职业倾向：

喜欢要求注意细节、有条理，具有记录、归档、据特定要求或程序组织数据和文字信息的职业，并具备相应能力。如秘书、办公室人员、记事员、会计、行政助理、图书馆管理员、出纳员、投资分析员等。

2. 六种类型的内在关系

大多数人都并非只有一种性向，霍兰德认为，这些性向越相似，相容性越强，则一个人在选择职业时所面临的内在冲突和犹豫就会越少。

相邻关系：两种类型的个体之间共同点较多。

相隔关系：两种类型个体之间共同点较相邻关系少。

相对关系：在六边形上处于对角位置的类型之间即为相对关系，两种类型共同点少。

在现实职业选择中，影响因素是多方面的，所以我们在职业选择时会不断妥协，寻求相邻、甚至相隔职业环境，在这种环境中，我们需要逐渐适应工作环境，但如果我们寻找的是相对的职业环境，意味着所进入的是与自我兴趣完全不同的职业环境，我们可能工作起来比较痛苦，或需要较长时间来适应。

● 总结寄语，情感升华

虽然我们做了几十年的研究，但预测个人职业选择最有效的方法是询问这个人自己想做什么。（约翰·霍兰德）

人生只有一次，去做自己喜欢的事！

⊖ 课后反思

1. 这节课既有测试，对职业兴趣类型的测评有数据支撑，又有同学的分享交流，课堂气氛还是不错的，注意分享交流阶段要给学生充分的时间去分享，同时也要注意控制好课堂时间。

2. 在每组同学讨论的时候要注意观察各组呈现的状态，教师讲解的时候可以自然地把同学们的状态与他们的兴趣类型特点结合起来，这样同学们的理解会更深刻，也会更有说服力。

3. 记录各班选择各个兴趣类型的人数，发现整个年级呈现一个比较一致的趋势。

参考文献

[1] 北京师范大学附属实验中学.高中生涯规划 [M].北京：北京师范大学出版社，2015.

[2] 程雪峰，缪仁票，潘怡红，等.生涯规划（高中）[M].杭州：浙江教育出版社，2017.

[3] 任国荣.新高考选科实用指南[M].石家庄：河北科学技术出版社，2019.

[4] 王建明，赵林.为自己的青春做主：高中生涯规划教程[M].上海：华东师范大学出版社，2017.

附：

霍兰德职业兴趣测试

指导语：请根据对每一题目的第一印象作答，不必仔细推敲，答案没有好坏、对错之分。具体填写方法：根据自己的情况，如果选择"是"，请打"√"，"否"则请打"×"。

1. 每次写信我都一挥而就，不再重复。（　　）

2. 对别人借我的和我借别人的东西，我都能记得很清楚。（　　）

3. 我办事很少思前想后。（　　）

4. 我喜欢经常请示上级。（　　）

5. 我是一个沉静而不易动感情的人。（　　）

6. 我喜欢按部就班地完成要做的工作。（　　）

7. 我希望能经常换不同的工作来做。（　　）

8. 我总留有充裕的时间去赴约会。（　　）

9. 我喜欢把一切安排得整整齐齐、井井有条。（　　）

10. 对于急躁、爱发脾气的人，我仍能以礼相待。（　　）

11. 在工作中我喜欢独自筹划，不愿受别人干涉。（　　）

12. 我喜欢在做事情前，对此事情作出细致的安排。（　　）

13. 我讨厌修理自行车、电器一类的工作。（　　）

14. 我喜欢亲自动手制作一些东西，从中得到乐趣。（　　）

15. 我的动手能力很差。（　　）

16. 我喜欢使用榔头一类的工具。（　　）

17. 如果掌握一门手艺并能以此为生，我会感到非常满意。（　　）

18. 我曾渴望当一名汽车司机。（　　）

19. 我讨厌跟各类机械打交道。（　　）

20. 我小时候经常把玩具拆开，把里面看个究竟。（　）

21. 我经常不停地思考某一问题，直到想出正确的答案。（　）

22. 我喜欢抽象思维的工作，不喜欢动手的工作。（　）

23. 我喜欢需要运用智力的游戏。（　）

24. 我很难做那种需要持续集中注意力的工作。（　）

25. 当我工作时，我喜欢避免干扰。（　）

26. 我的理想是当一名科学家。（　）

27. 我喜欢阅读自然科学方面的书籍和杂志。（　）

28. 我讨厌学数学。（　）

29. 在实验室里独自做实验会令我寂寞难耐。（　）

30. 遇到难解答的问题时，我常常放弃。（　）

31. 在集体讨论中，我往往保持沉默。（　）

32. 我曾经渴望有机会参加探险。（　）

33. 我愿意从事虽然工资少但是比较稳定的职业。（　）

34. 和不熟悉的人交谈对我来说毫不困难。（　）

35. 和别人谈判时，我总是很容易放弃自己的观点。（　）

36. 当我开始做一件事情后，即使碰到再多的困难，我也要执着地干下去。（　）

37. 我总是主动地向别人提出自己的建议。（　）

38. 我更喜欢自己下了赌注的比赛或游戏。（　）

39. 如果待遇相同，我宁愿当商品推销员，而不愿当图书管理员。（　）

40. 我喜欢在人事部门工作。（　）

41. 我喜欢把一件事情做完后再做另一件事。（　）

42. 当我一个人独处时会感到更愉快。（　）

43. 我喜欢参加各种各样的聚会。（　）

44. 我很容易结识同性朋友。（　）

45. 对于社会问题，我通常持中庸的态度。（　）

46. 我乐于解除别人的痛苦。（　）

47. 听别人谈"家中被盗"一类的事，很难引起我的同情。（　）

48. 我喜欢做一名教师。（　）

高中生涯规划教育典型案例精选 ▼

49. 和一群人在一起的时候，我总想不出恰当的话来说。（　）

50. 大家公认我是一名勤劳踏实的、愿为大家服务的人。（　）

51. 我喜欢做戏剧、音乐、歌舞、新闻采访等方面的工作。（　）

52. 我喜欢成为人们注意的焦点。（　）

53. 我喜欢不时地夸耀一下自己取得的好成就。（　）

54. 音乐能使我陶醉。（　）

55. 与言情小说相比，我更喜欢推理小说。（　）

56. 有些人太霸道，有时明明知道他们是对的，也要和他们对着干。（　）

57. 我爱幻想。（　）

58. 当接受新任务后，我喜欢以自己的独特方法去完成它。（　）

59. 我有文艺方面的天赋。（　）

60. 看情感影片时，我常禁不住眼圈红润。（　）

计分方法：符合以下"是"或"否"答案的记 1 分，不符合的记 0 分。

C 型	2 是	4 是	5 是	6 是	8 是	9 是	10 是	1 否	3 否	7 否	得分
R 型	11 是	12 是	14 是	16 是	17 是	13 否	15 否	18 否	19 否	20 否	得分
I 型	21 是	22 是	23 是	25 是	26 是	27 是	24 否	28 否	29 否	30 否	得分
E 型	32 是	34 是	36 是	37 是	38 是	39 是	40 是	31 否	33 否	35 否	得分
S 型	44 是	46 是	48 是	50 是	41 否	42 否	43 否	45 否	47 否	49 否	得分
A 型	51 是	52 是	53 是	54 是	56 是	57 是	58 是	59 是	60 是	55 否	得分

探索多元能力，聚力赋能未来
——高中生涯教育教学设计之"能力探索"

秦皇岛市第一中学　韩静

⊖ 教学目标

1. 澄清自己的智能结构，了解自己的优势能力。

2. 学会将自己的优势能力应用到擅长的领域，增强自信。

⊖ 课时安排

1 课时：40 分钟

⊖ 教学重难点

1. 重点：准确理解霍华德·加德纳多元智能理论，了解自己的优势智能。

2. 难点：明确自己的优势能力，并学会将优势能力运用到更多的领域，增强自信。

⊖ 教学方法

讲授法、体验式教学法、合作讨论法

⊖ 教学思路

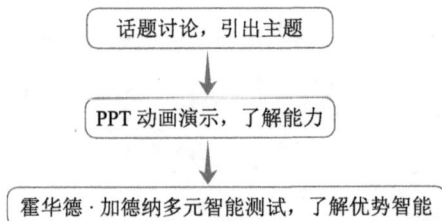

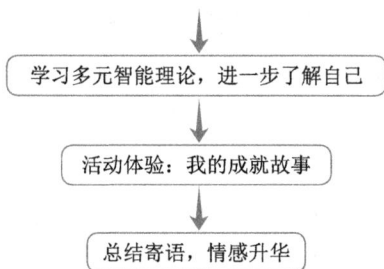

学习多元智能理论，进一步了解自己

活动体验：我的成就故事

总结寄语，情感升华

⊖ 教学过程

● 话题讨论，引出主题

1. 小组讨论分享：什么是能力？我们团队成员都拥有哪些能力？

2. 每组派代表进行全班的分享。

● PPT 动画演示，了解能力

能力是顺利、有效地完成某种活动所必须具备的心理条件，是人格的一种心理特征。

可以多举一些学生们日常生活的案例。

● 霍华德·加德纳多元智能测试，了解优势智能

进行多元智能测试（后附），得分高的一项即为自己的优势智能。

● 学习多元智能理论，进一步了解自己

介绍霍华德·加德纳及其理论。

多元智能的表现形式日常运用：

1. 语言智能：有效地运用口头语言及书面语言的思维能力，表现为能够顺利而有效地运用语言描述事件表达思想并与人交流的能力。

学习技巧：写故事、做笔记、解释与教别人、制订提纲、列清单、用缩写

兴趣爱好：文字游戏、诗歌、讲故事、歌词、朗读

对应专业：文学、社会学、新闻学、教育学、外语、哲学

适合从事的职业：作家、演说家、记者、编辑、节目主持人、播音员、律师等

2. 数学逻辑智能：有效进行计算、逻辑推理、科学分析的思维能力。

学习技巧：提问、分类、解释、分析、比较

兴趣爱好：国际象棋、猜谜、拼图、电脑

对应专业：计算机、经济学、工程学、会计、医学、化学、物理学、统计学

3.空间智能：准确地感知视觉空间，并把所感觉到的表现出来的思维能力表现为对线条、形状、结构、色彩和空间关系的敏感以及通过平面图形和立体造型将他们表现出来的能力。

学习技巧：观察、思维导图、视图、彩色笔记、卡通绘画

兴趣爱好：涂鸦、摄影、造型、设计

对应专业：视觉设计、服装设计、建筑、工程、航空、地理、摄影、广告、平面设计

4.身体运动智能：善于运用身体来表达想法和感觉，以及运用身体解决问题或创造产品的思维能力。

学习技巧：手势、表演、戏剧、做模型

兴趣爱好：摔跤、打球、魔术、杂技、舞蹈

对应专业：戏剧、舞蹈、健身、健身教育

5.音乐智能：感觉、辨别、表现、表达和创造音乐的能力。

学习技巧：音律、节奏、歌唱、在音乐环境中学习

兴趣爱好：唱歌、打鼓、韵律、吹口哨

对应专业：乐队、声乐、作曲、合唱、乐团、指挥

6.人际智能：理解他人并善于处理自己和他人关系的思维能力。

学习技巧：小组学习、教学、角色扮演、讨论、学习倾听

兴趣爱好：团队游戏、体育、聊天、帮助、志愿工作

对应专业：市场推广、公共关系、服务、销售、教育、商业管理、护理学、人力资源管理

7.自我认知智能：清楚的自我认识和评价并因此做出适当反应的思维能力。

学习技巧：问自己为什么、什么对自己很重要、我现在知道什么

兴趣爱好：思考、调查、规划人生目标、写日记

对应专业：创意写作、哲学、心理学

8.自然认知智能：对自然界中的各种事物有认识、辨别和分类的思维

能力。

学习技巧：使用感观、观察和隐喻、建立活体模型

兴趣爱好：训练宠物、养鱼、户外活动、栽花种树

对应专业：生物学、生态学、园艺学、动物学、地质、海洋、农业、烹饪

● **活动体验：我的成就故事**

结合对自己的认识以及朋友对我们的看法，参照智能测试，完成下面"我的成就故事"。

1. 列一张清单，写下至少 5 个发生在我们不同生命阶段的成就事件。

2. 标准：（1）你喜欢这件事带给你的感受；（2）这件事的结果让你感到有成就、很自豪。

3. 事情可大可小，不考虑有没有报酬。

4. 同时获得他人的认可与表扬就更好，不过这并不重要，生活中的任何事件都可以。

5. 将写出的成就故事进行分析，思考其中都用了什么技能，在这些故事中是否有重复出现的技能，它们就是你喜爱施展也擅长的技能，将这些技能按优先次序加以排列。

● **总结寄语，情感升华**

希望大家都能够发现以前未曾发现的自己！其实我们很优秀！

⊖ **课后反思**

1. 这节课层次清晰，逐步递进，最后分享成就故事将本节课推向高潮，教师在活动中要注意引导、鼓励、支持学生。

2. 讲解霍华德·加德纳多元智能理论时运用案例讲解的方式效果会更好，同学们会更有兴趣，也更容易理解。

3. 测试最好提前印出来发测试卷，这样节省时间，提高课堂效率。

参考文献

[1] 北京师范大学附属实验中学. 高中生涯规划 [M]. 北京：北京师范大学出版社，2015.

[2] 程雪峰，缪仁票，潘怡红，等.生涯规划（高中）[M].杭州：浙江教育出版社，2017.

[3] 任国荣.新高考选科实用指南[M].石家庄：河北科学技术出版社，2019.

附：

霍华德·加德纳多元智能测试

测试共有 8 项内容，每项有 10 道小题，每道小题如果和自身的特点符合记 1 分，否则不计分。

I

1.你喜欢文字游戏、双关语、绕口令、打油诗、诗词、故事。

2.你喜欢各式阅读，包括书籍、杂志、报纸甚至商品说明。

3.你擅长口语或文字的表达，而且充满自信，也就是说你擅长说服别人、说故事或写作。

4.聊天时，你常提及读过或听过的东西。

5.你喜欢玩填字、排字或猜字游戏。

6.你的用字遣词相当高深，别人有时候需要问你到底是什么意思。喜欢在文章中运用精准的字眼。

7.你喜欢语言类、历史类课程及社会学科。

8.你在说明或辩论时，口才无碍、从容不迫，说明解释得非常清楚。

9.你喜欢"大声思考"、谈论问题、说明解决方法、问问题。

10.你通过听收音机、录音机和演讲来吸收信息的能力很强。每句话都深印在头脑中。

II

1.你喜欢数字游戏，心算能力强。

2.你对科学新知很有兴趣，喜欢试验各样事物，观看其功能运作。

3.你对家庭预算或理财很有一套，以数字规划工作和私人生活。

4.你喜欢规划假期和商务旅游的行程细节，准备、计算并制作备忘事项。

5.你喜欢脑力激荡、拼图或其他需要逻辑统计思考的游戏，例如下棋。

6.你喜欢分析别人说的、写的内容是否合乎逻辑。

7. 数学和自然科学是你最喜欢的科目。

8. 你擅长举例说明一个总体的概念，对分析情况和争论得心应手。

9. 你解决问题时，很有系统、步骤。喜欢在各种事情或数据之间寻找模式和关系。

10. 必须将事物归类分组或数据化才能明白其关联。

Ⅲ

1. 你喜欢观赏艺术品、绘画和雕刻，对色彩很敏感。

2. 你喜欢用照相机或摄像机将事物记录下来。

3. 你在做笔记或思考时，喜欢随意乱写、乱涂。你描绘的东西是很精确的。

4. 阅读地图和航行图，很有方向感。

5. 你喜欢拼图和走迷宫的游戏。

6. 擅长将物品分解、重组，对看图组件也很在行。

7. 你喜欢学校的美术课，喜欢几何甚于代数。

8. 你喜欢以图片、绘画来说明事物，可以很容易地解读图表。

9. 你可以从不同的角度来想象各种事物，以及想象建筑物的施工图。

10. 你喜欢有许多图片的书籍。

Ⅳ

1. 你参加运动会或经常做健身活动，喜欢走路、游泳、肢体劳动。

2. 你喜欢"DIY"。

3. 你喜欢一边做肢体运动（例如散步、慢跑），一边思考。

4. 在舞会上大展身手，你一点也不觉得害羞。

5. 你喜欢游乐场中最刺激的游戏。

6. 你必须亲手去掌握、触摸、操控某一事物，才能了解它。你喜欢拼图和模型制作。

7. 你喜欢体育和工艺课、雕塑。

8. 你喜欢借手势或其他肢体语言来表达自我。

9. 你喜欢和孩子玩吵闹混战的游戏。

10. 你学习新东西不能光靠阅读手册和观看录像带，必须亲身动手触摸操控。

V

1. 你会玩某种乐器。

2. 你唱歌不会走音。

3. 通常你在听了几次之后，就可以记得某一歌曲。

4. 你常在家中、车里听音乐，偶尔也去聆听演唱会，工作时喜欢（甚至需要）有背景音乐。

5. 你会跟着音乐打拍子，很有节奏感。

6. 你很容易就可辨别是何种乐器的声音。

7. 你喜欢的节目的主题曲或广告歌曲常会浮现在你脑中。

8. 没有音乐你就很难生活，而且音乐很容易引发你的情绪和想象。

9. 你常常哼歌曲，或吹口哨。

10. 你喜欢用节奏或押韵来记事物，比如有节奏地背诵电话号码。

VI

1. 你喜欢加入小组或委员会，与他人一起工作。

2. 你好为人师。

3. 别人向你讨教，你觉得自己富有同情心。

4. 你喜欢团队运动项目（例如篮球、垒球、足球等）甚于个人运动项目（例如游泳、赛跑）。

5. 你喜欢有别人参与的游戏，例如桥牌、大富翁、比手画脚。

6. 你喜欢社交生活，宁愿参加宴会更甚于单独在家中看电视。

7. 你有不少要好的朋友。

8. 你常和别人来往，擅长调解争端。

9. 你喜欢带头示范。

10. 你喜欢和别人讨论问题，而不愿意单独想办法解决问题。

VII

1. 你喜欢写日记，记录个人的心思意念。

2. 常独自沉思你一生的重要经历。

3. 你有人生规划，知道自己努力的方向。

4. 你有独立的思想，了解自己的心思，自己可以下决心。

高中生涯规划教育典型案例精选

5. 你有自己的嗜好兴趣，不想和人共享。

6. 你喜欢垂钓或独自散步，喜欢独处。

7. 你向往到山上独立的小屋度假，更甚于住名胜地区的五星级饭店。

8. 你了解自己的长处和短处。

9. 你曾参加自我进修的课程，或接受教导如何更认识自己。

10. 你喜欢自己当老板，或曾认真考虑过"做自己的事"。

Ⅷ

1. 你自己养宠物或喜爱宠物。

2. 你自己可以说出许多花草树木的名称。

3. 你有兴趣并知道身体各器官的功能及位置，并经常吸收保健的知识。

4. 你对野生动物的行踪巢穴很内行，而且很会观察气象。

5. 你很羡慕当农夫和渔人。

6. 你是个勤劳的园丁，熟悉季节的更替。

7. 你对环保很热心，很有见识。

8. 你对天文学、宇宙的起源和生物的进化很感兴趣。

9. 你对社会问题、心理学和人的行为动机很感兴趣。

10. 你认为资源保护和永续发展是现代人类最迫切的问题。

测试结果分析：

每项得分越高，智能倾向就越明显，看排序在前 3 ~ 5 项的是哪几种智能，以上 8 项依次代表了霍华德·加德纳（Howard Gardner）提出的八大智能。

解锁性格密码，规划未来人生

——高中生涯教育教学设计之"性格探索"

秦皇岛市第一中学　韩静

⊖ 教学目标

1. 通过活动，体会性格与职业选择的关系。

2. 完成 MBTI 情境测验，了解自己的性格特质及与之相匹配的职业选择。

3. 学会接纳现在的自己，用发展的眼光看待自己。

⊖ 课时安排

1 课时：40 分钟

⊖ 教学重难点

1. 重点：了解自己的性格特质，增强对自我的认知。

2. 难点：充分了解自己的性格特质，为将来专业、职业的选择提供参考，指导选科。

⊖ 教学方法

讲授法、体验式教学法、合作讨论法

⊖ 教学思路

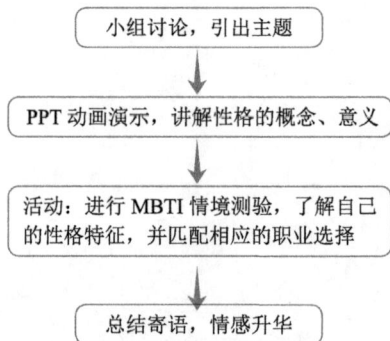

⊖ 教学过程

● 小组讨论，引出主题

小组讨论：孙悟空一觉醒来，穿越到了 2020 年，他发现自己的法力没有了，为了活下去，他得找份工作。假如我们是职业专家，请问会为他提供哪些职业选择，推荐的理由是什么？

每小组组长对小组观点进行概括总结，然后代表本小组进行全班的分享。通过给失去法力的悟空找工作，初步将性格与职业联系起来，引发思考。

● PPT 动画演示，讲解性格的概念、意义

性格是指表现在人对现实的态度和相应的行为方式中比较稳定的、具有核心意义的个性心理特征，是一种与社会最密切相关的人格特征。

性格的形成受到遗传、生理、父母教养方式、生长地的文化习俗、学习经验等多方面因素的影响，一旦形成，具有独特性、一致性和相对稳定性。俗话说，江山易改，禀性难移。人的一生被某种性格类型所支配，从而形成相对稳定的、不同于其他人的独特的行为方式，两个不同性格的人即使做同一件事情，其处事方式及心理感受也是不同的。

● MBTI 情境测验，了解自己的性格特征，并匹配相应的职业选择

1. 简要介绍 MBTI 职业性格测试。MBTI 已经成为当今全球最为著名和权威的性格测试。

2. 简要讲解 MBTI 理论及 MBTI 倾向的意义。

外向（E）————能量导向————内向（I）

Extroversion 获取能量的方式来自哪？ Introversion

感觉（S）————获取信息————直觉（N）

Sensing 获取信息的方式是什么？ Intuition

思考（T）————决策判断————情感（F）

Thinking 决定的方式是什么？ Feeling

判断（J）————行动方式————知觉（P）

Judging 采取什么样的行动方式 Perceiving

MBTI 理论将性格类型分为四个维度，每个维度有两个方面，每个人的性格都在四个维度相应分界点的这边或那边，我们称之为偏好。在现实生活中，每个维度的两个方面，我们都会用到，只是其中的一个方面我们用得更

频繁，更舒适，就好像每个人都会用到左手和右手，一个人的 MBTI 倾向就是我们最熟悉使用的那只手。

3. 进行 MBTI 情景测验。通过对照四个维度的描述，识别出自己在每个维度上的偏好，取每个维度上偏好类型的代表字母，即可以由四个字母构成我们的性格类型。

阅读下面四个维度的每一对描述，选择在大多数情况下最接近你的那一个。

第一个维度：根据个人的能量更集中地指向哪里来区分，分为外向型（E）与内向型（I），哪一种方式更接近你？

外向型 E（Extravertion）	内向型 I（Introvertion）
注意力和精力投注在外部世界	较为关注自我的内部状况
与他人相处感到兴奋且精力充沛，希望成为注意的焦点	独自度过时光时感到兴奋和精力充沛，避免成为注意的焦点
热情洋溢，生机勃勃，善于表达	冷静、谨慎、稳重、不愿意主动表达
易于被了解，愿与人共享个人信息	注重隐私，只与少数人共享个人信息
反应迅速，喜欢快节奏	思考之后再反应，喜欢慢节奏
较之精深更重于广博	较之广博更重于精深
听、说、想同时进行，或先行动，再思考，喜欢边想边说出声	先听、后想、再说，或先思考，再行动，在脑中思考

第二个维度：个人收集信息的方式，哪一种方式更接近你？是感觉型（S）还是直觉型（N）？

感觉型 S（Sensing）	直觉型 N（Intuition）
依赖我的观察或"五觉"（视听嗅味触）	依赖我的内在觉知或直觉
偏重于思考"是什么"	偏重于思考"可能是什么或可能会如何"
喜欢研究事实和数据	喜欢研究概念，善于使用隐喻和类比
注重细节，关注现在	注重整体，关注未来
喜欢确定的事实，循序渐进	喜欢远大的构想，思维跳跃
喜欢使用和琢磨已知的技能	喜欢学习新技能，但掌握之后很容易就厌倦了
倾向于常识，喜欢从事实际性的工作	倾向于创意，喜欢从事创造性的工作

第三个维度：下面是个人做决定的方式，哪一种方式更接近你？是思考型（T）还是情感型（F）？

思考型 T（Thinking）	情感型 F（Feeling）
依赖于自己的理智，遵照客观逻辑推理	依赖于自己的情感，倾向于主观想法与道德评判
首先考虑的是"事"，容易发现缺点，很少赞扬别人，言语生硬	首先考虑的是人，习惯赞美别人，言语友善，委婉
凭"合理不合理"行事，行为冷静，公事公办，关注事情的客观公平，一视同仁	凭"感觉好不好"行事，行为温和，注重社交细节，关注个人感受与价值观，重视准则的例外
和谐是达成目标的手段	基本上以和谐为目标

思考型 T（Thinking）	情感型 F（Feeling）
可以忍受冲突对立	不能忍受冲突对立
根据自己的想法来决策	通过获得共识来决策
渴望成就而受到激励	渴望欣赏而受到激励

第四个维度：下面是采取行动的方式，可分为判断（J）与知觉（P）两种类型，你更接近哪种方式？

判断型 J（Judging）	知觉型 P（Perceiving）
乐于做决定和组织他人	即使迫于压力，可能仍不喜欢作决定
具有"工作原则"：先工作再玩(有时间的话)	具有"玩的原则"：先玩儿再完成工作（有时间的话）
确立目标，并按时完成任务	当有新的情况时便改变目标
着重结果（重点在于完成任务）	着重过程（重点在于如何完成工作）
通过完成任务获得满足感	通过着手新事物而获得满足
把时间看成有限的资源，认真地对待最后期限	把时间看成无限的资源，认为时间期限是灵活的
希望环境井井有条，而且界限分明	喜欢灵活机动的环境，不喜欢规矩和限制

4. 我的性格类型是_____。

5. 参照 MBTI 测试解析了解自己的性格特征及相匹配的职业选择。

● **总结寄语，情感升华**

1.MBTI 只是一个工具，不要因为测试而自我设限，断定自己只能去从事哪些职业。

2. 我们需要不断地探索自己，整合自己的性格、兴趣、能力、价值观等，从多面进行综合考虑，作出最适合自己的职业选择。

3. 当我们的性格特质与我们理想的职业匹配度相差很大时，我们可以通过 MBTI 去了解一下我们的理想职业对应的是什么性格特质，然后思考如何在当下通过努力尝试作与之相对应的性格塑造，有意识地为未来职业的选择作准备。

希望每一位同学能够接纳现在的自己，用发展的眼光看待自己，遇见更好的自己！

⊖ **课后反思**

1. 关于性格的探索比较经典的是 MBTI 职业性格测试，但是课上进行测验并讲解，耗费大量时间，所以课上进行简易版的情境测验，既对 MBTI 的四个维度八个方向进行了讲解，同学们也了解了自己的性格类型。经过大量的实践表明，情境测验得出的性格类型与测验问卷得出的结果基本一致，同学们感兴趣的话课下可进行线上测试对结果进行比对。

2. 在讲课过程中要给学生强调性格是相对稳定的，并不是一成不变的，并强调测验的工具性，学会用发展的眼光看待自己。

参考文献

[1] 北京师范大学附属实验中学 . 高中生涯规划 [M]. 北京：北京师范大学出版社，2015.

[2] 程雪峰，缪仁票，潘怡红，等 . 生涯规划（高中）[M]. 杭州：浙江教育出版社，2017.

[3] 任国荣 . 新高考选科实用指南 [M]. 石家庄：河北科学技术出版社，2019.

[4] 徐佳琳 . 我的职业性格探索之路 [J]. 中小学心理健康教育，2018（30）：36-40.

注：《探索我的性格》一课在 2020 年秦皇岛市高中综合实践活动课程——生涯规划教育展示观摩活动中做示范课。

附：

MBTI 十六种人格类型

一、ISTJ（检查员型）

安静、严肃，通过全面性和可靠性获得成功；实际，有责任感；决定有逻辑性，并一步步地朝着目标前进，不易分心；喜欢将工作、家庭和生活都安排得井井有条；重视传统和忠诚。

适合领域：工商业领域、政府机构、金融银行业、技术领域、医务领域。

适合职业：审计师、会计、财务经理、办公室行政管理、后勤和供应管理、中层经理、公务（法律、税务）执行人员等，银行信贷员、成本估价师、保险精算师、税务经纪人、税务检查员等机械、电气工程师、计算机程序员、数据库管理员、地质、气象学家、法律研究者、律师等外科医生、药剂师、实验室技术人员、牙科医生、医学研究员等。

适合专业：经济学类、财政学类、金融学类、法学类、临床医学类、口腔医学类、医学技术类、法医学类、工商管理类、公共管理类。

二、ISFJ（照顾者型）

安静、友好、有责任感和良知；坚定地致力于完成他们的义务；全面、勤勉、精确，忠诚、体贴，留心和记得他们重视的人的小细节，关心他们的感受；努力把工作和家庭环境营造得有序而温馨。

适合领域：医护领域、消费领域、商业领域、服务领域。

适合职业：行政管理人员、总经理助理、秘书、人事管理者、项目经理、物流经理、律师助手等外科医生及其他各类医生、家庭医生、牙科医生、护士、药剂师、医学专家、营养学专家、顾问等零售店、精品店业主、大型商场、酒店管理人员、室内设计师等。

适合专业：管理学学科的大部分专业类如工商管理类、公共管理类、物流管理与工程类、医学学科的大部分专业类。

三、INFJ（博爱型）

寻求思想、关系、物质等之间的意义和联系；希望了解什么能够激励人，对人有很强的洞察力；有责任心，坚持自己的价值观；对于怎样更好的服务大众有清晰的远景；在对于目标的实现过程中有计划而且果断坚定。

适合领域：咨询领域、教育领域、科研领域、文化领域、艺术领域、设计领域等。

适合职业：心理咨询工作者、心理诊疗师、职业指导顾问、大学教师（人文学科、艺术类）、教育学、社会学、哲学及其他领域的研究人员等，作家、诗人、剧作家、电影编剧、电影导演、画家、雕塑家、音乐家、艺术顾问、建筑师、设计师等。

适合专业：心理学类、教育学类、社会学类、哲学类、艺术学理论类、中国语言文学类、外国语言文学类、新闻传播学类、美术学类。

四、INTJ（专家型）

在实现自己的想法和达成自己的目标时有创新的想法和非凡的动力；能很快洞察到外界事物间的规律并形成长期的远景计划；一旦决定做一件事就会开始规划并直到完成为止；多疑、独立，对于自己和他人能力和表现的要求都非常高。

适合领域：科研领域、咨询领域、金融投资领域、创造性领域。

适合职业：各类科学家、研究所研究人员、设计工程师、系统分析员、计算机程序师、研究开发部经理等各类技术顾问、技术专家、企业管理顾问、投资专家、法律顾问、医学专家、精神分析学家等经济学家、投资银行研究员、证券投资和金融分析员、投资银行家、财务计划人、企业并购专家等各类发明家、建筑师、社论作家、设计师、艺术家等。

适合专业：理学、工学、经济学、管理学、医学、文学、艺术学等学科的大部分专业。

五、ISTP（冒险家型）

灵活、忍耐力强，是个安静的观察者，直到有问题发生，就会马上行动，找到实用的解决方法；分析事物运作的原理，能从大量的信息中很快地找到关键的症结所在；对于原因和结果感兴趣，用逻辑的方式处理问题，重视效率。

适合领域：技术领域、证券领域、贸易领域、运动领域、艺术领域等。

适合职业：机械工程师、电气工程师、电子工程师、各类技术专家和技师、计算机硬件、系统集成专业人员等，证券分析师、金融财务顾问、经济学研究者等，贸易商、商品经销商、产品代理商（有形产品为主）等，警察、侦探、体育工作者、赛车手、飞行员、雕塑家、手工制作、画家等。

适合专业：金融学类、经济与贸易类、机械类、仪器类、计算机类、航空航天类、公安学类、美术学类。

六、ISFP（艺术家型）

安静、友好、敏感、和善；享受当前；喜欢有自己的空间，喜欢能按照自己的时间表工作；对于自己的价值观和自己觉得重要的人非常忠诚，有责任心；不喜欢争论和冲突；不会将自己的观念和价值观强加到别人身上。

适合领域：手工艺、艺术领域、医护领域、商业领域、服务领域。

适合职业：服装、首饰、装潢、园艺等方面的设计师，陶器、乐器、卡通、漫画等内容的创作者，舞蹈演员、出诊医生、出诊护士、理疗师、牙科医生、个人健康和运动教练等，餐饮业、娱乐业业主、旅行社销售人员，体育用品、个人理疗用品销售员等。

适合专业：设计学类、美术学类、医学技术类、口腔医学类、体育学类、工商管理类、食品科学与工程类。

七、INFP（哲学家型）

理想主义，对于自己的价值观和自己觉得重要的人非常忠诚；希望外部的生活和自己内心的价值观是统一的；好奇心重，很快能看到事情的可能性，能成为实现想法的催化剂；寻求理解别人和帮助他们实现潜能；适应力强，灵活，善于接受，除非是有悖于自己的价值观的。

适合领域：创造性领域、艺术领域、教育领域、研究领域、咨询领域。

适合职业：各类艺术家、插图画家、诗人、小说家、建筑师、设计师、文学编辑、艺术指导、记者等大学老师（人文类）、心理辅导和咨询人员、社科类研究人员、社会工作者、教育顾问、图书管理者、翻译者等。

适合专业：艺术学、教育学、文学等学科的大部分专业类。

八、INTP（学者型）

对于自己感兴趣的任何事物都寻求找到合理的解释；喜欢理论性的和抽象的事物，热衷于思考而非社交活动；安静、内向、灵活、适应力强；对于自己感兴趣的领域有超凡的集中精力深度解决问题的能力；多疑，有时会有点挑剔，喜欢分析。

适合领域：计算机技术理论研究领域、学术领域、创造性领域。

适合职业：软件设计员、系统分析师、计算机程序员、数据库管理员、故障排除专家等，大学教师、科研机构研究人员、数学、物理学、经济学、考古学、历史学研究人员，作家、设计师、音乐工作者、艺术鉴赏者等。

适合专业：理学、历史学、经济学、艺术学学科的大部分专业类、工学学科的计算机类、建筑类。

九、ESTP（挑战者型）

灵活、忍耐力强，实际，注重结果；觉得理论和抽象的解释非常无趣；喜欢积极地采取行动解决问题；注重当前，自然不做作，享受和他人在一起的时刻；喜欢物质享受和时尚；学习新事物最有效的方式是通过亲身感受和练习。

适合领域：贸易领域、商业领域、服务领域、金融证券领域、娱乐领域、体育领域、艺术领域等某些特殊领域。

适合职业：各类贸易商、批发商、中间商、零售商、房地产经纪人、保险经纪人、销售人员、私家侦探、警察等，餐饮、娱乐及其他各类服务业的业主、主管、特许经营者、自由职业者等，股票经纪人、证券分析师、理财顾问、个人投资者等，主持人、评论员、演员、健身教练、体育工作者等。

适合专业：经济学类、经济与贸易类、金融学类、新闻传播学类。

十、ESFP（表演者型）

外向、友好、接受力强；热爱生活、人类和物质上的享受；喜欢和别人一起将事情做成功；在工作中讲究常识和实用性，并使工作显得有趣；灵活、自然不做作，对于新的任何事物都能很快地适应；学习新事物最有效的方式是和他人一起尝试。

适合领域：消费领域、商业领域、服务领域、广告领域、娱乐领域、旅游领域、社区服务等。

适合职业：市场营销人员（消费类产品）、娱乐、餐饮业客户经理、房地产销售人员、汽车销售人员、广告公司的设计师、创意人员、客户经理、时装设计和模特、摄影师、节目主持人、脱口秀演员等旅游企业中的销售、服务人员、导游、社区工作人员、志愿工作者、公共关系专家、健身和运动教练、医护人员等。

适合专业：管理学学科的管理科学与工程类、公共管理类、物流管理与工程类、医学学科的公共卫生与预防医学类。

十一、ENFP（公关型）

热情洋溢、富有想象力；认为人生有很多的可能性；能很快地将事情和信息联系起来，然后很自信地根据自己的判断解决问题；总是需要得到别人的认可，也总是准备着给予他人赏识和帮助；灵活、自然不做作，有很强的即兴发挥的能力，言语流畅。

适合领域：教育领域、广告创意领域、市场营销和宣传策划领域、艺术领域、公关领域。

适合职业：儿童教育老师、大学老师（人文类）、心理辅导和咨询人员、职业规划顾问、社会工作者、人力资源专家、培训师、演讲家、记者（访谈类）、节目策划和主持人、专栏作家、剧作家、艺术指导、设计师、卡通制作者、电影和电视制片人等。

适合专业：教育学类、心理学类、工商管理类、设计学类、新闻传播学类、文学文科的大部分专业。

十二、ENTP（智多星型）

反应快、睿智，有激励别人的能力，警觉性强、直言不讳；在解决新的、具有挑战性的问题时机智而有策略；善于找出理论上的可能性，然后再用战略的眼光分析；善于理解别人；不喜欢例行公事，很少会用相同的方法做相同的事情，倾向于一个接一个的发展新的爱好。

适合领域：投资顾问领域、项目策划领域、投资银行、市场营销领域、创造性领域、公共关系领域、政治领域。

适合职业：投资顾问（房地产、金融、贸易、商业等）、各类项目的策划人和发起者、投资分析师、风险投资人、企业业主（新兴产业）等，市场营销人员、各类产品销售经理、广告创意人员、艺术总监、访谈类节目主持人、制片人等，公共关系专家、公司对外发言人、社团负责人、政治家等。

适合专业：经济学类、金融学类、设计学类、新闻传播学类、公共管理类。

十三、ESTJ（管家型）

实际、现实主义；果断，一旦下决心就会马上行动；善于将项目和人组织起来将事情完成，并尽可能用最有效率的方法得到结果；注重日常的细节；有一套非常清晰的逻辑标准，有系统性地遵循，并希望他人也同样遵循。在实施计划时强而有力。

适合领域：无明显领域特征。

适合职业：大、中型外资企业员工、业务经理、中层经理（多分布在财务、营运、物流采购、销售管理、项目管理、工厂管理、人事行政部门）、职业经理人、军事方面的工作人员。

适合专业：管理学学科的大部分专业类，如管理科学与工程类、工商管理类、公共管理类、物流管理与工程类。

十四、ESFJ（主人型）

热心肠、有责任心、合作；希望周边的环境温馨而和谐，并为此果断地执行；喜欢和他人一起精确并及时地完成任务；事无巨细都会保持忠诚；能体察到他人在日常生活中的所需并竭尽全力帮助；希望自己和自己的所为能受到他人的认可和赏识。

适合领域：无明显领域特征。

适合职业：办公室行政或管理人员、秘书、总经理助理、项目经理、客户服务部人员、采购和物流管理人员等，内科医生及其他各类医生、牙科医生、护士、健康护理指导师、营养学专家、小学教师（班主任）、学校管理者等，银行、酒店、大型企业客户服务代表、客户经理、公共关系人员、商场经理、餐饮业业主和管理人员等。

适合专业：管理学学科的管理科学与工程类、公共管理类、物流管理与工程类、医学学科的公共卫生与预防医学类。

十五、ENFJ（教导型）

热情、为他人着想、易感应、有责任心；非常注重他人的感情、需求和动机；善于发现他人的潜能，并希望能帮助他们实现；能成为个人或群体成长和进步的催化剂；忠诚，对于赞扬和批评都会积极地回应；友善、好社交。在团体中能很好地帮助他人，并有鼓舞他人的领导能力。

适合领域：培训领域、咨询领域、教育领域、新闻传播领域、公共关系领域、文化艺术领域。

适合职业：人力资源培训主任、销售、职业指导顾问、心理咨询工作者、大学教师（人文学科类）、教育学、心理学研究人员等，记者、撰稿人、节目主持人（新闻、采访类）、公共关系专家、社会活动家、文艺工作者、平面设计师、美术工作者、音乐工作者等。

适合专业：教育学类、心理学类、工商管理类、新闻传播学类、公共管理类、设计学类。

十六、ENTJ（统帅型）

坦诚、果断，有天生的领导能力；能很快看到公司/组织程序和政策中的不合理性和低效能性，发展并实施有效和全面的系统来解决问题；善于做长期的计划和目标的设定；通常见多识广，博览群书，喜欢拓广自己的知识面并将此分享给他人；在陈述自己的想法时非常强而有力。

适合领域：工商领域、政治领域、金融领域、管理咨询领域、培训领域、某些专业性领域。

适合职业：各类企业的高级主管、总经理、企业主、社会团体负责人、政治家等，投资银行家、风险投资家、股票经纪人、公司财务经理、财务顾问、经济学家、企业管理顾问、企业战略顾问、项目顾问、专项培训师等，律师、法官、知识产权专家、大学教师、科技人员等。

　　适合专业：经济学学科的大部分专业类、法学学科的法学类、政治学类、公安学类、管理学学科的工商管理类。

寻找心中的灯塔

——高中生涯教育教学设计之"价值观探索"

秦皇岛市新世纪高级中学　康曙光

⊖ 教学目标

1. 了解价值观的概念、意义以及产生的原因。

2. 熟练掌握探索价值观的方法：游戏体验"生命的最后 24 小时"及职业价值观 8 选 3、WVI 职业价值观澄清量表。澄清现阶段的价值观，并能树立积极正确的价值观。

3. 感受价值观在生涯决策中的重要性，充分认识价值观与选科择业的关系。

⊖ 课时安排

1 课时：40 分钟

⊖ 教学重难点

重点：理解价值观在生涯决策中的重要作用，以及学会熟练使用和灵活应用探索价值观的几种方法。

难点：通过游戏体验认识并澄清自己现阶段的价值观，并利用价值观引导生涯决策方向。

⊖ 教学方法

故事演绎法、讲授法、体验式教学法、合作讨论法

⊖ 教学思路

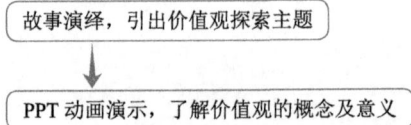

故事演绎，引出价值观探索主题

PPT 动画演示，了解价值观的概念及意义

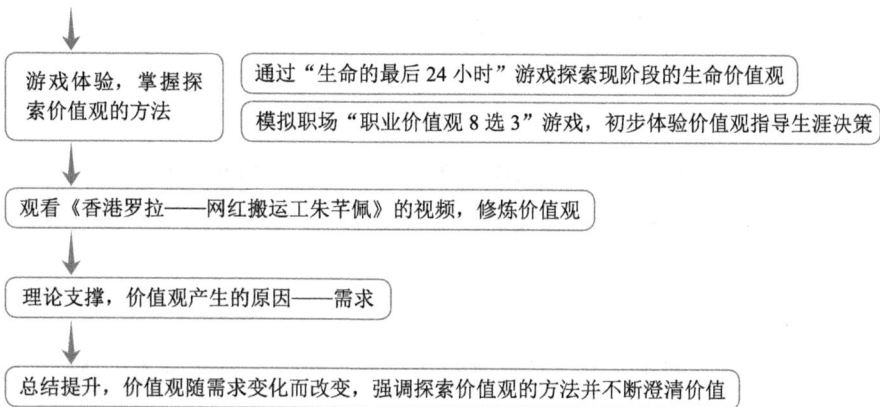

```
┌─────────────────┐   ┌──────────────────────────────────────────────┐
│ 游戏体验，掌握探 │──▶│ 通过"生命的最后 24 小时"游戏探索现阶段的生命价值观 │
│ 索价值观的方法   │   ├──────────────────────────────────────────────┤
└─────────────────┘   │ 模拟职场"职业价值观 8 选 3"游戏，初步体验价值观指导生涯决策 │
                      └──────────────────────────────────────────────┘
```

┌──┐
│ 观看《香港罗拉——网红搬运工朱芊佩》的视频，修炼价值观 │
└──┘

┌──────────────────────────────────┐
│ 理论支撑，价值观产生的原因——需求 │
└──────────────────────────────────┘

┌──┐
│ 总结提升，价值观随需求变化而改变，强调探索价值观的方法并不断澄清价值 │
└──┘

⊖ 教学过程

● 故事演绎，引出主题

渔夫和商人

有一个美国商人坐在墨西哥海边一个小渔村的码头上，看着一个墨西哥渔夫划着一艘小船靠岸。小船上有好几尾大鱼，这个美国商人对墨西哥渔夫能抓到这么高档的鱼恭维了一番，还问要多长时间才能抓这么多。

墨西哥渔夫说，才一会儿工夫就抓到了。美国人再问："你为什么不待久一点儿，好多抓一些鱼？"

墨西哥渔夫觉得不以为然："这些鱼已经足够我一家人生活所需啦！"

美国人又问："那么你一天剩下那么多时间都在干什么呢？"

墨西哥渔夫解释："我呀？每天睡到自然醒，出海抓几条鱼，回来后跟孩子们玩一玩，再跟老婆睡个午觉，黄昏时晃到村子里喝点儿小酒，跟哥们儿玩一玩吉他，我的生活过得既充实又忙碌呢！"

美国人不以为然，帮他出主意，他说："我是美国哈佛大学企管硕士，我倒可以帮你忙！你应该每天多花一点时间去抓鱼，到时候你就有钱去买条大一点儿的船，自然你就可以抓更多的鱼，再买更多渔船，然后你可以拥有一个渔船队，到时候你就不必把鱼卖给鱼贩子，而是直接卖给加工厂，然后你自己可以开一家罐头厂。如此，你就可以控制整个生产、加工处理和行销。然后你就可以离开这个小渔村，搬到墨西哥城，再搬到洛杉矶，最后到纽约，在那里经营你不断扩充的企业。"

81

墨西哥渔夫问："这要花多少时间呢？"

美国人回答："十五到二十年。"

"然后呢？"

美国人大笑说："然后你就可以在家当皇帝啦！时机一到，你就可以宣布股票上市，把你公司的股市卖给投资大众。到时候你就发啦！你可以几亿几亿地赚！"

"然后呢？"

美国人说："到那个时候你就可以退休啦！你可以搬到海边的渔村去住。每天睡到自然醒，出海抓几条鱼，回来后跟孩子们玩一玩，再跟老婆睡个午觉，黄昏时晃到村子里喝点儿小酒，跟哥们儿玩一玩吉他喽！"

墨西哥渔夫疑惑地说："我现在不就是这样了吗？"

请三位同学朗诵并演绎该故事，引导学生思考这个故事所带来的启发，由此引出本课的主题——价值观探索。

●**PPT 动画演示，讲解价值观的概念、意义**

1. 提出价值观概念：价值观是指对周围人、事、物的意义和重要性的总体评价和态度。凡是自己觉得重要的、想追求的就是自己的价值观。

2. 强调价值观的意义（重要性）：价值观在我们的生涯发展中起到了极其重要的、决定方向的作用，甚至超过了兴趣和性格对我们的影响，尤其是当我们面对矛盾或冲突时，是妥协还是放弃，起权衡作用的就是价值观。

●**游戏体验，掌握探索价值观的方法**

1. 生涯游戏——"生命的最后 24 小时"，感悟自己的生命价值观

环节一：创设情境，体验选择

学生按照问题情景，模拟真实感受体验、抉择。

假如你的生命只剩下 24 小时，你会利用这 24 小时做哪些事情呢？根据事情的重要程度划分，用不同颜色的笔在圈内写下来，最重要的事情写在最中间的圈，次要的事情依次往外圈排列。

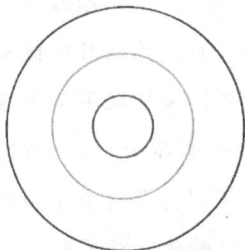

教师此时播放低沉音乐，创造气氛。

环节二：小组讨论交流

通过小组讨论后，与同学分享自己选择的过程，然后思考如下问题：

（1）我在生命的最后 24 小时会做哪些事？

（2）哪一件事在圈的最中央？

（3）为什么这件事我非做不可？

（4）总结提炼出你的生命价值观，如金钱、地位、权力、自由、享受、家庭、名誉、事业、助人、安全、人际关系、学识、被认可、被尊重……

向学生说明：通过讨论思考，同学们会初步认识自己的生命中最重要的价值观是哪几项。有的是家庭和亲情，有的是自由和助人，也有的是被认可和被尊重。但无论是什么，教师都要强调：不要因和别人攀比而肯定或否定自身的价值，真正的成功应该是无论在什么样的环境下，都要做最好的自己！

引导学生思考和感受：在生涯发展过程中，价值观的重要程度会引导我们不同的决策方向；在现实生活中我们同样会遇到类似游戏中的各种阻碍，使我们不得不放弃一些、调整一些，但最重要的、最核心的价值也许永远不会改变，以指引我们内心的方向。

2. 非正式评估的课堂游戏"职业价值观 8 选 3"

学生在了解自己的生命价值观后，教师引导学生再进行职业价值观的澄清。职业价值观影响着生涯发展的方向，也可以作为判断你和职业是否匹配的标准。不同的价值观适合于不同的职业，例如热爱冒险和运动的可以成为登山运动员；喜欢安全稳定的可以成为教师或者公务人员；喜欢助人为乐的可以做护士或者志愿者等。

为了能够帮助学生认识自己的职业价值观，我采用了新精英生涯培训时的一个非正式评估的课堂游戏"价值观 8 选 3"。

教师给出生涯大师舒伯总结归纳出的 15 项职业价值观，然后创设模拟招聘的情境。

职业价值观表

编号	项目	工作的意义和目的
1	利他主义	提供机会为社会大众的福利尽力，为大众谋福利
2	美的追求	致力于使这个世界更美好，增加艺术气氛
3	创造发明	喜欢与众不同，喜欢创新
4	智力激发	提供独立思考、学习与分析事理的机会
5	独立自主	以自己的方式或步调来进行，不受太多限制
6	成就满足	能看到努力工作的具体成果，并因此获得精神上的满足
7	声望地位	提高个人身份或名望，受到他人的推崇或尊重
8	管理权力	赋予个人策划工作、分配工作且管理属下的权力
9	经济报酬	获得优厚报酬，有能力购置想要的东西
10	安全稳定	提供安定生活的保障，即使经济不景气也不受影响
11	工作环境	能在良好舒适的环境下工作
12	上司关系	能与主管平等且融洽相处，获得赏识
13	同事变化	能与志同道合的伙伴一起愉快地工作
14	多样变化	工作内容富有变化，不枯燥
15	生活方式	能选择理想的生活方式

环节一：请学生仔细阅读上面的《职业价值观表》，假设有一项工作能同时满足 8 个价值观，该如何选择，挑选自认为重要的 8 项，写在纸上。

环节二：如果这项工作有变化，必须舍去其中两项，你会选择舍去哪两项？

环节三：如果生活发生一场变故，不得不再舍去其中两项，保留四项，你会如何选择？

环节四：生活总有不如意，当让你必须再舍去其中一项，仅保留三项，你最终的选择是？

环节五：请几位学生与大家分享自己选择的结果，并说说选择的过程和理由，进一步认识和澄清现阶段的工作价值观。

此游戏目的是让学生初步体验和感受价值观在生涯抉择中的影响甚为重要，不但会影响将来大学及科系、专业的选择，甚至会影响将来过什么样的生活，希望学生们可以更认真地去探索自己的价值观。

为了能更加科学准确，我们还会给学生们布置家庭作业，回家上网进行更为正式的价值观测评。

正式评估链接：WVI 职业价值观澄清量表——中国职业生涯网。

● **观看视频，修炼提升价值观**

同学们的价值观可以反映出当下一些青年人的价值观，也在网络上看到过一些报道：说很多年轻人甚至小学生的理想就是当网红。因此，教师组织学生观看视频《香港罗拉——网红搬运工朱芊佩》的故事和新闻报道。

通过这个视频，让学生知道生命的价值不在于卖弄取悦他人，而是要自食其力、造福社会，为国家和人类的进步付出自己的青春和价值。在生活中面临相同的问题抉择时，不同的人会产生不同的答案，而不同的选择会形成不同的群体。所谓"道不同，不相为谋"。价值观是我们内心中最重要的观念，是判断是非曲直、权衡利弊的天平，也是我们决定行为和方向的驱动器。

● **理论支撑，价值观产生原因**

马斯洛认为人有五个层次的需求，分别是生理需求、安全需求、爱和归属需求、尊重需求以及自我实现需求。只有低层次的需求得到满足，我们才会希望更高层次的需求。这些需求体现在生活和工作中，就成为具有强大驱动力的价值观。随着时间、空间、环境等的变化，我们的需求也会随之改变，从而可能导致价值观的变化。因此，价值观需要不断地自我审视和澄清。

● **总结提升**

由于价值观会随着我们内在需求的变化而发生改变，所以本节课的目的不仅是引导学生找到现阶段的价值观，最主要的是希望学生能掌握并使用探索价值观的方法，用以不断审视和澄清不同阶段的价值观。同时，强调不要因和别人攀比而轻易否定自身的价值，真正的成功应该是无论在什么样的环境下，都要做最好的自己！

⊖ **课后反思**

价值观探索，学生更清晰了自己内心想要的生活和看重的事物，坚定了自己的价值取向。在课堂实践中，学生对于"8选3"价值观选择环节的设置，感触最深。每一次的选择都意味着对一些价值观的放弃，纠结、矛盾、不舍的情绪和表情反映了学生对测评的投入和思考。正是在这样的舍与得之间才梳理出自己最重要的核心价值观。

由于本课课堂活动内容较多，时间安排上有些紧张，建议可以将第一个故事演绎变成老师的陈述性叙说，再由学生思考引出本课主题。

参考文献

[1] 黄天中 . 生涯规划——体验式学习（中学版）[M]. 北京：北京师范大学出版社，2010.

[2] 张纪元 . 中学生职业生涯规划教学设计 [M]. 北京：北京师范大学出版社，2012.

[3] 程雪峰，缪仁票，潘怡红，等 . 生涯规划（高中）[M]. 杭州：浙江教育出版社，2017.

[4] 山东省教育科学研究院 . 高中学生发展指导：生涯规划（第一册）[M]. 济南：山东教育出版社，2016.

一生，何求？

——高中生涯教育教学设计之"价值观探索"

河北省昌黎汇文二中　金艳萍

⊖ 教学目标

1.认识职业价值观的重要性；分析不同人物职业选择的动因，感知职业价值观的主体差异性。

2.通过"有关工作的两分钟联想"、情景剧表演、"价值拍卖"活动，从感性层面初步探索自己的职业价值观。借助测评手段，将"职业价值观"的探索上升到理性的高度。

3.树立正确的职业价值观，把握人生方向。

⊖ 课时安排

1课时：45分钟

⊖ 教学重难点

1.重点：理解职业价值观在职业选择中的重要性，感受职业价值观的主体差异性，学会从感性和理性等不同角度探索自己的职业价值观。

2.难点：解读生涯测评后的"职业价值观"测评报告，并用自己对职业价值观的探索指导未来的职业选择。

⊖ 教学方法

讲授法、体验式教学法、合作探究法

⊖ 教学思路

学生展示《自我认知报告》，温故知新，引出"职业价值观"

↓

成果展示，获得新知——社会调查小组，展示关于"职业价值观"的调查成果

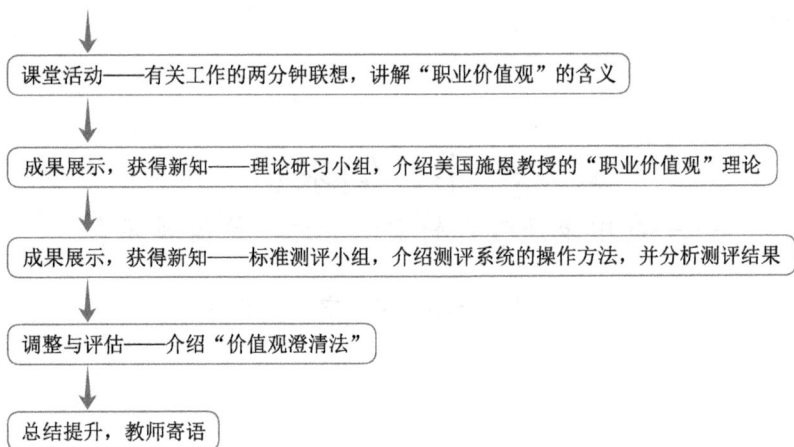

課堂活動——有關工作的兩分鐘聯想，講解"職業價值觀"的含義

成果展示，獲得新知——理論研習小組，介紹美國施恩教授的"職業價值觀"理論

成果展示，獲得新知——標準測評小組，介紹測評系統的操作方法，並分析測評結果

調整與評估——介紹"價值觀澄清法"

總結提升，教師寄語

⊖ 教學過程

● 展示分享，溫故知新

學生展示自己生涯規劃書中的《自我認知報告》，內容涉及職業性格、職業興趣、職業能力等。通過展示，對前面所學知識進行回顧。

教師點評，指出生涯規劃中的"自我認知"除了職業性格、職業興趣、職業能力之外，還有職業價值觀，由此引入"職業價值觀"的探索。

● 成果展示，獲得新知——社會調查小組，展示關於"職業價值觀"的調查成果

環節一：案例分享——牢記痛苦

案例1：

張某：我剛從商學院畢業時，為了賺錢，放棄了自己真正喜歡的工作，選擇了一家金融機構。但是在實際工作中，我對這份工作感到很厭煩，每天去上班簡直就是對自己的摧殘。我在一張紙上寫下了"牢記痛苦"四個字，並把這張紙放進了自己的錢包，一放就是很多年，目的是提醒自己，一定要清楚自己最想要的是什麼，自己內心深處最看重的是什麼。

案例2：

周女士：英國伯明翰大學通信系統專業碩士學位，聽從家人的建議，在中國天然氣集團找到一份月薪5000元的工作，生活很安逸，但是也很迷茫。後在專業人士的指導下澄清了自己的職業價值觀屬於"挑戰型"，建議選擇競爭比較激烈的行業，更能體現自身的價值，獲得幸福感。

课堂探究：上述两个案例给我们什么启示？

学生回答略。

教师点评，引导学生感受职业价值观的重要性。

环节二：案例分享——世间百态

案例3："耶鲁哥"的选择

秦玥飞，耶鲁大学高才生。毕业后扎根农村，做大学生村官。

案例4：丁真的选择

丁真，藏族，四川甘孜人。2020年1月，丁真因其原生态素颜的模样及憨厚朴实的表现而走红网络。丁真拒签娱乐公司，而是做了家乡的形象大使。

案例5：李姗姗（播放视频）

名校硕士，华为芯片研发工程师，为照顾父母，放弃近20万的年薪回乡创业。

思考：从上述案例中，你获得了哪些感悟？请从中归纳出人们在职业选择中比较关注、重视的内容（标准、品质）。

教师点评：通过展示不同人物的职业选择，我们意识到职业价值观因人而异，具有主体差异性。

● **课堂活动——有关工作的两分钟联想，讲解"职业价值观"的含义**

1. 学生对自己的职业价值观进行初步思考，并记录下来。

多媒体展示问题：我希望我的工作是……

请在2分钟之内尽可能多地写下自己头脑中所联想到的短语。

学生展示。

教师点评：记录下来的短语，意味着我们在工作中所看重的东西，抑或是我们判断工作好坏的标准，它反映了我们的职业价值观。

2. 提出"职业价值观"的含义。

职业价值观是我们在工作中最看重的原则、标准或品质。它指向我们职业生涯中最重要的东西。

● **成果展示，获得新知——理论研习小组，介绍美国施恩教授的"职业价值观"理论**

1. 以情景剧的形式展示八种价值观的特点

学生表演情景剧《畲腔畲韵》。

剧情及人物简介：

（1）创业者（招聘者）：原事业单位职员，不甘心总在别人手底下干活，辞职创业。（创造／创业型——希望用自己的能力去创建属于自己的团队或产品，而且愿意去冒风险，并克服面临的障碍。）

（2）创业者妻子：老板那么好当的？得多少本钱呢？赔了咋整？（安全／稳定型——追求工作中的安全与稳定感，他们关心财务安全，如工资、退休金。）

（3）一号应聘者：经常出差，我老婆、孩子咋整啊？这个工作太影响家庭了，我干不了。（生活型——对生活型的人而言，职业的成功并不意味着一切，他们希望可以平衡家庭、工作之间的关系，甚至会为家庭而放弃职业方面的晋升机会。）

（4）二号应聘者：我就喜欢有难度的，没难度我还不来呢！（挑战型——喜欢解决看上去无法解决的问题，战胜强劲的对手，克服无法克服的困难和障碍。如果事情非常容易，反而会失去兴趣。）

（5）三号应聘者：不善言谈，搞个研究啥的还行，管人方面不太擅长。（技术／职能型——追求自己在技术、职能领域的不断成长和技能的不断提高，一般不喜欢从事一般的管理工作，因为这将意味着放弃他们在技术、职能领域的成就。）

（6）三号发小：管理学硕士，管理水平杠杠的。想要"天下苍生"，不甘"与世无争"。（管理型——追求并致力于工作晋升，倾心于全面管理、独自负责一个部分，具体的技术、职能工作仅仅被看作是通向更高、更全面的管理层的必经之路。）

（7）四号应聘者：天不怕，地不怕，就怕被约束，受限制。只要给我自由，给我自由，给我自由，让我干啥都行。（自由／独立型——希望随心所欲地安排自己的工作和生活，最大限度地摆脱组织的限制和制约。他们宁可放弃晋升的机会，也不愿意放弃自由与独立。）

（8）文工团职员：不求回报，我愿尽我的洪荒之力，为社会、为后代留下点什么。（服务／奉献型——服务／奉献型的人，一直追求他们认可的核心价值，例如帮助他人，为国家、集体、团队作贡献。）

2.通过价值拍卖，引导学生从感性层面探索自己的职业价值观操作方法：

（1）一位同学扮演拍卖师，一位同学做记录员。

（2）四位同学为一组，请先思考自己最想要的东西是什么，然后小组进行商议，认真考虑你们小组想买什么，准备付出多少钱，然后竞拍。

（3）每个小组竞拍成功后，派代表阐述选择该标的的原因。

（4）拍卖活动结束后，利用 PPT 展示每一标的所对应的职业价值观。如下表：

序号	（标的）拍卖商品	对应职业价值观
1	成为行业的领军人物	技术 / 职能型
2	一家效益卓著的企业	管理型
3	一份独立自由的职业	自主 / 独立型
4	一份安全稳定的工作	安全 / 稳定型
5	拥有卓越非凡的创造力	创造型
6	服务社会和他人的能力	服务型
7	充满新奇与挑战的工作	挑战型
8	一群生死与共的朋友	生活型

教师在"价值拍卖"的过程中适时引导学生澄清自己的职业价值观，从而加深对八种职业价值观的理解，做到从感性层面初步探索自己的职业价值观。

● **成果展示，获得新知——标准测评小组，介绍职业价值观测评系统的操作方法，并对测评结果进行分析**

1. 学生代表进入测评系统，演示操作方法，并对测评报告进行分析。

2. 操作步骤及测评报告展示。

（1）登录测评系统，网址：www.apesk.com/dl。输入账号、密码，进入测评系统。

（2）选择所需的启动平台。

（3）选择"职业锚测试"入口。

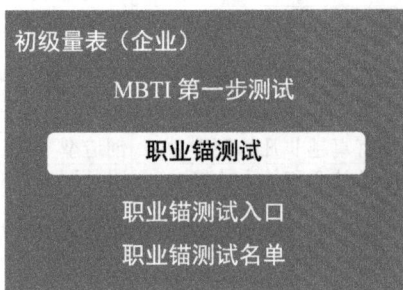

（4）输入序列号，点击"进入测试"。

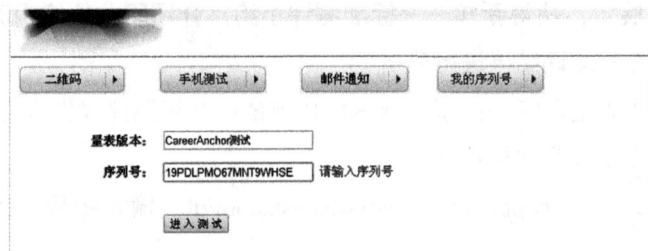

（5）按照提示，结合自己的实际情况进行测试，并提交。

（6）生成测评报告。

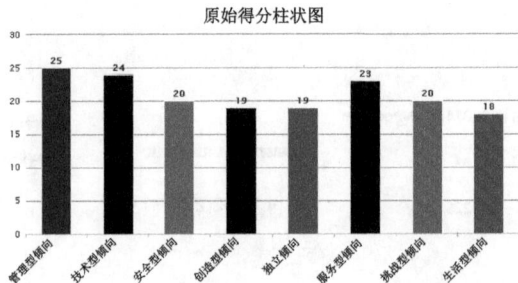

职业定位图

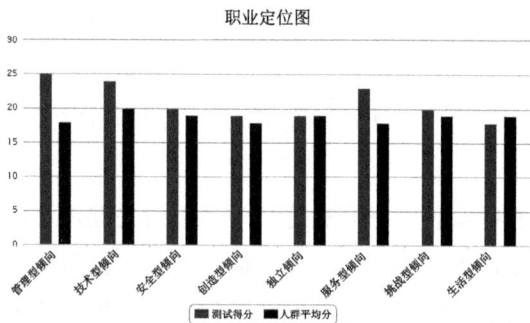

■ 测试得分　■ 人群平均分

● **调整与评估——介绍"价值观澄清法"**

教师过渡：在认识自己的职业价值观的同时，同学们还要注意，职业价值观不是一成不变的，当我们的价值观发生改变，或者我们感到迷茫时，我们可以运用"价值观澄清法"来审视自己的价值观。

"价值观澄清法"包括选择、珍视、行动三个阶段，分以下七个步骤：

（1）你是否是自主地选择了这样价值——也就是说从来没有任何人和任何方面把它强加给你？

（2）它是你从众多的价值观中挑选出来的吗？

（3）它是你在思考了所做选择的结果或后果被挑选出来的吗？

（4）你是否为你的选择而感到骄傲（珍视、爱护）？

（5）你是否愿意公开地向其他人声明你的选择——也就是说，在别人面前公开地为它辩护？

（6）你是否能做一些与你选择的价值观有关的事情？

（7）你是否能与你的价值观始终保持一致的行为模式？

通过对以上问题的回答，我们可以知道自己的内心是否认可、珍视之前的选择，并愿意将其付诸行动。

● **总结提升，教师寄语**

通过前面一系列的实践活动，大家对自己的职业价值观有了初步的探索。我们经常说人各有志，这个"志"，其实就是我们的价值观，它是我们内心最看重的东西。同学们一定要澄清自己的价值观，遵从内心，不忘初心，朝着我们的目标而不断努力前行！

⊖ **课后反思**

本次课程以综合实践活动的形式对学生进行生涯规划教育，为今后的生涯选择奠定基础。

通过本节课的学习，学生的小组合作意识得到进一步加强，有效地调动了学习的积极性和主动性，切实转变了同学们的学习方式，提高了学生的生涯规划能力。

本次活动使教师认识到提升教育教学效果的关键是让学生作为主体去活动，只有全面、多样的实践活动，才能促进他们的创新精神、实践能力和多方面素质的整体发展。在活动课的准备工作中，师生交往频繁，在老师的指导、参与和组织下，学生自主查找资料，组内合作交流，设计方案并展现实施，这一双向的互动过程使师生双方都得到发展，实现教学相长。

玩转目标管理，精彩你的人生

——高中生涯教育教学设计之"目标管理"

秦皇岛市第一中学　韩静

⊖ 教学目标

1. 了解设立目标的重要性，掌握设定目标的技巧。

2. 利用所学的设定目标的方法，制定科学合理的目标。

3. 在建立和实现目标的过程中，获得积极、健康、努力、充实的情感体验。

⊖ 课时安排

1 课时：40 分钟

⊖ 教学重难点

1. 重点：能够科学地制定适合自己的、合理的目标。

2. 难点：将设定的目标贯彻执行，不断达成自己的目标，获得积极、健康、努力、充实的情感体验。

⊖ 教学方法

讲授法、体验式教学法、合作讨论法

⊖ 教学思路

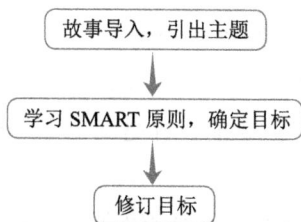

```
┌─────────────────────────┐
│  实现目标——分解目标        │
└─────────────────────────┘
            ↓
┌─────────────────────────┐
│  总结寄语，情感升华         │
└─────────────────────────┘
```

⊖ 教学过程

● 故事导入，引出主题

转圈的比塞尔人

在非洲撒哈拉沙漠中有一个叫比塞尔的村庄，从这里走出沙漠一般需要三天三夜的时间。可是在肯·莱文1926 年发现它之前，这儿的人没有一个走出过大沙漠。原来比塞尔人一直不认识北斗星，在茫茫大漠中，没有方向的他们只能凭感觉向前走。在一望无际的沙漠中，一个人若是没有固定方向的指引，他会走出许许多多大小不一的圆圈，最终回到他起步的地方。但是自从肯·莱文发现这个村庄之后，他便把识别北斗星的方法教给了当地的居民，比塞尔人也相继走出了他们世代相守的沙漠。如今的比塞尔已经成了一个旅游胜地，每一个到达比塞尔的人都会发现一座纪念碑，碑上刻着一行醒目大字：新生活是从选定方向开始的。

对沙漠中的人来说，新生活是从选定方向开始的；而对于现在的我们来说，新生活是从确定目标开始的。

● 学习 SMART 原则，确定目标

请同学们尝试确立一个自己的短期目标及实施方案。

1. 我的目标：……

2. 我的实施方案：……

讲解 SMART 原则。

目标 A：我要考上大学

目标 B：我要考上北京的 ×× 大学

目标 A：我要考上北京的 ×× 大学

目标 B：我要考上北京的 ×× 大学，它往年的分数线是 ×× 分，录取位次大约在全市 ××× 名。我的目标是高三上学期摸底分数 ××× 分，位次 ××× 名。

我们来比较一下目标 A 与目标 B 的差别，目标 B 会显得更具体，更实际，

更容易达到。

这就是确立目标的 SMART 原则：

具体的（Specific）、可衡量的（Measurable）、可达到的（Attainable）、相关的（Relevant）、基于时间的（Time-Based）。

具体的（Specific）：目标一定要是具体的，比如你想把英文学好，那么就定一个目标：每天一定要背十个单词、一篇文章。

可衡量的（Measurable）：这是指目标必须用指标量化表达。学好英语，考试拿多少分，这是一个指标，考试是检测手段。

可达到的（Attainable）：一是目标应该在能力范围内；二是目标应该有一定难度。目标经常达不到的确会让人沮丧，但同时需要注意的是，太容易达到的目标会让人失去斗志，所以，可达到的目标应该是"跳起来摘桃子"。

相关的（Relevant）：指与现实生活相关，而不是简单的"白日梦"。

基于时间的（Time-Based）：是指目标必须确定完成的日期。在这一点上，不但要确定最终目标的完成时间，还要设立多个小时间段上的"时间里程碑"，以便对学习进度进行监控。

根据 SMART 原则在制定目标的时候需要从五个维度一一对目标进行评估，然后修正目标，让目标更为合理。SMART 原则仅仅是一个参考，大家可以根据自身的精力和学习，总结与探索其他可以帮助我们制定目标的方法，并不断实践练习。

● 修订目标

对前面确立的目标根据 SMART 原则进行评估和修订。

1. 讲解示例：运用 SMART 原则对提高体育成绩目标的修订和评估过程。

原目标及实施方案	目标评估		目标修订	修订后的目标
目标： 提高体育成绩	原则 S: 具体什么项目？		1000 米跑步	目标：第一学期期末 1000 米达到 3 分 20 秒
	原则 M: 怎么证明提高？		体育测试成绩	
	原则 A: 目标难度如何？		比原来提高 10 秒，可实现	
	原则 R: 目标价值大小？		中考有体育加试，占成绩	
	原则 T: 什么时间达到？		初三第一学期期末	

2. 修订目标

原目标	目标评估		目标修订	修订后的目标
目标：	原则 S: 具体什么项目？			修订后的目标：
	原则 M: 怎样证明提高？			
	原则 A: 目标难度如何？			
	原则 R: 目标价值大小？			
	原则 T: 什么时间达到？			

3. 小组间进行互相修订，共同讨论。

4. 每组一份优秀案例进行分享。

● **实现目标——分解目标**

确定了我们的一个目标之后，我们就要让目标指导行为，要把这个目标分解为一个一个具体的小目标，落实到行动中。

著名心理学教授史蒂文·里希指出："将目标分解成若干个可以实现的部分，不但能增加立竿见影的效果，而且能减少付出的代价。"

1984年，在东京国际马拉松邀请赛中，名不见经传的日本选手山田本一出人意料地夺得了世界冠军。当记者采访他时，他告诉了众人这样一个成功的秘诀：我刚开始参加比赛时，总是把我的目标定在40多公里外终点线上的那面旗帜上，结果我跑到十几公里时就疲惫不堪了，我被前面那段遥远的路程给吓倒了。后来，我改变了做法。每次比赛之前，我都要乘车把比赛的路线仔细地看一遍，并把沿线比较醒目的标志画下来，比如第一个标志是银行；第二个标志是一棵大树；第三个标志是一座红房子……这样一直画到赛程的终点。比赛开始后，我就以百米的速度奋力向第一个目标冲去，等到达一个目标后，我又以同样的速度向第二个目标冲去。40多公里的赛程就这样被我分解成这么几个小目标轻松地跑完了。

山田本一的话令人深思。看来，辉煌的人生不会一蹴而就，它是由一个个并不起眼的小目标的实现堆砌起来的。把距离分割，把目标分割，这是世界冠军战胜对手的智慧，那沿途的一个个小目标也铺就了世界冠军成功的道路。

我们的学习也应该这样，首先确定目标——一个阶段的目标，一个学年的目标，一个学期的目标，一个月的目标，一个星期乃至一天的目标，这样，学习起来才有了努力方向，才会全身心地投入其中，才能把学习当成一种享受，才能真正体验到学习带来的乐趣，才会学有所得，学有所成。如果你发现自己的目标迟迟没有进展，就需要反思自身目标设置是否合理，是否需要继续分解目标。

下面针对刚才我们修订的目标，进行目标分解，越详细越好。

1. 我的目标：……

2. 我的实施方案：……

● **总结寄语，情感升华**

一心向着自己目标前进的人，整个世界都会给他让路！——爱默生

目标如灯塔，照亮前方的路，让我们的内心充实，昂扬斗志，向着自己的目标奋进吧！

成长，长成自己的样子！

⊖ 课后反思

1. 这节课的导入既有趣味性，又直接引出主题，可以让我们思考更多有趣的、吸引学生的课程导入方式。

2. 这节课有生成的知识，也有练习的机会，目标的修订环节设计得比较合理，让学生在课上就直接实践学习的知识，也让很多有拖延现象的同学树立目标管理的意识，当下就确定目标，昂扬斗志，产生积极的情感体验，体验努力与充实。

参考文献

[1] 北京师范大学附属实验中学.高中生涯规划 [M].北京：北京师范大学出版社，2015.

[2] 程雪峰，缪仁票，潘怡红，等.生涯规划（高中）[M].杭州：浙江教育出版社，2017.

[3] 任国荣.新高考选科实用指南 [M].石家庄：河北科学技术出版社，2019.

时间都去哪儿了？

——高中生涯教育教学设计之"时间管理"

秦皇岛市第五中学　宋跃

⊝ 设计背景

学生进入高中，学习任务日渐繁重，学生们常常因为对时间的管理不到位影响个人的学业，引导学生认识时间管理的重要性，帮助学生学会合理有效地利用可以支配的时间。学会制订出有效的时间表，减轻压力和忧虑，最大限度地利用时间，充分享受自觉支配时间的自由感。

⊝ 教学目标

1. 理解时间的价值，深刻认识时间的宝贵。
2. 学会运用时间四象限来管理时间，合理有效地利用时间。

⊝ 教学重难点

学会用时间四象限管理时间。

⊝ 教学过程

● 活动导入

1. 著名法国思想家伏尔泰出的谜，看哪个同学最快猜出答案。"世界上哪样东西是最不受重视又是最令人惋惜的；没有它，什么事情都做不成；它使一切渺小的东西归于泯灭，使一切伟大的东西生命不绝。"这是什么？

2. "世界上有一家奇怪的银行，它给每个人都开了个账户，每天都往大家的账户上存入同样数目的资金，令你当天用完。不准把余额记账，不准预支和超支。如果用不完第二天就自行作废。请问，这家银行每天给我们存入的到底是什么？"

时间，时间的确是上天分配给每个人绝对公平的东西，每天 24 小时，

1440 分钟，86400 秒。

设计意图：激发学生兴趣，引发学生对时间观念的思考，引出主题。

● **撕纸游戏**

请同学们拿到桌面上的 24 等分的纸条，请根据我的指令进行撕纸。每天有 24 小时，首先从 24 往前面撕去午休和晚上睡眠的时间，接着再撕去我们吃饭和课间休息的时间，剩余的时间我们用于做什么呢？

再撕去我们一天中上课走神不专注的时间。看看手中还剩下多少时间，和你撕去的时间相比较，你有什么感悟？

教师小结：

如果高中我们拥有 3 年的时间学习，用于学习的时间 2 年而有效学习的时间可能只有 1.5 年甚至更少，而这些时间的使用关系到我们以后进入什么大学、从事什么工作。所以有效的时间管理非常必要。

设计意图：通过撕纸游戏让大家直观地看到时间易逝和有效学习的时间很少，激发学生珍惜时间。

● **四象限法**

1. 介绍四象限法的两个维度

重要："我管理处理的事情都非常重要，它跟一个人的理想、目标关系密切，必须要一丝不苟地完成。"

紧急："我要处理的事情十万火急，必须马上得到处理，推脱不得。这些工作一旦完成，马上就能见到效果，别人都会称赞你能干，当然有一些事情还会很有趣。"

2. 生活事件的分类

基本上可以分为四个"象限"：既紧急又重要、重要但不紧急、紧急但不重要、既不紧急也不重要。这就是关于时间管理的"四象限法则"。

提问：如果要大家给事件排一个顺序，该怎么做呢？

3. 归纳时间管理的规则

（1）把每天要做的事列一份清单；

（2）确定优先顺序，从最重要的事情做起；

（3）把握时间节点；

（4）排除干扰；

（5）自我管控；

（6）每天都这么做。

● **制作自己的时间管理四象限（迁移练习）**

● **回顾梳理**

设计意图：巩固本节课内容，加深理解，使学生更好地将四象限法运用到平时的生活中。

1. 按"四象限"法则对事情进行排序处理；

2. 计划表中两栏必备项目即时间分配、当天的最重要事项；

3. 不要排满，要预留弹性空间；

4. 以事情的重要性为原则。

● **制作计划**

设计意图：在讲授完"四象限法"之后，让学生学以致用，制作"我的时间表"，即让学生把自己的事情按四个象限归类，标明花多长时间去完成它。由于时间有限，学生在时间表上只需举几个例子，具体的计划表作为课后作业交上来。会请几个同学分享，教师适当指正点评事情的归类和时间安排是否合理，肯定学生的优点。

时间掌控程度调查：

1. 你做事情习惯推着走不喜欢做计划吗？

2. 你在做重要工作时常常被（自己或他人）打断吗？

3. 日常学习生活中经常感到压力很大吗？

4. 无论如何都会尽力完成你希望自己能做到的事情吗？

5. 你认为现在轻松自在就好以后的事情应该以后再说吗？

6. 你感觉每一天都好忙却不知道忙什么吗？

7. 你时常要到任务的最后期限才赶紧去完成它们吗？

8. 你觉得几乎没有时间去发展业余爱好吗？

9. 你很少会想到未来学业发展与将来的生活吗？

10. 你有目标，不过很少去想如何才能实现吗？

11. 你常常打算好要做许多事情但实际做却完不成任务吗？

12. 一直忙于功课，别人谈论的很多内容你都不熟悉，或无暇顾及和周围人的交流吗？

13. 你有自己的理想不过太远大了感觉很难实现吗？

14. 你有时感觉累或不想做功课索性休息玩耍，之后又会内疚甚至有负罪感吗？

15. 你知道自己有迫切需要提高的科目或是想学想看的，但总是无暇顾及吗？

16. 你很想跟家人朋友多待一会儿，可感觉学习或工作太忙根本就没有时间吗？

对问卷条目作出"是"或"否"的回答，统计"是"的个数：0～3分（管理有方）、4～7分（尚可，还需改进）、8～11分（需重新审视时间使用情况）、12～16分（需要改进）。

⊖ 课后反思

1. 在进行课堂导入的过程中，一定要注意激发学生的积极性，引发学生对"时间"的关注。

2. 学生第一次接触时间四象限的知识，将时间四象限与学生生活事件结合起来，让学生对自己的生活事件进行划分，这样有利于学生对时间四象限的理解。

参考文献

[1] 林春，金琰. 中小学生常见心理问题及其辅导 [M]. 北京：北京教育出版社，2021.

[2] 北京师范大学附属实验中学. 高中生涯规划 [M]. 北京：北京师范大学出版社，2015.

[3] 程雪峰，缪仁票，潘怡红，等. 生涯规划（高中）[M]. 杭州：浙江教育出版社，2017.

做时间的主人，扬理想的风帆
——高中生涯教育教学设计之"时间管理"

秦皇岛市山海关一中　邱贺辉

⊖ 教学目标

1. 了解时间管理的本质和意义，感受有效的时间管理在学习生活中的重要性。

2. 掌握时间管理的四象限法则，学会科学安排自己的时间。

⊖ 课时安排

1课时：45分钟

⊖ 教学重难点

1. 重点：学习时间管理的四象限法则，理解时间管理在实现目标中的重要作用，以及掌握时间管理的四象限法则。

2. 难点：合理判断事件的属性，做出有效区分并安排好先后顺序。

⊖ 教学方法

观看视频、教师讲授、学生活动、学生讨论

⊖ 教学思路

教师导入：用一则故事引出时间管理的概念

↓

观看视频：《苍蝇的一分钟生命》，引出时间的价值和意义

↓

学生体验：10秒钟拍手，进一步感悟即便短小的时间也能创造巨大的价值

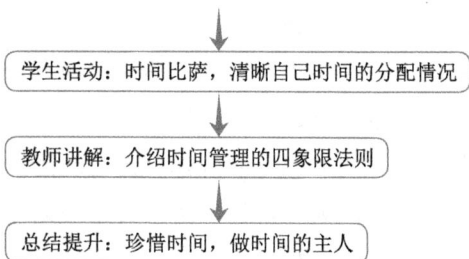

学生活动：时间比萨，清晰自己时间的分配情况

教师讲解：介绍时间管理的四象限法则

总结提升：珍惜时间，做时间的主人

教学过程

● 教师用故事导入，学生讨论，引出主题

在美国有一个农庄，经统计发现，其农作物的产出值达平均上限的 2 倍，这是令人难以置信的。有一位效率专家想去研究高效率原因，他千里迢迢来到这个农庄，看到一户农家，他就推门而入。他发现有一位农妇正在工作，她怎么工作呢？两只手打毛线，一只脚正推动着摇篮，摇篮里是一位刚出生不久的婴儿，另外一只脚在推动一个链条带动的搅拌器，嘴里哼着催眠曲，炉子上烧着有汽笛的水壶，耳朵注意听水有没有烧开。但是效率专家觉得很奇怪，为什么每隔一会儿她就站起来，再重重地坐下去，这样一直地重复。效率专家仔细一看才发现，这位农妇的坐垫就是一大袋必须重复压才会好吃的奶酪。

学生讨论：这个故事对你有什么启发？

教师小结：是的，世界上最长的莫过于时间，因为它永远无穷无尽；最短的也莫过于时间，因为它使许多人的计划都来不及完成；对于在等待的人，时间最慢；对于在作乐的人，时间最快；它可以无穷无尽地扩展，也可以无限地分割；当时谁都不加重视，过后谁都表示惋惜；没有时间，什么事情都做不成。而这，恰恰体现了时间的四大独特性：无法开源、无法节流、无法取代、不可再生。时间一去不复回，花费了金钱，尚可赚回，但倘若挥霍了时间，任何人都无力挽回。由此可以理解，所谓的时间管理不是管理时间，而是基于时间的特性去管理自我对时间资源使用的方式方法以及与时间对应的事项安排，以求减少时间浪费，用最短的时间或在预定的时间内实现既定目标的行为。

那我们应该如何利用时间这个最公平的资源呢？

105

●**学生观看视频讨论：《苍蝇的一生》**

教师小结：由蝇观人，看来不可思议，却让导演在一分钟之内神奇地做到了。一分钟能干什么？也许不过是电脑的开机时间，也许不过是发一条微博的时间。每个人都有自己的梦想，或者都有自己理想中的生活目标，用专业一点的话来说就是有自己的人生规划。所以人生规划无外乎就是你希望能够做自己想做的事情，成为自己想成为的人，达到自己预设的目标。而最终能否实现这样的目标，全靠我们是否可以做好自己的时间管理。因为只有我们妥善安排并利用好时间，通过实现人生旅途中一个个小目标，才能最终实现自己的人生大目标，实现规划中的理想生活。我们亲身体验一下，看似不起眼的时间里，我们能做多少的事情呢？

●**学生活动分享：拍手 10 秒钟**

活动环节：

1. 在活动之前让学生自己想，自己在 10 秒钟内能拍几次手，并把自己想的数字写纸上；

2. 从计时开始，同学们开始尽全力去拍手，看自己能在 10 秒钟内拍几次；

3. 当时间结束后让学生记录自己现实中拍手的次数；

4. 小组讨论。

大部分学生设想的次数往往小于现实的次数，而活动的目的就是让学生重新认识自己的潜能，体会在短短的时间内，只要我们全力以赴，也可以做很多事情。那我们每天的时间是如何分配和利用的呢？

●**学生活动：时间比萨**

如果我们把下面的圆看作我们生活中的 24 小时，那我们来画一下自己的时间比萨。我们以圆心为顶端，把上面的圆分成一个个扇形，并标注每个扇形代表的时间及用途。如自己一天需睡眠 8 小时，则圈内的 1/3 被睡眠占据，剩余部分用自己的活动状况填入比萨内。

思考并分享：

1. 你对自己一天的时间安排满意吗？理由是什么？

2. 在你的时间比萨中，哪部分的时间是可

以改变的？

教师小结：是的，最成功和最不成功的人一样，一天都只有 24 小时，但区别就在于他们如何利用所拥有的 24 小时。每小时有 60 分钟，每分钟有 60 秒，24 小时总共就是 8.64 万秒。如果银行明天给你的账号拨款 8.64 万元，你在这一天可以随心所欲，想用多少就用多少，用途也没有任何的规定，条件只有一个，用剩的钱不能留到第二天再用，也不能结余归自己，请问你如何用这笔钱？

最好的花钱方式就是：（1）一分钱也不剩；（2）买最该买的东西；（3）同样的钱买得最多。如果把它换成时间的话，就是：（1）充分利用时间不浪费；（2）做最该做的事，要事第一；（3）同样时间成果更多。

接下来就给大家介绍一个时间管理的法则——时间管理四象限法则。

● **时间管理四象限法则**

教师讲解：时间四象限法的提出者是美国管理学家柯维，他按事情的紧急程度和重要程度把工作分成了四类。

那么，我们应该怎样去区分生活中各项事务的重要性与紧迫性呢？下面列举了一些指导性的内容以供参考：

※ 重要的——必须完成的，如果完不成，就会带来严重的后果。

※ 不重要的——没有完成，也不会有严重影响。

※ 很紧急——目前的工作重点，不能等待。

※ 不紧急——什么时候做都可以。

在实际工作学习中，所有的事务都不可能仅仅只有一个维度，而往往都是两个维度，也就是说，既有紧急程度的不同，也有重要程度的不同。因此最后的优先顺序应该是：

优先顺序 = 重要性 × 紧迫性

重要程度	紧急	不紧急
重要	马上去做	优先安排
不重要	能推则推	不去做

这个公式中的重要性指的是目前事务和我们早前设定的目标是否是相一致的，一致性越高就代表越重要。而紧急与否的判断标准则是对事务时限的

要求。看到这里，我们头脑中对四象限法则也一定有了初步的认识，日常生活中我们也就会把各类事务和学习上的事情尝试着对应到这四个象限中。针对这些事务正确的处理方式是：第一象限的事务我们要马上去做。第二象限的事务我们必须树立一个坚持的态度，不要让其他紧急的事务影响到这个象限的事情。第三象限是紧急不重要，这是一个很纠结的区域，虽然事务处理紧急状态，但却可能不在我们的目标范围之内的。处理紧急不重要的事情，我们的意见是可推则推。第四象限是不紧急不重要，我们尽量不要去做。

学生运用：把刚才时间比萨环节的事件，用四象限法则进行归类。

● 总结提升

同学们，时间对于不同的人有不同的意义。对于活着的人来说，时间是生命；对于从事经济工作的人来说，时间是金钱；对于做学问的人来说，时间是资本；对于无聊的人来说，时间是债务；对于我们，时间是财富，是资本，是命运，更是千金难买的无价之宝。让我们利用好分分秒秒，让自己真正地成为时间的主人！

⊖ 课后反思

高中生学习任务重，每天都处在繁忙的学习生活中，学习效率却不高。本课通过活动让学生亲身体验到充分利用时间及合理安排时间的重要性，再结合老师的讲解，使学生有比较大的收获。因内容较多，结尾部分稍显仓促，所以在以后的教学中，可考虑删掉观看视频《苍蝇的一分钟生命》一节。且由于时间有限，只着重介绍了时间管理的四象限法则，没有涉及其他，还需要在以后的课程中继续介绍时间管理的相关内容。

合理归因助成长，有效决策再出发
——高中生涯教育教学设计之"学会合理归因"

秦皇岛市第五中学　宋跃

⊝ 设计背景

高中生抽象逻辑思维及辩证思维已经有了较高发展，他们开始自我反思和自我调节，高中生经常要对自己学习和生活成败的原因进行分析和归纳，他们在归纳成败的原因时，有时正确合理，有时也会出现偏差。不同的归因倾向会引起不同的期望和情感体验，由此而产生不同的行为。引导高中生进行合理归因，有利于他们建立积极的心态，激发追求成功的动机，调动内在的潜力，提高生活质量。

⊝ 教学目标

1. 了解自己的归因风格，学习韦纳归因理论，认识不合理归因的不良影响。

2. 学会合理归因的方法；体验合理归因对学习和生活的积极作用，养成阳光心态。

⊝ 教学重难点

1. 重点：帮助学生理解韦纳归因理论。

2. 难点：学会用合理的归因方法，分析生活中的事件。

⊝ 前期准备

1. 资料：《袋鼠与笼子》视频。

2. 教学课件。

3. 多媒体教学设备。

⊝ 教学过程

● 热身活动

全体同学起立。每位同学右手掌心向下，左手食指垂直向上。相邻两位同学，一个把手指顶在另一个同学的掌心，一排同学连成一条直线。老师随机报数，当报到7时，带7的数字，7的倍数，迅速用你的右手抓住相邻同学的食指，同时将自己顶在相邻同学掌心的左手食指逃脱。抓得住又逃得快的同学，即是活动胜出者。通过简单而有趣的游戏创设轻松的课堂气氛，并由此引入课题。

● 视频赏析

播放视频短片《袋鼠与笼子》。观看视频，进行分享与交流。以视频的形式呈现寓有哲理的小故事，启发学生明白，不同的归因方式会导致不同的结果，激发学生进行合理归因的动机。

● 观看心理剧

引导学生观看心理情景剧《考试之后》，呈现韦纳归因理论，启发学生思考归因的维度。了解归因的几个维度，对韦纳归因理论的学习，有助于学生明白各归因维度不同的内涵，并学会积极归因。

呈现正反两方面案例，引导学生寻找合理归因的方法

韦纳的归因分析表

归因类别	稳定性		内/外在性		可控性	
	稳定	不稳定	内在	外在	可控	不可控
能力高低	✓		✓			✓
努力程度		✓	✓		✓	
任务难度		✓		✓		✓
运气好坏		✓		✓		✓
身心状况		✓	✓			✓
外界环境		✓		✓		✓

总结归因理论得出结论：

1. 要客观分析影响你成功的原因，不要主观臆断。

2. 一般情况下，都要先从自己内部找原因，激发自我责任感，不要一味埋怨外部环境，也不要一味自责。

3. 要尽量找自己可以改变的原因，不要过多归于不可改变的因素。

附：

情景剧

甲：是啊……初中是"希望之星"，刚到高一就成了"流星"！唉，看来自己真的不是学习的材料，再努力恐怕也没用了！——你呢？

乙：我？我还不跟你一样：初中也算是"希望之星"，高一就成了"扫把星"！但是我不认为自己笨，之所以落到今天这地步，都得怪老师没有把我们管好教好！你想，学生没学好，不怪老师，还能怪谁呢？

案例A：丁丁平时学习成绩不错，这次月考成绩一般。放学回到家里，妈妈问他考得如何。他对妈妈说："出题老师要求太严，试题太深太难，再加上这次真是太背了，蒙错了好几道题，您可别埋怨我没考好。"

思考：丁丁同学认为考不好的原因是什么？这样归因会有什么后果？你觉得应该怎样归因？

案例B：小丙同学平时学习成绩不错，对于比较弱的数学，她加倍努力学习，这次月考成绩非常理想，数学竟然破天荒第一次考了个130分。放学回到家里，妈妈问她考得如何。她对妈妈说："原来我的数学一直不太好，上次考试后我下了许多功夫，所以这次成绩考得不错。我以后会节约出更多时间做数学题，希望下次考得更好。"

思考：小丙同学认为考好的原因是什么？这样归因会有什么结果？

◒ 教学反思

本课活动环节较多，既要做到全员参与，又要保证各有收获，所以精简内容，精心挑选素材，让课堂紧凑有效。

[1] 魏丽萍.心理健康教育[M].北京：北京师范大学出版社，2011.
[2] 林春，金琰.中小学生常见心理问题及其辅导[M].北京：北京教育出版社，2021.

我的情绪我做主

——高中生涯教育教学设计之"情绪管理"

秦皇岛市第五中学　宋跃

⊖ 设计背景

学会管理好自己的情绪是每个人都需要掌握的一项重要能力。处于青春期阶段的高中生的情绪表现强烈，呈现矛盾性、内隐性和波动性的特点。引导学生正确认识情绪和情绪对人的影响作用，通过生活中的事例，对如何进行情绪调节进行讨论，归纳情绪调节的方法，帮助学生提高情绪调节能力。

⊖ 教学目标

1. 认识情绪，学会接纳自己的不良情绪，掌握调节情绪的方法。

2. 学习情绪 ABC 理论，学会通过改变认知方法来调节情绪。

⊖ 教学重难点

学习 ABC 情绪理论及情绪调节的方法。

⊖ 教具

心理两歧图形

⊖ 教学过程

活动导入：看心理两歧图形，是美女还是巫婆？

学生：分辨与争论，并思考，为什么同样的图片看到的结果如此不同？积极或负性情绪模式是否已经习惯化了？

设计意图：通过图片引出同学们对情绪的思考，激发学生的学习兴趣。

介绍情绪、积极情绪及消极情绪的概念。

情绪是指伴随着认知和意识过程产生的对外界事物的态度体验，是对客观事物和主体需求之间关系的反应。

积极情绪：积极情绪是指个体由于体内外刺激、事件满足个体需要而产生的伴有愉悦感受的情绪。如愉快、满意、兴趣、兴奋等。

消极情绪：消极情绪是指个体由外因或内因影响而产生的不利于你继续完成工作或者正常思考的情感，与积极情绪相对。如忧愁、悲伤、愤怒、紧张、焦虑、激动、恐惧、憎恨等。

教师小结：学会与情绪共处已是现代人无法再忽视的终生话题。

工作阶段：播放视频

教师：引导思考：我们在生活中，谁都会有情绪上的体验，例如高兴、愉快、烦闷、痛苦……那么，究竟是什么造成了我们的情绪呢？积极的情绪和消极的情绪会给我们造成什么样的影响呢？请同学们观看视频《踢猫效应》和《微笑的力量》，通过观看视频讨论情绪对我们每个人的影响作用。

设计意图：视频包含了积极和消极情绪产生的影响。通过观看视频，使学生从感性层面了解情绪的影响作用。通过教师的梳理，从理性层面提高对情绪的认识。

转化阶段：情景剧表演：人生 AB 剧。

角色安排与情境设置：让 10 位同学走到教室的中间，1 位同学开车，1 位同学当售票员，8 位同学当乘客。

A 剧：公共汽车到站了，很多人下车，也有很多人上车。在挤上车的过程中，李某踩了小王的脚。当时李某光顾着上车、买票、找位置，也没有道歉。小王心里很不是滋味，这一路坐下来是憋气得很，心想："这家伙肯定是故意的，等着瞧，待会儿我一定得狠狠地踩回一脚。"到站了，小王该下车了，这时小王的眼睛瞪得大大的，小王飞快地狠狠地踩了李某一脚下车了。

B 剧：公共汽车到站了，很多人下车，也有很多人上车。在挤上车的过程中，李某踩了小王的脚。当时李某光顾着上车、买票、找位置，也没有道歉。小王心想："车那么挤，他也不是故意踩我的脚，虽然有点痛，还是算了，多一事还不如少一事，出门在外谁没有过闪失。"只见他脸上微微一笑，到站了，小王愉悦、平静地下了车。

引导讨论：请同学们讨论、分析一下，为什么面对同一事件，两个人会有不同的情绪反应和行为表现呢？

引入 ABC 情绪理论。这个故事验证了艾利斯的"ABC 情绪理论"。艾利斯认为，人的情绪主要根源于自己的信念以及他对生活情境的评价与解释的不同。即诱发事件（Activating event），透过当事者对该事情的评价与解释，以及对该事情的信念（Belief）这个桥梁，最终才决定产生什么样的结果（Consequence）。面对同一件事，不同的人站在不同的角度会有不同的认识，产生出不同的情绪。认识变了，情绪也会发生新的变化。——左右我们情绪的并非事件本身，而是我们对事件的认识（态度和观念）。

设计意图：通过实际练习，使学生充分体验如何觉察情绪、表达情绪、转化信念。

结束阶段：事实上，对事物的看法没有绝对的对错之分，但有积极与消极之分，而且每个人都必定要为自己的看法承担最后的结果。消极思维者，对事物永远都会找到消极的解释，并且总能为自己找到抱怨的借口，最终得到了消极的结果。接下来，消极的结果又会逆向强化他消极的情绪，从而又使他成为更加消极的思维者。积极思维者对事物永远都能找到积极的解释，然后寻求积极的解决办法，最终得到积极的结果。接下来，积极的结果又会正向强化他积极的情绪，从而使他成为更加积极的思维者。现实生活中，有人会因为失败而跳楼，也有人会因为战胜失败而成就一番更大的事业；有人会因为对手强大而畏惧，也有人会因为挑战巨大而使自己快速成为巨人；有人会因为产品卖不出去而抱怨产品、抱怨公司、抱怨顾客，也有人因为产品卖不出去而创新出大受市场欢迎的新产品与新服务；有人会因为受不了上司的严厉而每每跳槽走人，也有人会因为"严师出高徒"而使自己能胜任更复杂的工作，最后不断晋升到高位。有一首诗说得好：我们可能无法改变风的方向，但我们至少可以调整风帆；我们可能无法左右事物，但我们至少可以调整自己的心情。积极健康的情绪能推动人奋发向上，努力进取；而消极不健康的情绪则使人郁闷颓唐、灰心丧气。愿你也能善于主动地调节自己的情绪，在工作、学习和生活中成为一名真正的成功者。

注意事项：通过活动过程始终要引导学生积极思考，联系自身实际多举例，将 ABC 情绪理论的引入和运用多次强化，使其深入人心，帮助学生掌握这种认知调节的方法。

延伸：联系现实在日常班级活动中，学生之间发生矛盾冲突等不良情绪时，引导和强化学生应用 ABC 理论去合理调节，学会管理好自己的情绪。

拓展阅读：积极情绪是身心活动和谐的象征，是心理健康的重要标志。而不良的情绪、有害的心理因素，是引起身心疾病的重要原因。现代科学也进一步证明，情绪可以通过大脑而影响心理活动和全身的生理活动。积极情绪可以使人体内的神经系统、内分泌系统的自动调节机能处于最佳状态，有利于促进身体健康，也有利于促进人的知觉、记忆、想象、思维、意志等心理活动。国内外许多科学研究都表明：长寿老人的最大特点之一就是具有积极情绪。马克思曾说过："一种美好的心情比十服良药更能解除生理上的疲惫和痛楚。"对不良情绪的调整，可以采取以下方法：

（1）运动。对不良情绪所产生的能量可用各种办法加以调整。例如，当生气和愤怒时，可以到空旷的地方去大喊几声，或者去参加一些重体力劳动，也可以进行比较剧烈的体育活动，跑两圈，扔几个铅球，把心理的能量变为体力上的能量释放出去，气也就顺些了。俄国大文豪屠格涅夫曾告诫人们：当你暴怒的时候，在开口前把舌头在嘴里转上十圈，怒气也就减了一半。上海有位百岁老人苏局仙的经验是：一是把烦恼的事坚决丢开，不去想它；二是最好和孩子们一块儿玩一玩，他们的童真会给人带来快乐，消除烦恼；三是照一照镜子，看看自己暴怒的脸有多丑，不如笑笑，我笑，镜中也笑，苦中作它几次乐，怨恨、愁苦、恼怒也就没有了。在过度痛苦和悲伤时，哭也不失为一种排解不良情绪的有效办法。哭也可以释放能量，调整机体平衡。在亲人和挚友面前痛哭，是一种真实感情的爆发。大哭一场，痛苦和悲伤的情绪就减少了许多，心情就会痛快多了。现代科学证明，流眼泪并非懦弱的表示。研究发现，情绪性的眼泪和别的眼泪不同，它含有一种有毒的生物化学物质，这种物质会引起血压升高、心跳加快和消化不良，通过流泪，把这些物质排出体外，对身体自然有利。据观察，长期压抑、不流眼泪的人，患病要比常流泪的人多一倍。据调查，有85%的妇女和73%的男士说他们哭过以后，心里舒服多了。所以有人主张该哭当哭，该笑当笑，但要把握好一个度，否则会走向反面。

（2）倾诉。人的情绪受到压抑时，应把心中的苦恼倾诉出来。如果长时间地强行压抑不良情绪的外露，就会给人的身心健康带来伤害，特别是性格内向的人，光靠自我控制、自我调节还远远不够，可以找一个亲人、好友或可以信赖的人倾诉自己的苦恼，求得别人的帮助和指点。有些事情其实并不像当事者想得那么严重，然而一旦钻进牛角尖，就越急越生气，如果请旁观者指导一下，可能就会豁然开朗、茅塞顿开。还有一些时候是这种情况，对于你来说，是耿耿于怀，难以气平的事，而在别人却完全不了解，不体会。即便是这样，你把苦恼倒出来后，也会感到舒服和轻松。这时人家即使不发表意见，仅是静静地听你说，也会使你得到很大的满足。别人的理解、关怀、同情和鼓励，更是心理上的极大安慰，尤其是遇到人生的不幸或严重的疾病，更需要别人的开导和安慰。

（3）语言暗示。语言是人类特有的高级心理活动，语言暗示对人的心理乃至行为都有着奇妙的作用当不良情绪要爆发或感到心中十分压抑的时候，可以通过语言的暗示作用来调整和放松心理上的紧张，使不良情绪得到缓解。当你将要发怒的时候，可以用语言来暗示自己："别做蠢事，发怒是无能的表现。发怒既伤自己，又伤别人，还于事无补。"这样的自我提醒就会使心情平静一些。达尔文说过："人要是发脾气就等于在人类进步的阶梯上倒退了一步。愤怒是以愚蠢开始，以后悔告终。"我国历史上的禁烟功臣林则徐脾气很大，他为了控制自己的怒气，在中堂挂了"制怒"两字的大条幅，以便随时提醒自己。

（4）自我激励法。自我激励是人们精神活动的动力之一，也是保持心理健康的一种方法：在遇到困难、挫折、打击、逆境、不幸而痛苦时，善于用坚定的信念、伟人的言行、生活中的榜样、生活的哲理来安慰自己，使自己产生同痛苦作斗争的勇气和力量。张海迪在她人生奋斗的历程中，所承受的痛苦与压力是常人难以忍受的，而当困难压顶的时候，她总是用保尔、吴运铎等的英雄事迹激励自己，去战胜病残，坚强地生活下去。

（5）放声大笑——创造欢乐法。心绪不佳，烦恼苦闷的人，看周围的一切都是暗淡的，看到高兴的事，也笑不起来。这时候如果想办法让他高兴起来，笑起来，一切烦恼就会丢到九霄云外了。笑不仅能去掉烦恼，而且可以调解精神，促进身体健康。

⊝ 教学反思

在讲解情绪ABC理论的过程中，要注意学生的状态和反应，将理论与学生的生活实际相结合，让学生学会通过改变认知的方法调节情绪。

参考文献

[1] 魏丽萍．心理健康教育 [M]．北京：北京师范大学出版社，2011．

[2] 北京师范大学附属实验中学．高中生涯规划 [M]．北京：北京师范大学出版社，2015．

[3] 程雪峰，缪仁票，潘怡红，等．生涯规划（高中）[M]．杭州：浙江教育出版社，2017．

[4] 林春，金琰．中小学生常见心理问题及其辅导 [M]．北京：北京教育出版社，2021．

分享支持系统，整合生涯资源
——高中生涯教育教学设计之"资源管理"

秦皇岛市第五中学　宋跃

⊝ 设计背景

在人的可持续发展的过程中，社会支持系统处于非常重要的位置，发挥着重要的作用，高中生处于青春期，心理水平处于从幼稚到成熟的发展阶段，在面临较大的学业压力时，经常出现情绪不稳定的现象，帮助高中生正视自己的社会支持系统，管理自己的社会支持系统，获取信心和能量。

⊝ 教学目标

1. 分享自己的支持系统并能全面客观地分析自己的支持系统。

2. 感知支持系统的双向性，学习维护个人支持系统的方法。

3. 善用支持系统，树立感恩意识，形成积极乐观的人生态度。

⊝ 适用年级

高一年级

⊝ 教学时间

1课时：40分钟

⊝ 教学过程

● 新课导入

请小组的小伙伴们分享近一周内帮助、支持过自己的人或事，每组推荐一位发言人，进行全班分享。

虽然这些都是生活中的小事，一句贴心的话，一个小小的举动竟能如此充满力量，带给我们这么多的温暖与感动。这些来自他人的物质和精神上的帮助和支援，就是我们的"支持系统"。

● 构建支持系统

首先我们一起来构建我们的系统，为了方便大家构建自己的系统，我会给大家一些提示。每一个问题可以写多人，具体到人，不要用概括词"朋友""亲人"等。这些问题只是提示，支持系统并不局限于这些方面，请大家把自己写在纸中央，你的支持系统里的人写在你的周边，写大些，距离远些，因为后面还会用到这个系统。

1. 当你获得某项成功，你会与谁分享？

2. 若你考试成绩不理想，你去向谁说？

3. 郊游消遣，谁可与你为伴？

4. 若你与家人吵架，你向谁倾诉？

5. 当你在功课上有问题时，去向谁请教？

6. 当你面临选择，去向谁征求意见？

7. 为完成一个重要使命，你找谁？

系统里的人都处在我们的社会关系网络中，他们给予我们物质和精神上的帮助和支援，有多少支持系统，在很大程度上决定着我们内心深处的安全感。好的支持系统是岁月的馈赠，饱含着沧桑和真情。

恭喜大家，都有自己的一个系统。下面我们一起来分析我们的系统。

● 分析支持系统

1. 性别

看看你的系统里性别是否均衡。如果你的支持系统都是男生或都是女生，就有些问题。很可能你还没有学会和异性成为真正意义上的朋友，关系不是太近就是太远。

2. 年龄

大家再看系统里年龄的跨度，是否均匀地覆盖在青年、成年、老年各个年龄阶段上。年龄阶段不同，人生阅历不同，就有着不同的经验和感悟。所以，我们的支持系统也要丰富多彩才好，为了使你我的支持系统更有效和坚实，跨度是必要的。

3. 系统成分

一个完备的支持系统包括亲人、朋友、老师、同学、邻居还有由陌生人组成的各种社会服务机构，当然，还应该包括平日与我们意见相左，总爱给我们提意见的人。这些人虽然有时候让我们心里不舒服，但是他们却在很大程度上帮助了我们进步和成长，感谢你有如此广阔的心胸把这些人也纳入了你的支持系统。

现在大家可以回顾一下自己的系统，可以继续完善自己的系统。

4. 系统支持

大家现在看着自己的支持系统，看看他们都给自己提供什么样的支持？因为我们自己在中央，系统里的人围在我们周边，所以，当你想到他们对你的支持的时候，用直线连接彼此，把箭头指向自己。（血缘关系：亲人给我们物质和精神上的帮助；同学关系：朋友较多承担着情感支持。）

每写下一个箭头你的心情怎样？看着这么多人在支持着你，你有什么感受？可以把现在的所感所想写下来。

支持系统里的每一个类别都承担着不同的功能，是他们使我们的人生变得完满。

● **维护支持系统**

当然，支持系统也不是我们的"永动机"，想要能量就有能量，想要温暖就有温暖，支持系统需要不断地培育和濡养、补充和更新。所以，我们要舍得下功夫。那怎样维护我们的系统呢？

首先，请同学们结合自己的生活体验进行小组讨论，如何更好地维护我们的支持系统，每组派一位代表记录本组提出的方法。

其次，之后小组代表在全班进行分享，小组分享的时候不重复。

每人都收获了比自己脑海中更多的维护支持系统的方法，感谢同学们真诚的分享！下面是我对大家的方法进行了一下整理和补充，以便大家更好地维护我们的支持系统。

1. 要具备社会支持理念

在社会生活中我们需要彼此支持，在必要的时候，要懂得求助，这与依赖不是一回事。依赖指的是自己明明能做的事也让别人为自己做，而寻求支持指的是，处于竭尽所能也难以应付的局面时寻求他人帮助。同时，我们也必须意识到，社会支持具有双重功能，我们的困难需要支持系统分担，我们的快乐也需要支持系统的分享。

2. 区分支持系统中不同关系所具有的不同功能

有时候我们求助失败，有可能是因为我们不懂得区分不同关系之间的差异。例如，有人要求合作的伙伴能像家人一样理解自己，这显然有些不妥。东北菜有一道菜叫"乱炖"，是出名的地方风味，但在交友之道和维护你的支持系统方面，"乱炖"之法，却非良策。

3. 多沟通

社会支持系统需要平时细心的呵护、沟通与交流。即便面对最亲近的父母亲人，如果你没有和他们持之以恒的交流互动，危机来临的时候，他们也很难在第一时间明白你的困苦和需求，给予恰如其分的支援。

面对你的支持系统的名单，想想看，你已经多长时间没有和他们促膝谈心了？你已经多长时间没有向他们细细通报你的想法和变化了？

有人会说，我被学习、生活挤压得喘不过气来，哪有闲情逸致做这些事情？如果你真的忘记了自己的支持系统，那么也就不要责怪当你需要支持的时候，得到的却是无关痛痒的同情或是不着边际的指教。你在平坦的路上忘记系上安全带，急刹车时，难免碰得头破血流。

4. 双向支持

最后，大家谨记一点：支持基本上是双向的。无条件地求助别人的心理支撑就如同乞丐的讨要，并不总能如愿。他人成为你的支持系统，你也是他人的支持系统，这不是一笔谋求公平的买卖，而是人与人之间淳朴友谊的法则。

现在大家再次把自己和支持系统里的人连线，这次箭头指向他们，想一想自己能给他们提供什么样的支持。

分享环节：通过支持系统的箭头指向自己，感受他人的支持；自己的箭头指向系统，源源不断地给予别人支持的时候，你有什么样的感受？当你每次画下箭头的时候，你的心情怎么样？

如果有人分享，则一起分享。

5. 感悟支持系统

最后，把一首小诗送给大家：

如果你在空中，它是一朵蒲公英般的降落伞。

如果你在水中，它是一艘堡垒般的潜水艇。

如果你在人间，它是你心灵的风雨亭。

⊖ 课后反思

1. 在学生分享自己的支持系统的时候，引导学生体味支持系统的双向性。
2. 学生在分享的过程中，控制好时间，把握好课堂的节奏。

参考文献

[1] 魏丽萍 . 心理健康教育 [M]. 北京：北京师范大学出版社，2011.

[2] 北京师范大学附属实验中学 . 高中生涯规划 [M]. 北京：北京师范大学出版社，2015.

[3] 程雪峰，缪仁票，潘怡红，等 . 生涯规划（高中）[M]. 杭州：浙江教育出版社，2017.

长大后我就成了"你"
——高中生涯教育教学设计之"我的职业理想"

秦皇岛市实验中学　魏伶伶

⊖ 教学目标

1.体验生涯幻游，探索职业理想，将职业理想具象化。

2.分析将理想职业转变成现实的所需条件，分析自己的优劣势，初步规划实现职业理想的路径。

3.感知理想对于现实的重要指引作用，增强内心追逐梦想的动力。

⊖ 课时安排

1课时：40分钟

⊖ 教学重难点

1.重点：通过生涯幻游让学生认识到拥有理想的重要性，启发学生明确职业理想；讨论分享出把职业理想变为现实的所需条件。

2.难点：根据视频讨论分享将理想变为现实的方法，给自己制订"成长计划"。

⊖ 教学方法

讲授法、体验式教学法、合作讨论法

⊖ 教学思路

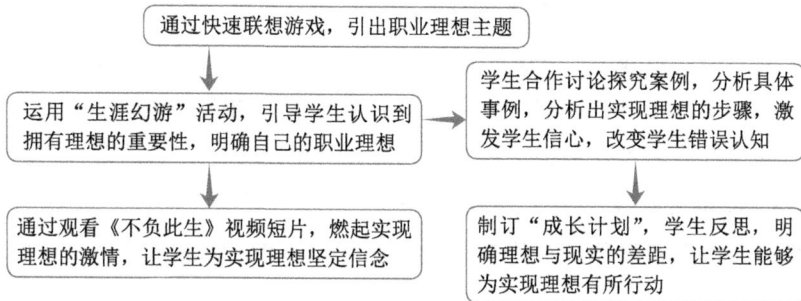

教学过程

● 快速联想，引出主题

师：如果今天你们能邀请一位嘉宾来参加我们的课堂，你会邀请谁呢？

快速联想：

首先我要说明邀请嘉宾的规则：

1.当你看到"职业"两个字时，你第一时间想邀请的人是谁（哪类职业）？

2.轮到的同学马上站起来说出那个人（一个同学接着一个）。

3.限时2分钟。

每一个同学说完，老师相应问同学你怎么会想到那个职业的呢？让学生在游戏中思考，且能够活跃现场气氛，并引出主题。

● 冥想体验，生涯幻游

活动要求：

在整个过程中请闭上眼睛，用心投入。不要发出任何声音，不要打扰同学。请同学们尽量跟着老师的引导去做，放松心情。

引导语：

首先，请同学们选择一个舒服、放松的姿势坐好，可以靠着、趴着。请你闭上眼睛，慢慢地吸一口气，再慢慢地吐出来。好，现在只关注你的呼吸，你觉得越来越放松越来越舒服。想象一下，时间一直在流动，慢慢地流到了2035年！你长大了。算一算，这个时候的你多少岁？请你尽量想象自己30多岁时的情形，想得越仔细越好。

好，你现在已经30多岁了，现在正躺在家里的床上。这时候是清晨，和往常一样，你从梦中醒来，你环顾自己的房间，它是怎样的呢？接着，你走到浴室，看看自己的脸，是什么样子的呢？洗完脸，你来到衣柜前，准备换衣服上班，今天你要穿什么衣服上班？穿好衣服，你来到餐厅吃早餐。早餐吃的什么？有谁和你一起吃？你们说了些什么？吃完早餐，你准备去工作。你回头看一下自己的家，它是什么样子的呢？周围的环境怎么样？然后，你搭乘什么交通工具去上班？你快到达工作的地方了，先注意一下，这个地方看起来如何？好，你进入工作的地方，跟同事打了招呼，大家怎么称呼你呢？其他人在做什么？你来到自己的办公桌前，注意下你的办公室是怎样的

高中生涯规划教育典型案例精选

呢？坐下来安排一天的行程，上午的工作内容是什么？

中午的时候，上个月的薪水发下来了，大概有多少钱？快到下班时间了，下班后，你是直接回家还是要先办点其他事？

一天的时间很快过去，该是睡觉的时候了，你躺在床上，回忆这一天的工作和生活，你满意吗？过得愉快吗？渐渐地，你进入了梦乡。

好，时空隧道机又渐渐把我们载回了2020年。我们渐渐地回到现在的教室里，当我数到1的时候，大家可以睁开眼睛。

同桌相互交流，在冥想过程中出现了哪些画面？

你最想和大家分享哪个画面？在冥想过程中你想到的是什么职业？请具体描述。

本环节，运用生涯幻游活动能引起学生好奇心，让学生积极参与到课堂中来。认识到拥有理想的重要性，启发学生重新审视自己，明确自己的职业理想，也让学生体验到了拥有职业理想的兴奋感，并会对实现职业理想抱有很大的期望。

● 生涯探索，探究案例，制订计划

活动一：探究案例

师：有理想若不付出行动，那它终究只是理想，那我们如何把理想变为现实呢，请一起来看下面的案例。

他叫卢成堆，出生在温州苍南金乡，原是温州职业技术学院的学生。今年27岁，但已经是6家企业的老板。他没有资金，也没有富裕的家庭做后盾，却在求学的短短5年时间里，接连开起了8家店，并且这些店涉及的领域各不相同。原本他的目标是40岁开上奥迪，但在他大学毕业那年就实现了这个目标。这不禁引起人们的好奇——仅是学生的他是如何做到的呢？

分组讨论并分享：从学生变成老板，你认为他需要创造哪些条件？应该作哪些准备呢？

学生思考并回答。

师：卢成堆到底是如何做到的？我们来看一段视频。

视频内容：出身贫寒的他早就有了自己的理想，想成为一名老板。可是没有富裕的家庭，要想成为老板谈何容易。但他一直没有忘记这个梦想，并为之付出努力。他在高中的时候就帮移动推销手机卡，赚到了第一桶金4万元。而后接连开起了两家手机店，均以失败告终。但他没有放弃，而是找到了原因，并进行分析，让他学会了理性对待，要先进行市场调查。后来有机会参加温州职院第二届创业计划大赛，赢得了冠军，并获得了温州数码城年租金8万元的一家店面经营权，开始了他的创业生涯。以上都只是基础，真正开始于"瓷爵士"，他认定这是一条发展的道路，现在在将它拓宽。

1.分享：结合卢成堆的经历，谈谈你的收获。

生：创业要有目标，有自己的计划，坚持不懈等。

2.根据学生的讨论总结实现理想的步骤。

有计划有步骤→分析自己的条件（优势、劣势）→分析职业所需条件→明确目标、坚持梦想

学生合作探究卢成堆是如何实现理想的。通过分析具体事例让学生直观、形象、有根据地分析实现理想的步骤，而不是凭空想象。利用贴近学生生活的事例，借助榜样作用，激发了学生的自信心，改变学生错误的认知。

活动二：制订计划

师：实现理想不是一件简单的事，若想将理想变成现实，请同学们根据下面的步骤给自己制订一个"成长计划"，有助于实现理想。

成长计划
（1）我的职业理想＿＿＿＿＿＿＿＿＿＿＿＿＿＿＿＿＿＿＿
（2）我理想的职业需要的条件＿＿＿＿＿＿＿＿＿＿＿＿＿＿
（3）我现在所具备从事该职业的优势＿＿＿＿＿＿＿＿＿＿
（4）我现在所具备从事该职业的不足＿＿＿＿＿＿＿＿＿＿
（5）为了实现理想，我现在该做些什么＿＿＿＿＿＿＿＿
希望＿＿＿＿监督

指导学生根据所学方法制订简单的"成长计划"，通过反思明确了理想和现实的差距，能够让学生为了实现理想而有所行动。

● **生涯激励，增强实现职业理想的动力**

播放视频《不负此生》。通过为梦想执着追求的成功案例激发学生为梦想拼搏的豪情。

通过这个视频让学生看到，不同的人，职业梦想不同，只要坚持，终能成功；并且使学生清楚，用自己喜欢的方式度过一生，坚持初心，人生才算真正活过。激发学生不忘初心，去追逐自己的心之所向。

● **总结提升**

这堂课教学生要有人生梦想，有自己的职业理想，并且如何去计划、坚持、实现自己的梦想。然而，最关键的是职业理想的确立，我们要把它具象化，一定要发自我们的初心，同时，实现梦想的过程中最关键的就是"坚持"，没有坚持，梦想将成为空谈。鼓励同学们为梦想而拼搏，不负青春、不负此生。

⊖ 课后反思

职业理想这一课，学生清晰了如何去实现自己的职业理想，增强了实现理想的信心。在课堂实践中，学生做生涯幻游的分享感触颇深。学生的未来职业生活场景五花八门，各不相同。一节课时间有限，无法让更多学生分享，略有遗憾。

由于本课活动环节较多，时间稍显紧张，可将成长计划设计环节由学生课后完成。

我喜欢，我选择，我适合，我拼搏

——高中生涯教育教学设计之"模拟选科"

秦皇岛市新世纪高级中学　查明

⊝ 设计理念

"选择"是本次高考改革方案的关键词，"选考"是本次改革的亮点。然而要让学生6门学科中选择3科作为高考选考科目，确实是给学生和家长出了一道难题。从某种意义上说，正确的选择选考科目是高考成功的关键，也是新高一同学对自己未来走向的一次重要选择。

⊝ 学生情况分析

"6选3"到底怎么选，考虑的因素众多，如学生的职业专业倾向，学生的学科兴趣、学生的学科能力，等等。同时每个因素对个体的重要性又因人而异，我们不能将教师的价值观简单地强加给学生。生涯辅导的重点在于"辅"字，所以我们要做得更多的是"助人自助"的工作，帮助学生找到最适合自己的方案，让学生自己做出最优的选择。

⊝ 教学目标

1. 学会使用网络测评工具进行生涯发展的自我探索，整合相关信息。

2. 体验由自我探索到决策选科的过程，掌握选科决策平衡单的使用方法，初步完成模拟选科。

⊝ 教学重难点

1. 重点：让学生体验通过生涯发展的自我探索来找到自己适合的选考科目的过程。

2. 难点：营造趣味轻松的体验活动课堂氛围，让学生全情投入到选科决策的过程体验中。

⊖ 教学对象

高一学生

⊖ 教学准备

多媒体课件、分组并确定组长、选科案例、河北省普通高中本科招生专业选考科目要求、近三年河北省高考本科投档线。

⊖ 教学过程

● 教师动员热身阶段

1. 解读《国务院关于深化考试招生制度改革的实施意见》和《河北省高考综合改革实施方案》。

2. 学生如何选科，高校如何要求。

3. 规划学涯即规划生涯。

● 教师教授方法，学生个人学习阶段

1. 指导学生借助秦皇岛市高考综合信息服务平台进行霍兰德职业兴趣等测试。在地址栏中输入 http：// gk.qhdedu.cn：2080/ 进入系统首页，市直高中的学生可以直接使用智学网账号密码登录平台。

进入"学生发展指导"栏目，点击相应的评测项目即开始评测。问卷完成后，可以查看测评结果。

2. 指导学生根据职业兴趣倾向选择职业、专业。

3. 教授学生如何根据选择高校的专业选考要求确定自己的选科。

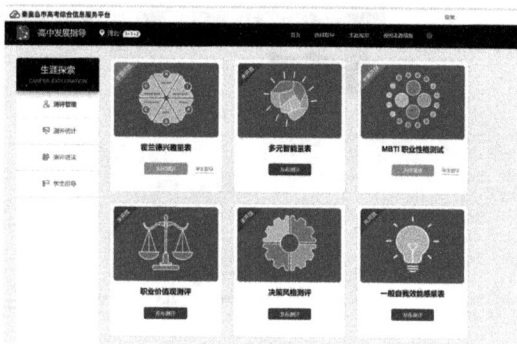

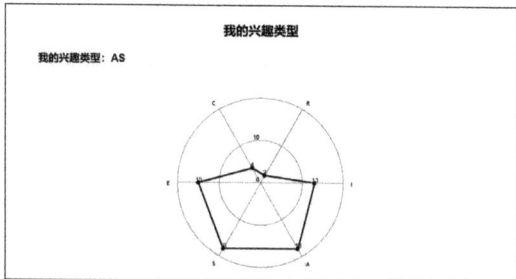

● 学生个人活动阶段

1. 指导学生自己根据平时成绩，综合评估学习能力。

2. 比较近几年高校专业录取分数，进一步匹配选科。利用近三年河北省

129

我的兴趣

我的性格特点

这一类人往往有很强的创造力，有个性，喜爱表现自我，他们做事偏理想化，不重视实际，具有一定的艺术才能，但是又不像典型的艺术家一样踏实。内向，他们可以和人相处良好，开朗、富有浪漫主义色彩，这往往也会使他们成为人群中的亮点。但是他们偶尔会缺乏耐力和毅力，当精力耗尽之时刻会出现情绪低落，容易信心受挫，是比较感性、敏感的人。

我的职业爱好

他们喜欢的工作要求具备艺术修养、直觉和表现力。由于他们喜欢表现自己的内心感受，他们喜欢从事在舞台上，或是可以展示自己作品的工作，比如演员、明星、指挥家等等。他们往往勇于展示，不惧怕人群，得到别人的赞许会给他们带来最大的成就感和满足感，他们是需要观众的一类人。所以他们喜欢在公开场合工作，不喜欢独处，害怕孤独。这类人通常喜欢观念而不是事务打交道的工作，他们比较开放、充满想象力，在内心有自己丰富的艺术世界。

发展建议

应当避免让这类人从事机械性工作，他们不喜欢与物接触，动手能力不佳，所以应当避免从事单一的反复的体力劳动工作。同时，他们是天生的表演家，需要人们的掌声和喝彩，由于他们心灵感性、富有想象，尽量不要让他们独处，这样会耗尽他们的心理能量，触到内心的低谷，使其在工作中无法发挥到极致。

推荐关注职业

戏剧导演　舞蹈老师　音乐老师　器乐老师　广告撰稿人　合唱队指挥　演员　歌星

推荐关注专业

表演学类　音乐类　舞蹈类　广告类　戏剧类

推荐课外活动

参加学校的合唱团　参加学校的音乐队　学习声乐、舞蹈或表演等课外班　看音乐剧　听音乐会　阅读广告方面的书籍　尝试进行广告策划

进一步匹配专业与选科

三科都选

选一科（选历史+化学+政治：416
选历史+生物+政治：415.5）

选两科

全不选（选择优势学科
历史+政治+地理：510）

高考本科投档线，结合自己的学习能力分析结果，可以进一步提升选科和专业院校的适配度。

感兴趣的职业			中医学				
专业选考要求	专业	学校	选考要求			2018投档线	期中考试成绩
			科目1	科目2	科目3		
	中医学	北京中医药大学	无	化学或生物	无	634	416
		河北大学	无	化学或生物	无	560	416
		北京中医药大学东方学院	无	无	无	395	510
确定选科组合			历史	政治	地理		

兴趣　　　　成绩　　　　选择

总结选科的一般过程：

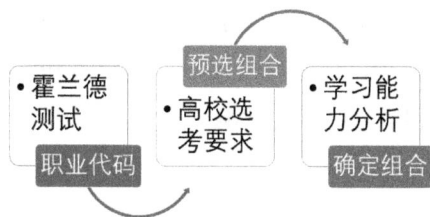

● 小组活动阶段，模拟选科

小组同学共同讨论分析某同学的评测结果和成绩，填写选科决策平衡单，体验模拟选科。

期中考试成绩

语文：106 数学：90 外语：115.5

物理：53 化学：69 生物：75

历史：62 地理：62 政治：68

感兴趣的职业							
专业选考要求	专业	学校	选考要求			2018年投档线	期中考试成绩
			科目1	科目2	科目3		
	确定选科组合						

● **团体结束阶段**

向全班同学分享选科的结果并说明选择理由，谈一下活动体会。

◌ **课后反思**

个人的兴趣倾向只能表明学生是否愿意在选择的路上走下去，而能够走多远是由学科能力决定的，这两项仅仅是兴趣因素和能力因素，在选科时还应该要考虑到价值观和家庭因素的影响。

向左走？ 向右走？
——高中生涯教育教学设计之"选科指导"

河北省昌黎汇文二中 金艳萍

⊖ 教学目标

1. 唤醒生涯规划意识，了解生涯规划的具体过程和方法。

2. 整合个人学科潜能、职业取向、学科特点、就业、升学等方面信息，运用 SWOT 分析法，初步作出选科决策。

⊖ 课时安排

1 课时：45 分钟

⊖ 教学重难点

1. 重点：理解选科所需要考虑的因素及选科方法，熟练运用选科的方法。

2. 难点：运用所学的选科方法进行科学选科。

⊖ 教学方法

讲授法、体验式教学法、合作讨论法

⊖ 教学思路

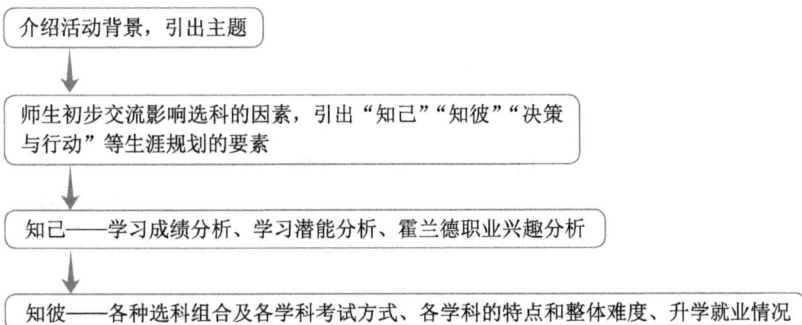

介绍活动背景，引出主题

师生初步交流影响选科的因素，引出"知己""知彼""决策与行动"等生涯规划的要素

知己——学习成绩分析、学习潜能分析、霍兰德职业兴趣分析

知彼——各种选科组合及各学科考试方式、各学科的特点和整体难度、升学就业情况

决策与行动——学习 SWOT 分析法；分享自己初步的选科结果

总结提升——教师总结，教师寄语

⊖ 教学过程

● 介绍活动背景，引出主题

教师引导：通过生涯规划教育破冰课，大家对生涯规划已经有了初步的了解。对于高一的同学们来说，选科是摆在我们面前的一个岔路口，究竟选择什么样的组合，需要同学们早思考、早规划。今天，我们就来探讨一下，该如何作出选科的初步规划和选择。

● 师生初步交流影响选科的因素，由此引出"知己""知彼""决策与行动"等生涯规划的要素

教师设疑：选科时，你会考虑哪些因素？

学生回答略。

预设：成绩、兴趣、特长、理想、各种组合的录取情况、就业情况……

学生回答的过程中，教师分类板书。

教师小结：我们可以把这些因素归纳为两大类：一类是正确认识自我，比如自己的成绩、兴趣，也就是"知己"；另一类是全面了解各种选科组合，也就是"知彼"，进而作出"决策与行动"。今天我们要作的生涯规划就分为这三个环节：知己、知彼、决策与行动。

● 知己

1. 学习成绩分析

学生 2～3 人对自己的成绩进行分析。

教师利用"成绩云"系统演示成绩分析方法。

"成绩云"所属知未科技公司客服 QQ：3195648120

"成绩云"网址：http://chengjiyun.com/

学生代表登录"成绩云"系统的教师账号和学生账号进行演示、讲解，重点介绍学生名次雷达图。

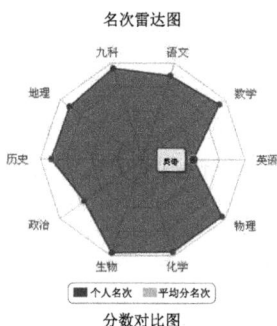

名次雷达图

分数对比图

2. 潜能分析

教师引导：以上数据反映的是同学们当前的学习成绩，除此之外，我们还要善于发掘自己尚未显现出来的隐性潜能。对于自己的学习潜能，我们的任课教师是比较有发言权的。请同学们向自己的学科教师咨询一下，看看自己在某一学科的学习方面是否具备隐性潜能。

3. 霍兰德职业兴趣分析

教师引导：现在我们已经分析了自己目前的成绩和学科潜能。刚才还有同学提到"兴趣"和"理想"对选科也有影响，哪位同学愿意介绍一下自己的兴趣和理想是什么？

学生 2～3 人介绍自己的兴趣和理想。

教师小结：兴趣是最好的老师。选科在一定程度上意味着选择了未来的学习方向和职业发展方向。大家一定要清楚自己喜欢什么，适合什么样的职业。我们可以做一下霍兰德职业兴趣测试。

教师指导学生进行霍兰德职业兴趣测试，帮助学生发现自己的兴趣所在。

● 知彼

1. 学生代表介绍选科的几种组合以及各学科的考试方式

走访物理、历史、化学、生物、政治、地理、数学等学科任课教师，了解各学科的考试模式、试卷构成等情况。

2. 学生采访各学科教师，了解各学科的特点和整体难度

采访我校各学科资深教师，请老师们介绍本学科的特点及整体难度，剪辑成视频资料。

播放学生采访视频。

教师过渡：感谢小记者们给我们带来的宝贵信息。老师们介绍的哪些信

息会对你的选科产生影响？

学生回答略。

教师过渡：不论选择哪一种学科组合，我们最终都是想考取理想的大学，找到一份满意的工作，下面我们再来看看各学科在升学、就业方面的区别。

3. 学生介绍升学、就业情况

介绍角度如下：

（1）登录河北省教育考试院、山东省教育考试院网站，走访我校主管教学工作的校长，了解高考录取情况；

（2）借阅2020年的高考招生计划、报考指南等书籍，了解各院校对专业的选科要求；

（3）联系我校优秀毕业生，了解各专业在大学学业设置和就业方面的区别；

（4）采访与我校毗邻的大学院校就业指导中心，了解各专业学生的就业情况。

教师设疑：以上哪些信息会对你的选科产生影响？

学生回答略。

教师过渡：除了以上信息，同学们认为，还有哪些因素会影响我们的选择？

学生回答略。

预设：家庭环境、家庭资源……

● **决策与行动**

1. 教师引导学生运用SWOT分析法作出选科的初步选择

教师过渡：知己、知彼之后，同学们可以考虑作出自己的初步选择。老师建议大家采用SWOT分析法。S代表Strength（优势），W代表Weakness（弱势），O代表Opportunity（机会），T代表Threat（威胁）。其中，S、W是内部因素，O、T是外部因素。这种分析方法可以帮助大家作出更加理性的选择。

2. 学生展示自己的生涯规划报告

教师过渡：我们班有一部分同学已经完成了自己的生涯规划书，下面请×××和×××同学来与大家分享一下自己的生涯规划。

学生上台展示，教师点评。

● **总结提升**

1. 教师总结

看到同学们在理性分析、权衡利弊的基础上做出了自己选科的初步选择，老师衷心地为大家感到高兴，通过这次活动，大家有了生涯规划的意识，这是最宝贵的。在这里老师有一个小提示：生涯规划也是一个动态的过程，面对突如其来的变化，可以对规划进行评估、调整。在选科方面，期末考试的成绩有非常重要的参考价值，大家可以结合期末成绩对自己的规划作出必要的评估、调整。

2. 教师寄语

同学们，完美的规划离不开脚踏实地的行动，希望同学们把自己的规划付诸实践，扎扎实实地按照自己的目标坚定前行，让我们立足现在，胸怀未来，去铺就属于自己的精彩人生！

⊖ **课后反思**

1. 本节课帮助学生在知己、知彼、理性分析的基础上，作出了选科的初步选择，使学生学会了规划自己的学业，真正做自己的主人。

2. 在本节课的活动过程中，学生自觉参与，全身心投入，大大提升了活动效果。

3. 本节课利用"成绩云"、霍兰德职业兴趣测评等手段和工具，增强了科学性。

4. 本次活动课使教师意识到发挥学生主体作用的重要性，启发教师在以后的教学中，应该尽量给学生提供适宜的活动条件和环境，让学生作为主体积极参与活动，在活动中完成学习对象与自我的双向构建，从而提升学生的素养，实现学生全面发展。

5. 本节课的课堂环节设置得过多，时间比较紧张，很多活动过程没有得到充分而透彻的展示，这不失为本节课的一个小小的遗憾。

我探索，我选择

——高中生涯教育教学设计之"生涯理念下的新高考选科"

河北省秦皇岛市新世纪高级中学　田学峰

⊖ 设计理念

《国务院关于深化考试招生制度改革的实施意见》和《河北省高考综合改革实施方案》中提出支持学生自主决定高考选择性考试选考科目组合。高中阶段处于生涯探索期，是自我概念形成的关键时期，生涯规划教育可帮助学生了解自我、认识社会、规划未来等，能够促进学生兴趣等心理特质的健康发展。在生涯理念的指导下，以拓展自我认知为基础，根据改革方案中对学生选科的具体要求，引导学生自主进行选考科目的选择，进行学业规划和生涯规划。

⊖ 学情分析

授课班级为高一年级。新生入学后，学校开设生涯教育必修课，经过生涯规划教育学习，学生的生涯意识被初步唤醒，对新高考改革"3+1+2"政策有所认识并积极准备，但总体上自我认知和职业认知不足，对选科策略方法缺少实践体验。由于招生生源原因，授课班级学生学习基础普遍不理想，因没有学习成绩突出的学科，很多学生面临选科分班的焦虑。

⊖ 教材内容

学校"生涯教育"课题组自己开发校本教材，遵循少而精的原则，整合校本课程内容，适当进行增减调整。

⊖ 教学目标

1. 回顾总结前期生涯规划课程的学习收获，理解生涯规划教育与科学选科的关系。

2. 分析模拟案例资料信息，真实体验选科的过程，掌握选科方法策略。

3. 继续自我探索，拓宽职业认识，增强社会责任感，尝试自主决策，完善模拟选科方案。

⊖ 教学重点难点

体验模拟选科过程，掌握选科方法策略。

⊖ 教学方法

探究讨论法、讲授法、情境设置法

⊖ 教学准备

教师：PPT 课件，提炼三个"选科"案例信息、编印《河北省普通高中本科招生专业选考科目要求》等相关资料。

学生：分成六个小组，完成《导学案》预学作业，回顾前期生涯规划教育学习内容，总结自我探索收获。自主学习选科相关资料信息。

⊖ 教学思路

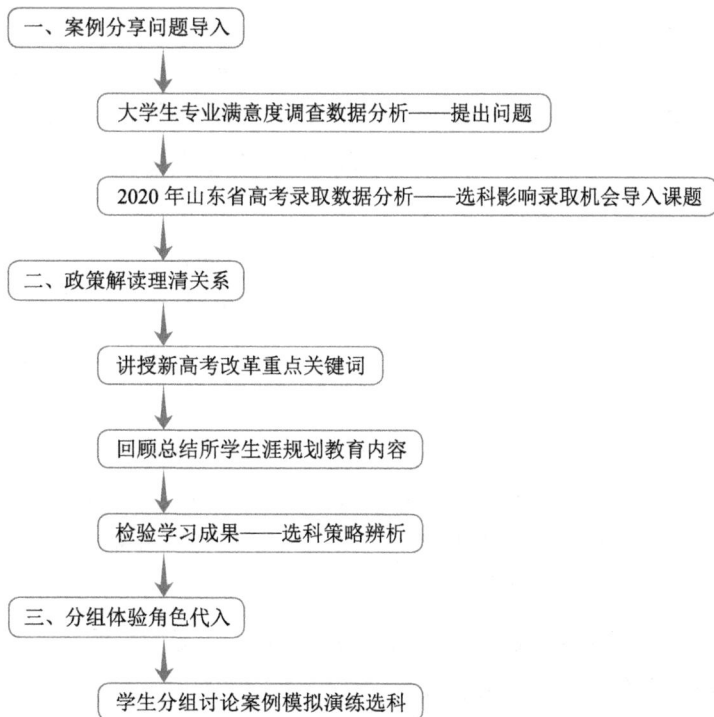

一、案例分享问题导入

大学生专业满意度调查数据分析——提出问题

2020 年山东省高考录取数据分析——选科影响录取机会导入课题

二、政策解读理清关系

讲授新高考改革重点关键词

回顾总结所学生涯规划教育内容

检验学习成果——选科策略辨析

三、分组体验角色代入

学生分组讨论案例模拟演练选科

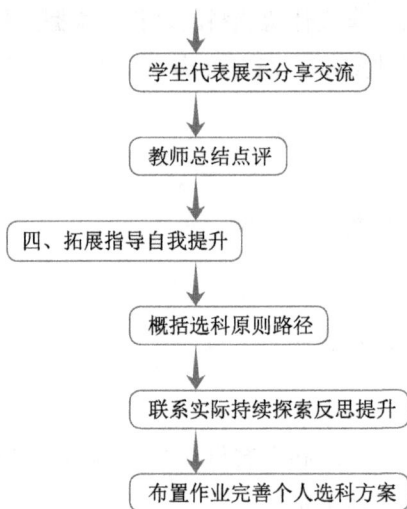

```
┌─────────────────────────┐
│    学生代表展示分享交流    │
└────────────┬────────────┘
             ↓
┌─────────────────────────┐
│      教师总结点评         │
└────────────┬────────────┘
             ↓
┌─────────────────────────┐
│   四、拓展指导自我提升     │
└────────────┬────────────┘
             ↓
┌─────────────────────────┐
│     概括选科原则路径      │
└────────────┬────────────┘
             ↓
┌─────────────────────────┐
│  联系实际持续探索反思提升  │
└────────────┬────────────┘
             ↓
┌─────────────────────────┐
│  布置作业完善个人选科方案  │
└─────────────────────────┘
```

⊝ 教学过程

● 案例分享问题导入

1.教师 PPT 课件展示案例一：新高考改革前大学生对自己的专业满意度调查数据

2015 年某媒体机构一项调查的统计数据显示：高达 52% 的在校大学生表示，如果上天再给我一次机会，我会选择另外一个专业；有 34% 的大学生希望在原来所学专业的基础上再学第二专业，只有 14% 的人对当年高考填报志愿的专业选择不后悔。

分析数据，提出问题，引导学生思考回答：大学生对所学专业后悔的主要原因是原高考录取政策不支持考生报考的大学专业选择。

2.教师 PPT 课件展示案例二：新高考改革后 2020 年山东省高考录取数据

山东省 2020 年实行"3+3"选科，高考录取结果统计：全省滑档 44114 人，其中 590 分以上高分滑档 8241 人。滑档的关键因素是分数较低，选科与专业不匹配也是主要原因，滑档的考生绝大多数都是没有选考物理的考生，专业填报影响了录取机会。

提出问题：选科与录取机会的关系？引导学生回答：选科不当，专业填报受限会影响高考录取机会。

3. 教师 PPT 课件显示课题图片文字：我探索 我选择——生涯理念下的新高考选科

设计意图：直面问题，激发兴趣，启发思考。

● 政策解读理清关系

1. 教师 PPT 课件显示"3+1+2"选科政策关键词

教师重点讲授：新高考改革关键词：选科要求、等级赋分、"专业＋院校"志愿填报单位。

教师 PPT 课件显示三所大学相同专业选科不同要求图片。

学生思考并回答，教师重点讲授要点。

教师强调：相同专业的不同院校选科的要求可能是不同的。不仅要简单了解，还要继续认真学习领会。

2. 解读选科与生涯规划的关系

教师 PPT 课件展示图片：生涯教育——选科关系。

教师引导学生总结回顾：升入高中以来，我们已经共同学习如下生涯教育内容（《导学案》预学作业）：

（1）生涯意识唤醒（成就事件、每周回家与父母谈未来发展）；

（2）兴趣类型——霍兰德职业兴趣代码；

（3）多元智能理论——自我评估天赋和特长技能；

（4）职业价值观——澄清自己最看重的 3 种职业价值观；

（5）职业人物访谈——了解某一感兴趣的职业；

（6）访谈大学生面对面沟通专业选择——了解大学和专业。

3. 检验学习成效——选科策略辨析

教师 PPT 课件展示图片："大学专业选择面对面"主题教育报告。

引导学生回顾三位大学生分享的选科策略建议，检验"大学专业选择面对面"收获成果，选科策略分析辨析。

要求学生完成导学案作业：列举了 13 项选科策略，应用学习的理论知识，辨析哪些是理性的？哪些是非理性的？

学生完成后回答交流，教师点评，答疑纠正，总结归类展示。

教师 PPT 课件展示图片：理性的选科策略。

理性的选科策略：

（1）选择的学科成绩好有潜力，高考容易取得较高分数。

（2）选择的学科有助于实现我的职业理想。

（5）选择的学科覆盖面大，让我在志愿填报时有更大的专业选择空间。

（6）选择的学科我非常喜欢。

（9）选择的学科对应的专业好就业、未来发展有竞争力。

（10）选择的学科与我的兴趣能力性格价值观相匹配。

（11）我的家庭资源支持选择的学科相关的专业考学和职业就业。

教师 PPT 课件展示图片：不理性的选科策略。

不理性的选科策略：

（3）选择的学科由我的班主任任教。

（4）选择的学科是我的家长强烈要求我选择的。

（7）选择的学科我的同班好友选择了，我就跟着选——能够在同一班。

（8）其他学科没得选只能选这个学科。

（12）本次考试成绩好，个人认为选择这个学科学习相对容易。

（13）没有理由就是想选这个学科。

教师提醒：应用不理性的策略选科结果不一定是错误的。列举分析第 4 项：如果家长非常内行，是一位专家，对自己的孩子非常了解，对职业专业认知也非常内行，只是方式方法简单。如果我们选科与家长意见不一致，不能赌气，要与家长充分沟通，要耐心说服，理性分析。这也是家庭作业要求我们经常与家长讨论未来发展的原因。

设计意图：突出重点，连接知识，提高理性认识。

● **分组体验角色代入**

教师 PPT 课件展示图片文字：分析案例模拟选科演练

教师引导思考回答：选科策略关键在实践中的综合运用，通过案例分析进行选科模拟训练。

1. 明确合作探究学习任务要求

教师 PPT 课件分别展示三张图片文字：分组要求、条件提示、问题任务。

（1）分组讨论体验模拟选科规矩要求

分组讨论体验模拟选科过程——3 个案例。

共分 6 组，每两个组讨论同一个案例（分配具体分工）。

10分钟内完成任务，先完成的组举手示意，选代表发言分享。

后完成的组选代表，补充或质疑。

（2）分组讨论提供条件信息

案例当事人初步的自我探索信息；

河北省普通高中本科招生专业选考科目要求（编印）；

选科相关资料信息数据（编印）。

（3）分组讨论重点完成两项任务

①根据三个案例当事人的已知自我探索信息，依据新高考政策和生涯教育理论帮助当事人选科，共四个问题：职业方向建议；对口专业建议；根据选科要求提出一科或两科选科建议；请说明理由。

②你认为案例中的当事人选科还需要哪些探索？至少补充一项关键信息的建议。

2.学生分组讨论案例模拟演练选科

学生分6组讨论合作完成《导学案》选科模拟演练任务。

教师巡视各组讨论情况，个别指导点拨，提醒时间限制，确认各组推选发言展示代表，确定各组发言顺序。

3.学生代表展示分享交流

教师PPT课件分别展示三个案例。

组织学生代表展示交流分析案例模拟选科任务完成情况，其他组同一任务代表补充或质疑。学生自评、互评，教师总结点评、答疑。

（1）女生案例A教师指导要点：语言能力突出，学习成绩较好，语文和英语成绩突出，选择机会多，职业方向有多种选择，匹配的大学专业多种选择，相关联的高中学科发生变化。选择与语言能力相关的职业（多方向），对口相关的专业（中文、新闻、外语、编导、主持）。选物理、选历史都可以。选历史全对口，选物理机会多（个别院校专业有限制）。继续探索方向：职业体验确定最后方案。

（2）男生案例B教师指导要点：学习基础差、有特长、有成就事件、有家庭资源。职业方向：子承父业接手电器商店。专科建议机电设备维修与管理专业。首选物理，第二学科可选化学。（工科物理和化学不分家）

教师提出问题：案例中的男生职业理想是电器商店的小老板，首选是电器技术还是经营管理？

分析学生的回答，教师进一步解读管理专业的特点，强调先学习技术的重要性，管理需要岗位实践。很多高官高管的学历是管理学博士，绝大多数是工作后在职读的，很多管理专业的研究生不招收应届生。

继续探索方向：研究院校和录取规则确定学业规划路径（专科和本科相关专业设置），优化学习方法提高物理学科成绩。

（3）男生案例C教师指导要点：无特长、无兴趣爱好、无职业方向、成绩一般，在当前学生选科过程中有一定代表性。优势不明显、职业倾向不明，如果仅凭已知的信息替他决策，很轻率。在无职业倾向的条件下，不能简单化选择学科，建议必须继续进行多方面自我探索。如果时间来不及，建议先确定选物理，覆盖面广，选择空间大、相对机会多，可考虑通过专业工具进行学科倾向和职业方向测评。

教师强调客观对待专业工具的职业测评。是否准确与工具是否科学有关，更与自我探索深度和广度有关，如果经历体验不够，很难说数据评价是科学的。

继续探索方向：一切皆有可能，多方面深入的自我探索。研究院校和录取规则确定学业规划路径（专接本）。

4.教师总结点评

（1）无论是老师，还是家长的意见都是参考意见，要自己探索，坚定自己的选择，对自己的选择负责。

（2）强调实践体验的重要性。自我探索的深度和广度决定信息的效度。第二个学生基础很差，但最大的优势是有充分的实践体验，激发了兴趣，提高了能力特长，这是我们普遍缺乏的。生涯课将专门安排职业体验作业，一定要认真完成。

（3）某一职业与哪些专业匹配，目标专业与高中学科的关联度，这些问题必须搞清楚，不能望文生义，最简单的办法是网上查询。

（4）学习能力是一个非常重要的因素，分数对比不能简单化，不是一次考试说了算，某学科难不难要看个人的感受。建议多听一下自己目标学科的任课教师的学习潜能评估建议。

设计意图：采用小组讨论的形式，引导学生合作探究，自主解决问题，突破难点。

● 拓展指导自我提升

1. 概括选科原则路径

教师 PPT 课件展示图片文字（职业—专业—选科）。

教师总结模拟选科过程重点概括：职业倾向—专业方向—关联学科（先研究职业倾向或方向，探索对口的专业，根据对口专业学科要求确定关联度高的学科）。

教师 PPT 课件展示图片。

坚持原则：不仅要立足当前，更要着眼长远（作好个人生涯规划）。当前考虑是两年后考高分，长远考虑是职业梦想。

学生结合自己的自我探索成果完成《导学案》任务。

2. 联系自己的实际，持续探索反思提升

教师提示：今天我们应用生涯教育的理念进行模拟选科演练，对照自己反思，我们应该都有收获，但老师有如下提醒：现实中我们面临的问题比案例要复杂得多。自我探索和职业探索不足，我们很难就案例当事人提出更科学周全的建议，很多未知因素需要继续探索。

教师 PPT 课件展示文字。

（1）向内自我探索——认识自己的独特性，建构自己的梦想——职业倾向。

（2）向外职业探索——职业、专业、大学、录取规则、相关数据分析。

教师强调应用好数据分析：专业的就业率和收入。

3. 布置课后作业

教师 PPT 课件展示图片文字。

解读《导学案》自我探索任务表格，要求学生两周内完成作业：

（1）总结反思今天学习的选科方法策略，自己尝试应用；

（2）继续进行自我探索和职业探索，在两周之内完善自己的模拟选科方案。

设计意图：联系实际，拓展应用，评估效果，解决问题。

⊖ 课后反思

1. 应用生涯理念指导学生新高考选科实践

本课用问题情境教学法激趣导入，坚持问题导向，激发学习兴趣；对所学生涯教育理论和自我探索阶段性成效进行总结回顾，在原来的学习探索基础上进一步引申拓展；采用了合作讨论法为主的教学法，充分发挥学生的主体性，引导学生发现问题、分析问题、解决问题，让学生去体验和感悟"自己如何选科"，操作性较强。本课曾在"秦皇岛市高中生涯规划教育展示观摩活动"上示范观摩课，并到县区学校送课交流，分析听课教师书面反馈，结合课后与学生个别沟通和学生作业反馈，自我评估基本达到了预期教学目标。

2. 依赖生涯规划教育学习基础和自我探索

将课堂教学与课外实践相结合，学生走出课堂，走进社会，开展职业实践体验活动，拉近了学生与社会职业的距离，学生产生强烈的共鸣。这些活动的开展，打破了传统教学方式，拓展了学生的自我认知。课后作业继续安排学生进行自我探索和职业探索任务。示范课前试讲时，导学案没有设计总结回顾生涯教育学习内容预学作业，新的学习内容没有与原来的自我探索建立连接，因原来的信息储备不够，导致分组合作学习讨论时的效果不理想，个别学生理不清头绪。

3. 对教师的职业和专业相关知识要求高

在合作探索学习展示交流阶段，各组学生代表展示交流分析案例模拟选科方案。同一任务其他组代表补充或质疑，虽然受时间所限，小组代表的发言讨论没有全部展开，不是每个小组都有展示发表意见的机会，展示交流后面发言的小组只能是补充意见，但每个案例可选择的方案较多，很多都是生成性的内容，需要教师及时的引导、点评、答疑。任课教师必须对大学专业和职业发展趋势有一定的了解及前瞻性的分析能力，如果任课教师缺乏职业规划专业知识与技能，对学生的指导仅限于纸上谈兵，停滞在理论分析阶段，就缺少了科学性和实用性。

附：

《我探索，我选择——生涯理念下的新高考选科》导学案

导学案一（学生课前完成）

一、学习目标

1. 回顾总结生涯规划教育学习收获，理解生涯规划教育与科学选科的关系。

2. 分析模拟案例资料信息，真实体验选科的过程，学习选科方法策略。

3. 继续自我探索，拓宽职业认识，增强社会责任感，尝试自主决策，完善模拟选科方案。

二、课前完成预学任务

（一）高中新开设了生涯规划教育课，回顾总结自我探索的学习收获

1. 在课上做"兴趣岛游戏"时，我选择的兴趣岛类型（　　　），我测试过自己的霍兰德职业兴趣代码，三个代码（　　　）

2. 我当下感兴趣的职业：（　　　）

3. 通过学习多元智能理论，自我评估天赋和技能，我发现自己能力的长板在这些方面：（　　　）

4. 生涯课上学习职业价值观——通过"8选3"价值观非正式评估，我澄清当下自己最看重的3种职业价值观是：（　　　）（　　　）（　　　）

5. 我参加成就事件主题班会，通过分析自己的"高光时刻"，总结反思成就故事，加深自我认知。

回忆成就事件中我个人感兴趣的内容：（　　　）

我认为取得成就应用了自己某些能力特长：（　　　）

为什么认为回顾的事件是有成就感的？个人为什么清晰地记住这件事？我的理由是（　　　）

6. 生涯课后老师留了家庭作业，提醒我每次周末回家要和家长谈自己的未来发展，回顾总结，我与家长谈话的重点内容是：（1.　　）（2.　　）（3.　　）

（二）应用学习过的生涯教育理论知识，回顾总结职业和专业探索收获

1. 职业人物访谈作业——了解某一感兴趣的职业，通过职业访谈，我了解到职业人物的如下信息和关系：

我访谈对象的职业是（　　　），大学对口的专业应该是（　　　），这些对口专业的主要课程与高中（　　　）学科联系最大。

2. 家庭作业安排了"访谈大学生"活动，学校又组织了"大学专业探索面对面"活动，我总结后感到自己有如下收获：＿＿＿＿＿＿。

3. 通过分析自己平时的学习成绩，对照录取分数匹配的院校层次，我可能考上的大学是（　　　）。

4. 学校为我们准备了选科相关的参考资料，通过分析解读，我认为以下内容信息与我选科相关：＿＿＿＿＿＿。

导学案二（课上和课后使用）

一、选科的策略辨析（认为是理性的在括号内画√、非理性的画×）

（　）1. 选择的学科成绩好、有潜力，高考容易取得较高分数。

（　）2. 选择的学科有助于实现我的职业理想。

（　）3. 选择的学科由我的班主任任教。

（　）4. 选择的学科是我的家长强烈要求我选择的。

（　）5. 选择的学科覆盖面大让我在志愿填报时有更大的专业选择空间。

（　）6. 选择的学科我非常喜欢。

（　）7. 选择的学科我的同班好友选择了，我就跟着选——能够在同一班。

（　）8. 其他学科没得选只能选这个学科。

（　）9. 选择的学科对应的专业好就业，未来发展有竞争力。

（　）10. 选择的学科与我的兴趣能力性格价值观相匹配。

（　）11. 我的家庭资源支持选择的学科相关的专业考学和职业就业。

（　）12. 本次考试某学科成绩好，个人认为选择这个学科学习相对容易。

（　）13. 没有理由就是想选这个学科。

二、案例分析模拟选科演练

1. 案例 A：女生

职业兴趣代码 SEA，自己选择感兴趣的职业包括编辑 AES、导游 SEA、导演编导 EAS、市场公关人员 EAS、培训师 SAE、主持人 AES、记者 ASI、中小学教师 SE、心理咨询师大学教师 SIA，社会工作者 SEA。

个人评价能力特长：语言智能突出（语言表达、沟通、团队合作、写作），学生会干部，演讲社团负责人。

个人选择职业价值观：成就满足、独立自主、管理权力。

家庭资源：父母是教师和公务员。

成就事件：主持联欢节目、演讲比赛获奖。

学习成绩较好，最近一次正式考试成绩：（前三科满分 150，后六科满分100）语文 121、数学 91、英语 122、物理 53、历史 54、政治 65、化学 61、生物 55、地理 72。

2. 案例 B：男生

职业兴趣代码：RSE，自己选择感兴趣的职业包括网络店主 ECR，销售 ECS、采购员 CES、消防员 RSE、工程技术人员 RIC。

个人评价能力特长：肢体动觉（观察、销售、动手）。

个人选择职业价值观：经济报酬、生活方式、创造发明。

家庭资源：父母是个体经营者，家中有小电器商店。

成就事件：很小时就能帮助父母看店、经常拆装小电器。

学习基础差，自己认为很难考上本科。最近一次正式考试成绩：（前三科满分 150，后六科满分 100）语文 72、数学 51、英语 45、物理 33、历史 44、政治 35、化学 31、生物 45、地理 32。

3. 案例 C：男生

职业兴趣代码：CES，没有特别感兴趣的职业，可以接受的职业：秘书 CES、行政助理 SCE、会计 CEI、酒店管理 CSR、海关报关员 ECS、银行柜员 CER、空乘 SEC、文职 CSE、设备操作员 RC、图书管理员 CSE、厨师 ARC。

个人评价能力特长：特长爱好不明显，比较喜欢人际智能（调解、事务、初中学过绘画），担任学生干部。

个人选择职业价值观：安全稳定、经济报酬、工作环境。

成就事件：和同学们关系很好，喜欢调解同学间纠纷。

家庭资源：父母是出租车司机。

学习成绩一般，个人认为需要特别努力才能考上本科。最近一次正式考试成绩：（前三科满分 150，后六科满分 100）语文 91、数学 61、英语 72、物理 48、历史 56、政治 55、化学 51、生物 55、地理 52。

三、分组讨论模拟选科任务

1. 参考三个案例当事人的已知自我探索信息，根据新高考政策相关资料和生涯理论，尝试给当事人选科提出相关建议，重点从以下 5 个方面考虑：

（1）职业方向建议；

（2）对口专业建议；

（3）根据选科要求提出一科或两科选科建议；

（4）请说明理由；

（5）你认为案例中的当事人选科还需要哪些方面的探索？（至少补充 1

项）

职业兴趣	能力探索	价值观探索	职业体验	升学规则	学科潜能

其他探索：_____。

四、课后作业

继续进行自我探索和职业探索，完善选科信息，制订自己的模拟选科方案。

职业兴趣代码	
个人评价能力特长	
个人选择职业价值观	
家庭资源	
成就事件	
学习成绩潜力排序	
比较优势和职业倾向	
对应的专业方向	
模拟选科方案	1.　　　2.　　　3.

第三章
CHAPTER THREE

学科融合课程设计

"生涯规划"类任务驱动型材料作文题解案例

秦皇岛市新世纪高级中学　张芳

⊝ 高考回眸

作为全国性人才选拔考试，高考传递出很多教育信息，按照中国人"文以载道"的习惯和教育"立德树人"的责任，高考语文作文题目往往是年度亮点所在。分析 2020 年高考，我们发现很多地区试题都有着浓浓的生涯教育的味道，例如全国 III 卷、上海卷、浙江卷，都关注了考生的价值观以及对未来社会角色的定位。

全国 III 卷

读下面的材料，根据要求写作。

人们用眼睛看他人、看世界，却无法直接看到完整的自己。所以，在人生的旅程中，我们需要寻找各种"镜子"、不断绘制"自画像"来审视自我，尝试回答"我是怎样的人""我想过怎样的生活""我能做些什么""如何生活得更有意义"等重要的问题。

毕业前，学校请你给即将入学的高一新生写一封信，主题是"如何为自己画好像"，与他们分享自己的感悟与思考。

要求：结合材料，选好角度，确定立意，自拟标题；不要套作，不得抄袭；不得泄露个人信息，不少于 800 字。

上海卷

世上许多重要的转折是在意想不到时发生的，这是否意味着人对事物发展进程无能为力？请写一篇文章，谈谈你对这个问题的认识和思考。

要求：（1）自拟题目；（2）不少于 800 字。

浙江卷

每个人都有自己的人生坐标，也有对未来的美好期望。家庭可能对我们有不同的预期，社会也可能会赋予我们别样的角色，在不断变化的现实生活中，个人与家庭、社会之间的落差或错位难免会产生。

对此，你有怎样的体验与思考？写一篇文章谈谈自己的看法。

要求：角度自选，立意自定，题目自拟，明确文体，不得写成诗歌，不得抄袭、套作，不得少于 800 字。

⊖ 写作训练

阅读下面的材料，根据要求写作。

材料一：光绪三十二年（1906 年）1 月，鲁迅课间观"日俄战争教育片"，深受刺激，决定弃医从文，以唤醒国人为己任，那一年，他 25 岁。

材料二：1993 年，马化腾大学毕业后进入深圳润迅通讯发展有限公司做编程工程师，专注于寻呼机软件的开发。该段经历使马化腾明确了开发软件的意义就在于实用，而不是自娱自乐。1998 年，马化腾和同学注册成立"深圳市腾讯计算机系统有限公司"，那一年，他 27 岁。

材料三：2011 年，秦玥飞从耶鲁大学毕业后，毅然回到祖国的怀抱，成了湘西偏远山村的一名大学生村官。2016 年，秦玥飞和大学同学一起发起了"黑土麦田"精准扶贫项目与计划，扶贫成为他们努力的根本。

学校要组织以"生涯规划"为主题的征文活动，请你结合阅读这几则材料时生发的联想、感悟或思考写一篇文章。

要求：选好角度，确定立意，明确文体（诗歌除外），自拟标题，不要套作，不得抄袭，不得泄露个人信息，不少于 800 字。

⊖ 题目解析

本题属于任务驱动型作文，任务驱动型作文写作是 2015 年高考语文作文新出现的题型，旨在着重考查学生的阅读能力、写作能力，特别是思维能力。要求学生在读懂材料的基础上，按照任务指令作文，所以对审题时的阅读能力和领悟能力要求较高。与以往传统作文不同，任务驱动型作文写作具有一定的封闭性。本题题干要求考生针对材料来谈自己的思考与感悟，写一篇文章参与征文活动。材料重点在于引导考生思考"生涯规划"，这就要求考生要把握材料的内容，明确材料的中心话题，围绕个人的"生涯规划"立意作文。

作文题目由三则材料组合而成，文章立意应建立在对三则材料整体的把握上，应该探究三则材料之间内在的逻辑关系。首先，三则材料出现的人物虽然同属不同时代、不同行业，但在生涯规划上都是成功的，富有意义的。他们的生涯规划对年轻人具有正向启发、导引作用。第一则材料中鲁迅先生在观"日俄战争教育片"之后，"深受刺激，决定弃医从文，以唤醒国人为己任"。可以看出，鲁迅先生的生涯规划是在现实的刺激下，将国家民族的责任扛在肩上，具有强烈的社会责任感。第二则材料中作为编程工程师的马化腾在实践中"明确了开发软件的意义就在于实用，而不是自娱自乐"。可以看出，马化腾的生涯规划是根据认识的提高、时代的需要并在实践中摸索探究出来的，同时强调生涯规划应该与社会的实用需求紧密结合。第三则材料中秦玥飞从耶鲁大学毕业后，成为一名大学生村官。他的人生规划是帮助贫困山村脱贫，强调对他人和对社会的责任感。综合三则材料，可以看出，材料中三位人物在作出人生规划时都处于青年时期，材料都强调了他们的年龄，他们的生涯规划都是立足高远，经过了自己独立思考，是在实践中深思熟虑不断摸索探究的结果；同时，都把自己的生涯规划和时代的需求、社会的需求、国家和民族的需求紧密联系在一起。

⊖ 生涯指津

生涯规划是个人对人生的责任。有人说，人生就是发生的事情永远在计划之外。我们不能否定这句话，但也不尽然赞同。即使不知道明天会发生什么，我们仍然应该在心里对未来有所计划。生涯规划是每个人都应该做的，因为你必须明确你的目标和方向。生涯规划有助于明确目标，而明确目标是现在大多数高中生最需要也最难做到的事情。这个目标不是指要考上哪一个大学，而是指未来应该做什么，向哪个方向发展。没有生涯规划的我们只能看到最近的地方，却从未展望过远方。生涯规划对于每一个人来说都是必要的，它能使你在前进的道路上少一些迷茫，多一些坚定；它能使你逆风而行，逆流而上；它能带给你奋斗与前行的动力；它能带给你与困难搏击的勇气。总而言之，人生需要规划。

生涯规划是个人对使命的承担。古有蔺相如使秦救赵，后有鲁迅、郭沫若弃医从文，现有秦玥飞、袁隆平、马化腾以实用、被需要等诸多理由走向为人民奉献的道路。家国情怀是古往今来的主旋律，没有担当与抱负的人，其视野胸襟未免狭隘，缺乏从家国视野出发的生涯规划，其生涯规划必定残缺。

⊖ 参考立意

（1）青年人的生涯规划，要植根于时代的需要、民族的需要，具有社会使命感、责任感。

（2）青年人的生涯规划不要一蹴而就，不是一成不变，而是要在实践中观察、思考、调整、改变，最后才能确定自己的奋斗目标。

（3）青年人的生涯规划不应盲目从众，而应独立思考，最后寻找到最适合自己的道路。

（4）青年人的生涯规划应该在年轻时开始明确自己的奋斗目标、奋斗方式。

（5）青年人的生涯规划应该在明确目标后立足当下，认真踏实，知行合一。

⊖ 行文结构

结合材料内容分析，引出论点"涵大我情怀，秉实干精神"，然后从不同的角度分析论述，如生涯规划应立命于家国情怀，秉持稳重之步伐，兼具实干之精神；生涯规划应从大我情怀出发；生涯规划应秉持踏实稳重之步伐；生涯规划更应兼具实干精神等。最后可以写自己的感悟或做法，如我们作为肩负时代使命重任的一代，规划生涯时将家国、踏实、实干内期于心，外化于行，实乃真知灼见也；智行生涯之路，需要我们有梦想，有担当等。

⊖ 范文示例

立足自身，回应时代激变

古人有言：事异则备变。面对着当下高速发展的时代进程，如何处理好个人职业生涯规划与时代发展的关系，是每一位高中生不可逃避的问题。

时代风云本是一条浩浩荡荡前进的大河，从未停歇。近年来随着微信、支付宝、滴滴打车等新兴产业的出现，给人们带来便捷的同时也为许多从前的"吃香稳定"工作带来棒喝一击。但我们不能因噎废食，要看到此种"新生与淘汰"间的合理性，这是时代发展的必然，亦是不可扭转的趋势。

在正确对待历史发展潮流的基础上，我们再来思考风云际涌下"人"的立足点与发展点。无论是阿尔法狗秒杀大众围棋高手，还是沙特阿拉伯机器人公民"索菲亚"引发的"恐怖谷效应"，都在世界范围内对机器智能、科技发展的恐慌。但在我看来，如今的大数据、智能时代是挑战，更是机遇。一系列新职业应运而生，不仅种类多样且分工更为细化。如果说"文艺复兴"将关注点转向为人，那么"智能时代"则有助于将人的关注提升至更高的品质追求上。于我们高三学生而言，可供选择的专业领域更加多元。虽一些传统工种面临淘汰，但那大多是重复性、规律性、可模仿性的工作，相对应的，我们的职业生涯规划应更加精细化、技能化，为生活增添了更多的斑斓色彩。

以上是立足在世界范围全球进程的探讨，让我们把目光收回国内，亦会发现许多值得注意的职业闪光点。

老行当"铁锅锻造"因纪录片重回人们视野；手艺人藤椅编制技术再博取众人眼球；更有街角巷道的民间风味制作重赢人们青睐……世界文化相互激荡的今日，中国的传统工艺并未因为"时代久远"而"色老珠黄"，反因"历史悠久"更具人文底蕴。此等传统工艺重焕生机给我们亦有珍贵启示：唯有保持自身的独立性与特殊性，且与时俱进才能立于不败之地。

纵使风云激荡、波云诡谲，纵然时代竞争与社会焦虑与之而来，作为21世纪的新青年要学习老子式的澄澈清静，亦要有希腊狄俄尼索斯式的汪洋，这是最为重要的心态塑造。

史铁生有言：生命的挫折须臾常在，挑战却不可或缺。唯有向上向善，以不断的知识更新与技能提升，方能做出合适自己且有益社会的职业选择。

"纵使深渊，下去也是前程万里。"愿你我都能成为国家栋梁。

生涯视角下的高中政治课

——"政治学科融合价值观探索"教学案例

河北省昌黎汇文二中　金艳萍

⊖ 教学目标

1. 掌握价值与价值观的含义，理解人生的真正价值以及价值观的导向作用；理解职业价值观，唤醒生涯规划意识。

2. 提高搜集整理资料、透过现象看本质以及合作学习的能力。

3. 树立正确的人生价值观，培养政治认同，增强热爱家乡、热爱祖国的情感，提升核心素养。

⊖ 课时安排

1 课时：45 分钟

⊖ 教学重难点

1. 重点：理解人的价值、价值观的导向作用以及探索职业价值观的方法。

2. 难点：将价值观延伸至职业领域，初步探索自己的职业价值观。

⊖ 教学方法

讲授法、合作探究法、体验式教学法

⊖ 教学思路

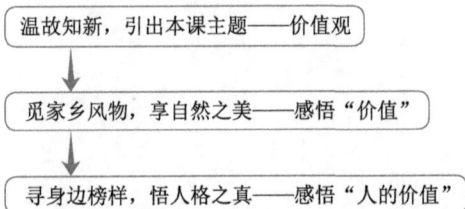

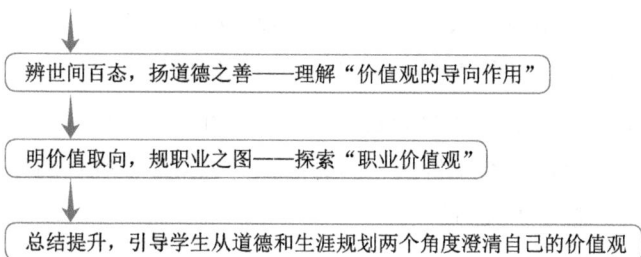

辨世间百态，扬道德之善——理解"价值观的导向作用"

↓

明价值取向，规职业之图——探索"职业价值观"

↓

总结提升，引导学生从道德和生涯规划两个角度澄清自己的价值观

⊖ 教学过程

● 温故知新，引出主题

教师设疑：通过前一阶段的生涯课，你有哪些收获呢？

同学们畅所欲言，预设内容涉及自我认知中的兴趣、性格、能力等，教师归纳总结，并引出"价值观"。

● 第一环节：觅家乡风物，享自然之美

1. 设置探究问题，引发学生关于"价值"的思考

（1）我们的家乡有哪些美的风景或物产？它们美在哪里？

（2）你能结合所寻觅到的家乡风物，理解"哲学意义上的价值"的含义吗？

学生回答略。

预设：山海关、黄金海岸、鸽子窝、秦皇求仙入海处、秦皇小巷……

教师总结：以上这些家乡风物，可以从不同层面满足人们的需要，也就是说，它们都对主体具有积极意义，对我们有价值，这就是哲学意义上的价值。

2. 理解"哲学意义上的价值"的含义

哲学意义上的价值是指一事物对主体的积极意义，即一事物所具有的能够满足主体需要的积极功能和属性。

● 第二环节：寻身边榜样，悟人格之真

1. 设置探究问题，引发学生关于"人的价值"的思考

（1）2020年新冠肺炎疫情期间，有哪些人令你感动或敬佩？

（2）你能结合所寻找到的榜样人物，理解"人的价值"吗？

学生回答略。

预设：钟南山、张定宇、陈薇、张伯礼……

播放视频：《42000 多张照片，记住援鄂英雄的面孔》。

PPT 展示材料：秦皇岛市首批援鄂医疗队事迹。

教师引导：以上这些人物或群体，都是我们学习的榜样。他们为国家、为社会作出了贡献，创造了价值。同时，他们也得到了社会的尊重，实现了自己的价值，这就是"人的价值"。

2. 理解人的价值

人的价值就在于创造价值，在于对社会的责任和贡献，即通过自己的活动满足社会、他人和自己的需要，这是人的社会价值。同时，人们自己也需要获得相应的劳动报酬，得到社会对自己价值的承认，从而实现对自我的满足，这是人的自我价值。

人的价值是双向的。人既是价值的创造者，也是价值的享受者。人的价值是社会价值和自我价值的统一。但是，人生的真正价值，并不在于索取了多少，而在于对社会的贡献。

3. 对人的价值的评价

对一个人价值的评价主要看贡献，最根本的是对社会发展和人类进步事业的贡献。

● **第三环节：辨世间百态，扬道德之善**

1. 设置探究问题，引发学生关于"价值观"的思考

（1）2020 年新冠肺炎疫情期间，除了有美的人或事物，有没有不尽如人意的地方？

（2）请尝试将榜样人物和负面人物作对比，分析他们为什么会截然相反。

学生回答略。

多媒体展示：2020 年新冠肺炎疫情期间哄抬口罩价格的现象。

教师引导：其实，这些人的行为之所以和抗疫英雄产生如此大的差距，一个重要原因是他们的价值观不同。

2. 理解价值观的含义

人们在认识各种具体事物的价值的基础上，会形成对事物价值的总的看法和根本观点，就是价值观。

教师设疑：价值观有什么作用呢？我们从抗疫英雄和不良商家身上来找一下答案。

学生从"看问题""办事情""结果"三个方面对比抗疫英雄和哄抬物价的不良商家，并完成导学案。

PPT 展示对比结果。

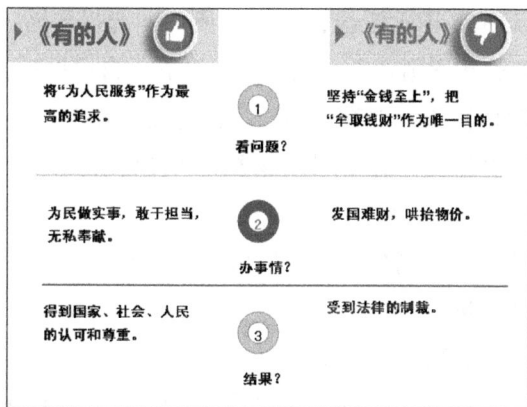

3. 理解价值观的导向作用

（1）价值观对人们认识世界的活动具有重要的导向作用。价值观影响人们对事物的认识和评价。

（2）价值观影响人们改造世界的活动，影响人们的行为选择。

（3）价值观是人生的重要向导。

一个人走什么样的人生道路，选择什么样的生活方式，都是在一定世界观和价值观的指导下进行的。

教师点评：通过善与恶、美与丑的对比，我们分享了"价值观的导向作用"。既然不同的价值观有不同的导向作用，我们就应该树立正确的价值观，克服错误的价值观。由此，我们可以得出"价值观的导向作用"原理及方法论。

4. 归纳"价值观的导向作用"原理及方法论

学生归纳总结"价值观的导向作用"原理、方法论，并完成导学案。

● 第四环节：明价值取向，规职业之图

1. PPT 展示"身边人的职业选择"

米先生：原昌黎县人力资源和社会保障局公务员，后考取河北省公务员，目前在石家庄工作，无法照顾家庭——选择原因：为了自己和家庭的长远发展，选择克服暂时的困难。

学长谷明云：通过天津卫视《非你莫属》栏目求职，在 12 家单位中选择了优胜教育集团——选择原因：教育行业相对稳定。

学长刘晓莉：有海外留学经历，硕士研究生学历，放弃了到北京就业的机会，而选择了天津普华永道会计师事务所——选择原因：不想离家太远；户口问题的解决；普华永道在业界的地位更有利于自己以后的专业发展。

某少儿艺术学校校长：放弃公办教师招考而选择自己创业，开办少儿艺术培训学校——选择原因：为了照顾孩子，选择自主性比较强的职业，既可以有自己的事业，又可以照顾家庭。

教师总结：从上述案例分析中我们可以感受到，人们在职业选择时，都要受到一定职业价值观的影响。

2. 理解"职业价值观"的含义

职业价值观是价值观在职业领域的具体体现。它是我们在工作中最看重的原则、标准或品质。它指向我们职业生涯中最重要的东西。

3. 游戏"价值垂钓"，初探自己的职业价值观

情景设置：今天你和好友去钓鱼，湖里有很多鱼，其中有 13 条鱼具有自己的特质。你可以钓你认为最有价值的 5 条鱼，你会选哪 5 条？

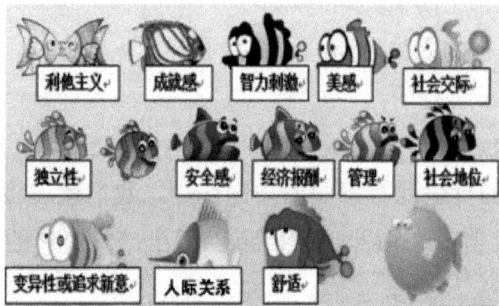

问题设置：遇到了这些情况该如何选择？

（1）渔网破了个小洞，有条鱼趁机逃了出去。我放弃＿＿＿＿＿＿＿＿。

（2）骑车回家的路上碰到大石头，一条鱼飞了出去。我放弃＿＿＿＿＿＿＿。

（3）回到家，妈妈希望拿一条鱼来做菜。我放弃＿＿＿＿＿＿＿＿＿。

（4）好朋友来找我，基于情谊忍痛送他一条鱼。我放弃＿＿＿＿＿＿＿。

如果要留下最后一条鱼，会是什么鱼？为什么？请完成下面的"价值观活动单"。

价值观活动单

我认为最有价值的五条鱼（价值观）为：_____。

我想放弃的鱼（价值观）的顺序为：_____
_____。

我最后留下的鱼（价值观）为_____。

学生介绍自己的最终选择，并简单陈述理由。

教师点评。

4. 价值测评，初探自己的职业价值观

测评网址：http://cp.55xue.com/mycenter/？sp=41

（1）登录测评系统；

（2）在你看到的诸多项目中，选择"专项测评"；

（3）选择"职业"测评选项；

（4）选择"职业价值观测试"；

（5）点击"开始测评"；

（6）开始答题，根据自己的实际情况作答即可；

（7）答完全部题目之后，点击"提交试卷"；

（8）确定提交试卷之后，点击"生成报告"；

（9）下载并查看报告。

● **课堂总结**

教师引导学生谈本节课的收获与感想。

教师总结：通过今天这节课，我们对价值、价值观以及职业价值观进行了初步探索，希望同学们在今后的学习和生活中，能够树立正确的价值观，做到求真、向善、悟美，这是从道德层面来讲的。从生涯规划的角度来讲，我们在做职业选择时一定要澄清自己的职业价值观，因为它是我们内心最看重的东西。若干年后，无论身在何处，我们依然固守它，无论遇到多大的困难，我们依然遵循它，即使不给我们回报，我们依然信奉它。

↩ **课后反思**

本节课紧密联系学生生活，以一条线索贯穿全课，一例到底，情境设置贴近学生实际，易于引起学生的共鸣，激发学生的学习兴趣。通过课前搜集资料、预习、课上展示、自主学习，充分发挥了学生的主体作用。

本节课的课堂教学内容较多，课堂容量较大，时间安排显得紧张。初次尝试在学科教学中融合生涯教育因素，在各教学环节的设置上还稍显稚嫩。

参考文献

[1] 程雪峰，缪仁票，潘怡红，等 . 生涯规划（高中）[M].杭州：浙江教育出版社，2017 年 .

"体育与情绪的调控"教学案例

河北省昌黎汇文二中　安耀东　金艳萍

⊖ 教学目标

1. 学习情绪的含义、情绪与健康的关系、体育与情绪调控、情绪 ABC 理论，提高自主学习和调控情绪的能力。

2. 树立调控情绪的意识，灵活运用调控情绪的方法，用以解决实际生活问题。

⊖ 课时安排

1 课时：45 分钟

⊖ 教学重难点

1. 重点：情绪与健康的关系、调节情绪的方法。

2. 难点：透彻理解情绪 ABC 理论。

⊖ 教学方法

情景教学法、问题探究法、多媒体教学法（鸿合互动电视、UMU 互动学习平台）

⊖ 教学思路

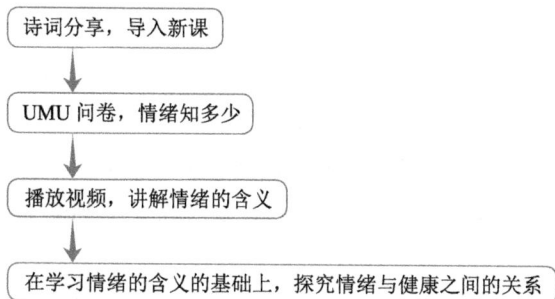

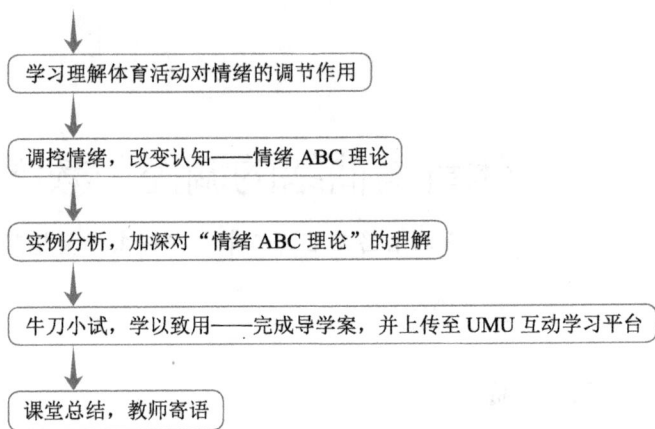

```
┌──────────────────────────────────────────┐
│  学习理解体育活动对情绪的调节作用          │
└──────────────────────────────────────────┘
                    ↓
┌──────────────────────────────────────────┐
│  调控情绪，改变认知——情绪 ABC 理论        │
└──────────────────────────────────────────┘
                    ↓
┌──────────────────────────────────────────┐
│  实例分析，加深对"情绪 ABC 理论"的理解    │
└──────────────────────────────────────────┘
                    ↓
┌────────────────────────────────────────────────────┐
│  牛刀小试，学以致用——完成导学案，并上传至 UMU 互动学习平台 │
└────────────────────────────────────────────────────┘
                    ↓
┌──────────────────────────────────────────┐
│  课堂总结，教师寄语                        │
└──────────────────────────────────────────┘
```

⊖ 教学过程

● 诗词分享，导入新课

教师通过 UMU 互动学习平台对学生的签到情况进行汇总。

教师导入：人们常说，"少年不识愁滋味，为赋新词强说愁"。"愁"其实是人们的一种情绪。今天我们就来学习情绪的调控问题。

● UMU 问卷——情绪知多少

教师：首先，我们来做一个课堂问卷，了解一下同学们对情绪调控的认知程度。请同学们扫描二维码，在 UMU 互动学习平台上填写问卷。

学生活动：利用 UMU 互动学习平台填写问卷。

师生共同对问卷填写情况进行展示，教师点评：同学们都不同程度地遇到过情绪调控问题。在生活中，我们每时每刻都被各种情绪包围着。

● 播放视频，讲解情绪的含义

1. 播放视频《中国女排比赛精彩片段》

观看视频时注意体会，视频中出现了哪些情绪？

师生共同分享视频中所出现的情绪——喜悦、激动、失落、紧张……

教师设疑：究竟什么是情绪呢？

学生自主学习并以小组为单位展示学习成果。

（1）情绪的含义：情绪是指个体受到某种刺激而产生的一种身心激动状态。

（2）人的四种基本情绪：喜、怒、哀、惧。

2. 图片展示

（1）刘翔和傅园慧比赛成功后的喜悦；

（2）比赛时的愤怒情绪；

（3）《甄嬛传》中的哀伤情绪；

（4）生活中恐惧的情绪。

● **在学习情绪的含义的基础上，探究情绪与健康之间的关系**

教师过渡：了解了情绪的含义，我们再来看看情绪与健康之间的关系。

学生自主学习并以小组为单位展示学习成果。

1. 播放视频：《微笑的力量》

分享视频带给我们的启示：

（1）微笑属于积极的情绪，这种积极情绪有助于我们形成健康的人际关系，有利于身心健康。

（2）躯体健康与情绪是紧密相关的，情绪上的变化往往以躯体症状的形式表现出来。人们常说："笑一笑，十年少。""一个小丑进城，胜过一打名医。"可见，积极的情绪可以使人心情舒畅，能防病治病，使人健康长寿。另外，我们也曾听说过：愁得吃不下饭；气得胃疼；急得冒汗、发抖；哭得晕厥。可见，消极情绪会诱发躯体疾病，危害巨大。不仅如此，消极的情绪还可能会"传染"，甚至恶性循环。心理学上的《踢猫效应》讲的就是这个道理。

2. 播放视频：《踢猫效应》

分享视频带给我们的启示——"踢猫效应"告诉我们，不能无视消极情绪，要学会调控情绪。

● **学习理解体育活动对情绪的调节作用**

教师过渡：的确，我们要学会调控情绪。当出现消极情绪时，要学会及时调整，这就需要同学们掌握一些调控情绪的方法。而体育运动在情绪调控方面有不容忽视的作用。

学生自主学习"体育与情绪调控"，并以小组为单位展示学习成果。

1. 体育运动可以转移人们的注意状态

体育活动可以使人忘却不愉快的事情，分散对忧虑和挫折的注意，从而摆脱消极情绪。例如健美操、健身舞，可以使人进入自由联想状态，从中体验愉快感和满足感；太极拳、长跑、乒乓球、羽毛球等项目可以调节神经系统，增强自我调控能力，使注意状态发生转移，从而稳定情绪。

2. 体育运动还可以帮助人们宣泄消极情绪

通过适当的体育运动，可以释放内心的郁闷，减弱或消除不愉快的情绪，降低内心紧张状态，保持心理平衡。例如，采用短距离冲刺跑、排球的扣球、足球的快速运球射门、连续快速的俯卧撑或仰卧起坐等练习，拳击或脚踢沙袋、长跑、成套的武术演练、登山等，均可宣泄情绪。

3. 体育运动还可以促进人们的社会交往

足球、篮球、排球等集体性项目，人们密切配合，通过拥抱、拍肩膀、击掌、握手、欣赏的眼神来表达友好，增进友谊。因此，积极参与集体性项目，可以调节人际关系，从而达到改善情绪状态的作用。

教师点评、总结：以上方法都是产生不良情绪以后我们的调节方法。那么能不能从源头上调节情绪呢？这就需要我们换个角度，改变认知。

● 调控情绪，改变认知——情绪 ABC 理论

多媒体展示材料：

小王刚上完体育课，回到教室，看到桌子上有半杯水，沮丧地说："唉！怎么只有半杯水？还不够我润嘴唇的！"小李也刚上完体育课，看到桌子上的半杯水，高兴地说："哇！太棒了！居然有半杯水，总算可以解解渴了。"

教师过渡：同样的半杯水，为什么两位同学产生的情绪不一样？或许，情绪 ABC 理论可以帮助我们找到答案。

学生活动：扫描二维码，自主学习 UMU 互动学习平台上的微课，理解情绪 ABC 理论。

教师重点讲解情绪 ABC 理论：

A——诱发事件（Affair）

B——个人对 A 所形成的信念和看法（Believe）

C——个人对 A 所产生的情绪与行为（Consequence）

情绪不是由事件本身引起的，而是由个体对事件的看法所引起的。

师生共同分享情绪 ABC 理论的启示——事件本身并不是产生情绪的根源，我们的看法和信念才是关键。

● **实例分析，加深对"情绪 ABC 理论"的理解**

事件——课间操。

男生认为：课间操可以缓解疲劳、调节情绪，所以积极参加。

女生认为：课间操浪费时间，所以消极应付。

师生共同分析男生女生因课间操这一事件而产生的不同情绪和态度，从而加深对情绪 ABC 理论的理解。

● **牛刀小试，学以致用**

学生结合情绪 ABC 理论，填写导学案中的情景设置，思考"遇到下面这些情况，怎样改变想法才会产生积极情绪"，并利用 UMU 互动学习平台拍照上传。

事件 1：一个大雪纷飞的早晨，你不小心摔了一跤，最糟糕的是旁边有好多同学都在笑你。

事件 2：你走过一座大楼时，有人往下扔垃圾，其中一个砸到了你。

事件 3：在一次比较重要的考试中，你擅长的科目考砸了，感到很窝火。

事件 4：上课时同桌和你说话，结果老师误解你，把你批评了一顿，你心里很难受。

师生共同分享 UMU 互动学习平台上的导学案，并点评。

截至目前，学生已经完成 UMU 互动学习平台上的全部学习任务，UMU 互动学习平台上的学习证书已经生成，教师指导学生下载并保存自己的学习证书。

● **课堂总结**

1. 教师展示本节课的知识框架图，师生结合知识框架图，回顾本课知识。

2. 教师寄语：同学们，时间是宝贵的，我们要学会控制自己的情绪，做情绪的主人，防止不良情绪对我们的困扰，这样我们就会离自己的目标更近一些。祝同学们开心快乐，学有所成！

⊖ **课后反思**

本节课尝试在高中体育教学中融入生涯规划教育中关于"情绪管理"的知识，并尝试了运用现代信息技术——UMU 互动学习平台辅助教学，对于高中体育室内理论课来说，的确是一次大胆的尝试，总体上教学效果良好。

从课程设计来看，本节课的情境设置贴近学生生活实际，易于引起学生共鸣，激发学生的学习兴趣，通过利用移动终端和 UMU 辅助教学，帮助学生搜集资料、预习、展示、自主学习，学生的课堂参与度很高，充分发挥了学生的主体作用，使学生真正成了学习的主人。

本节课的不足之处在于课堂容量较大，时间安排上可以更科学、更完善一些。由于是首次在体育教学中运用 UMU 互动学习平台，所以对 UMU 互动学习平台的功能挖掘得还不太深入，只是使用了其中比较简单、易于操作的几项功能。另外，对于 UMU 互动学习平台和 PPT 课件的切换时机把握得不是十分准确，技术运用不娴熟。

"作好就业与自主创业的准备"教学案例

河北省昌黎汇文二中　陈茹 韩会珍 金艳萍

⊖ 教学目标

1. 了解目前就业、创业的形势及国家政策，熟知就业者、创业者应该具备的素质。

2. 区分就业与创业的利、弊，端正就业态度，树立正确的就业观；立足社会需求，合理规划未来职业方向。

⊖ 课时安排

1 课时：45 分钟

⊖ 教学重难点

培养学生综合运用本单元知识提高就业和自主创业的实践能力和综合素质。

⊖ 教学方法

小组合作学习法、收集信息法、辩论法、社会实践法

⊖ 教学思路

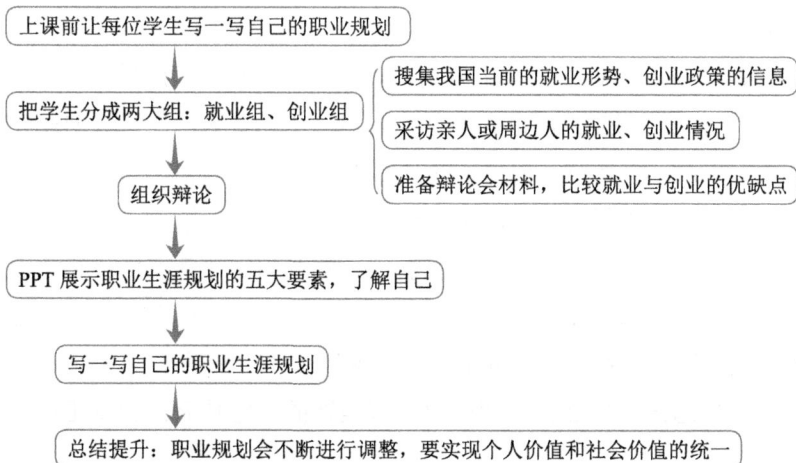

● **导入**

找到一份理想的工作是许多人的愿望，在就业竞争日益激烈的今天，如何才能找到理想的工作是每个人值得思考和探索的问题。今天，我们就围绕这个问题展开讨论，为今后步入社会，找到适合自己的工作作一些准备。

● **新授**

在放假之前，我们已经根据同学们的兴趣将全班同学分成了两组——就业组和创业组。下面请两组派代表展示你们搜集的有关就业和创业的新闻材料。

1. 就业创业形势与政策

两组利用 PPT 展示有关我国当前就业形势、创业政策的有关信息。

设计意图：学生通过材料感受严峻的就业形势，端正就业态度，同时看到挑战与机遇并存，树立就业信心。

2. 我身边人的就业、创业情况

（过渡）：通过新闻我们可以感受到严峻的就业形势，也可以看到挑战与机遇并存。两个小组在放假期间对我们身边的就业、创业情况进行了调查，下面请两个小组的代表上台展示一下你们的成果。我们一起来听听身边人是怎么说的。

两组同学展示对亲人或周边人的采访成果，采用视频的方式呈现出来。

设计意图：让学生通过身边实例以小见大，体会就业与创业的不易，感受家庭的关怀，激发斗志。

3. 就业和创业的比较

（过渡）：通过两个小组的采访，我们可以更直观地感受就业和创业。在采访中，有成功创业的，也有稳定就业的，在你看来，你认为创业好还是就业好呢？下面一个环节，请大家针对就业好还是创业好展开辩论。

学生通过辩论得出结论，就业与创业的优点与缺点。

教师总结：通过总结我们可以看出，就业和创业都有优点和缺点，没有好坏之分，只有适合不适合。什么样的人适合就业？什么样的人适合创业？我们总结一下，就业和创业分别需要具备什么样的素质？

进一步总结：虽然就业和创业是有差别的，但是无论就业还是创业，都需要具备基本的素质和条件。请同学们看一看实现职业理想必须具备的素质有哪些？

设计意图：通过辩论充分调动学生学习的积极性和主动性，加深对就业和创业的优点和缺点的理解，了解就业和创业应当具备的素质，使其从现在起严格要求自己。

4. 了解你自己

PPT展示职业生涯规划的五大要素。

（过渡）：职业生涯规划的五大要素有知己、知彼、抉择、目标、行动，我们要作出抉择，首先要知己、知彼。通过就业与创业的比较，我们总结了就业与创业需要具备的素质。下面一个环节，我们一起来进一步了解你自己，看看你适合就业还是适合创业？

PPT展示确认气质类型的标准，气质类型的心理特征及适合的工作类型。

（过渡）：在选择职业时，不仅要考虑自己喜欢什么、适合什么，还要看自己是否有胜任这项工作的潜力和素质。

PPT展示：人的能力通常分为一般能力和特殊能力两大类：一般能力是指在进行各种活动中必须具备的基本能力，如感知能力（观察力）、记忆力、想象力、思维能力、注意力等；特殊能力又称专门能力，是顺利完成某种专门活动所必备的能力，如音乐能力、绘画能力、数学能力、运动能力等。

（过渡）：我们总结了就业和创业需要具备的素质，了解了自己的气质类型，在此基础上，你认为你适合就业还是适合创业？为什么？

设计意图：通过气质类型的测试，学生更加了解自己，对就业和创业作出初步选择。

（过渡）：同学们对自己适合就业还是创业有了初步的选择，除了要考虑自身性格、能力和职业素质要求，作出职业选择还需要考虑什么因素？

5. 立足于社会需要选择行业

通过PPT展示我校优秀毕业生李明的事例，学生根据材料得出启示。

教师引导：我们在选择职业时，要立足社会需要选择行业，把国家和民族的利益放在第一位，实现个人价值和社会价值的统一。

设计意图：引导学生将自己的职业理想与国家的未来发展结合起来，在为国家和社会的贡献中实现自己的职业理想。

6. 我未来的职业规划

教师引导：想必你对自己的职业已经有了更明确地规划。请同学们拿出上课前完成的自己的职业规划，给大家 3 分钟时间，在自己原有规划的基础上作出进一步的调整和细化，并在职业理想后面填写应该作哪些准备。

设计意图：激发学生开拓进取的精神，并懂得为自己制定明确的目标，为将来的就业和创业打下坚实基础。

教师寄语：本节课我们都完成了自己现阶段的职业规划，当然，在你人生的不同阶段，你的职业规划也会不断进行调整。本节课大家写的规划我会好好珍藏，等 10 年后我们再次在汇文二中相聚的时候，再拿出来看一看，你们有没有实现自己最初的梦想！

教师寄语：3 年前，我们有缘成为师生，一起度过生命历程中重要的时光。机会永远眷顾有准备的人！我们今天所做的一切都是为将来作准备。汇文二中是你们腾飞的起点，希望同学们在学生时期努力学习，不断完善自己，为实现你的职业理想而努力奋斗！愿你们飞得更高、更远！

⊝ 板书设计

作好就业与自主创业的准备	
创业 优点　　缺点	就业 优点　　缺点

⊝ 课后反思

本节课课前准备工作很多，学生搜集信息和实地采访都需要时间，但过程不能省略，通过课堂展示可以明显感受到同学们有很大待发掘的潜力。辩论过程充满激情，学生积极参与，并且能够充分利用时事和课本知识，做到了理论与实践的结合。在职业规划的展示环节，之前预想是利用投影展示，但课堂上设备不能正常使用，以后要在上课之前检查好教学设备，以免耽误课堂时间。

第四章

主题教育活动

知自我，成未来

——"讲述我的成就事件"主题活动案例

秦皇岛市新世纪高级中学　张芳

⊝ 基本情况

● 活动主题

知自我，成未来——讲述我的成就事件

● 活动类型

学校课程资源

● 适用年级

高一年级

● 活动目标

1. 讲述成就事件，增进师生间、生生间的了解。

2. 了解讲述成就事件的意义，并掌握描述成就事件的一般结构和方法。

3. 在讲述成就事件的过程中分析自己的能力优势，自我赋能，提升自信心。

4. 通过对成就事件的分析，引导学生思考人生规划与发现自我能力优势相关的专业职业。

⊝ 主题说明

● 主题目的

1. 适应新高考的需要

新一轮高考综合改革强化了选择性教育，迫切需要对学生自我认知、课程选修、高校招生志愿选择、生涯规划等进行指导，帮助学生根据自身实际选择适合的发展方向。其中，自我认知指导，主要是指导学生了解自己的性格特征、兴趣特长、优点缺点等，正确看待个体差异，认识和发现自我价值，准确定位自身角色，树立正确的世界观、人生观、价值观。社会犹如一条船，每个人都要有掌舵的准备。认清未来社会对我们能力的要求，学会掌握培养自身能力的方法，积极发展个人的才能，不断挖掘自身潜能，提高自我效能感，才能迎接未来社会向我们提出的挑战。

2. 收集新生信息的需要

"讲述我的成就事件"主题活动的开展时间为新生入学之初，按照传统，这个时间段里学校会安排一次师生见面会。在这次见面会上，一般是组织大家进行自我介绍，但以多年经验来看，学生的自我介绍过于简单，仅限于介绍自己的姓名及毕业学校，从效果来看起不到增进师生间认识了解的作用。而讲述成就事件既给讲述者提供了一个介绍自己的角度，也给其他听众提供了一个彼此了解的窗口。

● 学习内容

个人兴趣、能力、性格、价值观的探索认知。

● 活动方式

1. 召开成就事件班会，学生分享各自的成就事件。
2. 学生以周记的方式记录自己一周之内的成就事件。

⊖ 活动设计

● 学情分析

作为一所普通高中，我校生源质量普遍不高，学生学习成绩偏低。据了解，很多学生在初中阶段受老师关注程度不高，这些问题导致学生普遍自信心不足，他们对自己的优势特长并不是很清楚，对自己的优势能力也缺乏自信，尤其是优势智能和专业、职业的关系更是知之甚少，很多学生对自己的未来感到迷惘和困惑。

● 理论依据

1. 什么是成就事件？

成就事件，是指成长过程中最有成就感或印象最深刻的事，也就是那些自己做过的、自认为比较成功或是感觉很不错的事情。这些事件不一定是工作或学业上的，也可以是工作学习之外的活动、家庭的生活等。所谓"成就"并不是我们一般意义上的"功成名就"，它不一定是惊天动地的大事情，可能只是一次默默品尝的胜利：成功地组织了一次小学同学的聚会，成功地完成了自己的减肥计划，帮助好友及时解决了问题，修好了坏掉的自行车，体重减少了 10 斤，这些都可以成为一个成就事件。

2. 成就事件的一般标准

成就事件一般需要符合以下的两条标准：一是你喜欢做这件事时体验到的感受；二是你为完成它而感到自豪。而别人对这件事情的认可或表扬，并不作为评价这件事情是否成为成就事件的标准，因此说成就事件的所有标准都来自自己，是近乎完全主观的评价。

3. 挖掘成就事件的意义

寻找一致性：理清自己的成就事件，分析出事件中来自你的能力的一致性，形成自己的能力圈。

形成可行性：挖掘出过往经历的优势，从而脚踏实地地、充满信心地保持优势、走向未来。

⊖ 活动实施

● 召开"我的高光时刻——讲述我的成就事件"主题班会

1. 课前准备

（1）SAW 模型介绍：教师介绍讲述成就事件过程中要用到的工具——SAW 模型。在英语中 SAW 是看见的英文 SEE 的过去式。这个 SAW 模型就是让我们更好地看到我们的过去。

可以通过图片直观地了解此模型。

这是一个结构化的提问工具，分为三部分：故事（Story）、优势（Advantage）和智慧（Wisdom）。

能力探索 Saw 模型

故事，是让我们更好地澄清成就事件，所以讲述者要尽可能地还原事件过程。优势，是通过探索这件事发现了自己的什么资源，它可能是自己的知识储备、自己的技能或性格特点。智慧，是面向未来的部分，它帮助我们去思考，如何将这个成就事件中发现的优势运用到未来。

（2）布置作业：请回顾你过往的人生中，将你最有成就感、印象最深刻的二三事，用 SAW 模型的结构方式讲述并分析你的成就事件。

2. 班会过程

（1）每名学生站到讲台中央，以脱稿演讲的方式向大家讲述自己的成就事件，介绍高光时刻的自己。

（2）讲述顺序安排采用双线结构，即班主任老师规定"一条龙"式讲述顺序，同时允许学生主动举手，提前完成自己的讲述。这样的安排一是保证班会的节奏，不浪费时间，二是可以筛选出有表现欲望、有挑战规则、有胆量的同学。

（3）班主任要及时记录并准备进行追问，如时间不允许也可将追问环节放于课后。

追问话术：

Story 故事（场景与行动）

哪些细节让你印象深刻？

是什么让你有成就感？

当时是什么情景，具体发生了什么？

你是怎么想的，做了什么？

最终结果如何？

你是怎么做到的？

Advantage 优势（不同视角）

你对自己有什么发现？

当时有哪些人，他们怎么看？

如果……（重要人物）知道会怎么评价？

我觉得你……（直接反馈）

Wisdom 智慧（迁移应用）

哪些场景域可以运用你的优势？

怎么能持续运用和突出这些优势？

这些优势会给你（的生涯发展）带来哪些价值？

在实际使用中，提问可以根据情况变换顺序，如果对方已经说出的内容可以省略。

案例演示：

学生王某（下简称生）：我想讲两个我的高光时刻，一个是因为我从小学习古筝，在学校的各种文艺表演活动中，我经常会有上台表演的机会，在舞台上的时刻是我的高光时刻。另一个是因为新冠肺炎疫情，作为初三学生的我，在今年的 5 月曾经历了一段封闭住校的时光。那个时候我同寝室有一个好朋友，她因为适应不了寄宿生活而产生了厌学厌世的情绪，每天总是哭，老师家长的劝说也无济于事，而我却成功地安慰了她，让她顺利地度过了那段时光。

师：第二个高光时刻中哪些细节让你印象深刻？

生：突然有一天她不哭了，反而笑着和我一起吃饭。

师：这个过程中什么让你有成就感？

生：同学的转变使我获得了成就感，并且是老师和家长都没有能够做到的事情，而我做到了，这让我更加有成就感。

师：你是怎么做到的？

生：我也跟她分享我内心的真实感受，告诉她我也很想家，我也不习惯住宿的生活，我也想过放弃，但是我不能退缩，因为未来还有美好的人生需要我现在的坚强与打拼。

师：你对自己有什么发现？

生：我原来一直以为自己很柔弱，但是通过这件事情，我感觉自己也有很坚强的一面，我第一次觉得自己是一个有力量的人。

师：哪些领域可以应用到你所发现的这些优势？

生：我想学心理专业，未来做心理医生。

师：这个事件给你带来了什么价值？

生：让我更加真实地认识自己，然后也带给了我职业上的一种方向与选择。

信息总结：王某同学有艺术特长，有较丰富的舞台经验，语言表达能力较强，兴趣类型偏向于 S 型（社会型），有助人的追求。在安慰同学的事件中可见其共情能力很强，该名同学职业规划目标较清晰，心理医生这个职业也比较符合王某同学的能力与兴趣需求。

● 记录高光之我——成就事件周记

周记任务：每位同学准备一个本子，在扉页上写上"高光之我"的字样，以周为单位，每周至少记录一件自己的成就事件。

案例演示：

王某：回家周时，自己带着大大的行李箱从六楼下来，又一路周折才回到奶奶家。奶奶家在五楼，到了楼下已经很累了，好不容易拿着行李箱搬到了四楼，在四楼遇见了邻居奶奶拿着很多东西准备下楼，虽然我已经累得没有力气了，但我还是放下自己的行李箱，帮邻居奶奶把东西送下了楼。晚上吃饭时，邻居奶奶送了一大盘饺子过来，说是专门为我包的，那一刻我很快乐，也很高光。

马某：英语老师一直记不住我的名字，我就想办法上课多回答问题，可是两天之后，老师仍然没有记住我的名字，我就利用下课时间去找老师背单词。后来老师在楼道里碰见了我，很亲切地喊我的名字，与我打招呼，那一刻我很有成就感。

杨某：我这一周的高光时刻在周一的班会上。给我感触很深的就是班主任提到了我以前在军训高光时刻说过的话。我当时说的是"我在小学和初中都是小透明，没有人看到我的好，希望在高中能被老师和同学们关注"。没想到老师还能够记得我说的话，并且在班会上老师的眼睛分明是瞅着我说的。我当时真的感到很惊讶：我被大家关注到了。其实对于很多人来说没有这种共鸣，但对于我来说，我希望被大家发现，希望被爱，也想要得到大家的喜爱。

↪ 总结反思

1. 以周记的方式坚持记录"高光之我"，既是对当下发生的成就事件的记录，也是对未来的"我"的一种塑造，实践过程中发现有的同学为了及时完成周记，他会刻意地去创造属于自己的高光时刻，比如，内向的学生会主动举手回答问题，也有的学生会在积极助人的过程中找到成就感。

2. 实践证明，成就事件既可以是过去时，也可以是现在时，还可以是将来时，它可以帮助我们去认识自己，塑造自己，去不断遇见更好的自己。

注：本文系秦皇岛市生涯教育现场会交流讲座之文字材料。

榜样——引导职业探索

——生涯规划主题教育活动案例

秦皇岛市新世纪高级中学　田学峰　刘磊　张芳

⊖ 基本情况

● 活动主题

榜样——引导职业探索

● 活动类型

学校课程资源

● 适用年级

普通高中高一年级（选科分班前）

● 活动目标

1.通过与成功职场人物面对面交流，获得一些职场经验，初步了解某一职业的基本特点，提升职业环境认知，培养职业兴趣。

2.通过榜样引领，学生在体验中引发内省，促进自我探索，激发学习动力。

3.通过学习反思，学生尝试确定未来职业方向，形成个人"3+1+2"选科意向。

● 实施条件

1.学校开设生涯教育课程并成立相关管理研究机构，如成立学生发展指导中心、生涯规划学科教研组，也可明确某一处室部门负责生涯教育活动管理。

2.学校有容量较大的多个报告场地以及配套的多媒体设备。

⊖ 主题说明

1.主题目的

（1）落实高中育人新目标的需要。《基础教育课程改革纲要（试行）》明确提出："普通高中教育应为学生的终身发展奠定基础。"高中阶段是自我意识形成和发展的关键时期，高中学校必须为每一个学生的自主发展、个性形成提供人生指引和多元的成长路径，开展生涯规划主题教育活动可以发展自我概念。职业探索是生涯规划教育的一个重要组成部分，学生对职业广泛而深入的了解，有助于他们提早明确生涯方向。

（2）落实新高考综合改革的需要。河北省高考制度综合改革实行"3+1+2"选科制度，需要学生从高一年级开始就为自己的职业方向作出预设。开展生涯规划主题教育活动，着眼于学生在高中阶段所面临的成长与升学的特殊需求，培养学生以选择能力为核心的初步的人生规划能力，帮助他们顺利完成人生的初步选择，避免在选科和择业时的盲目性。

（3）激发学生自我学习潜能的需要。高中生如果在成长中找不到学习的方向，人生目标不明确，就会影响自我管理和自我发展，导致学习兴趣下降，学习动力不足。开展生涯规划主题教育活动，可以帮助学生明确未来的职业规划，提升学习动力，激发自我学习潜能。

2. 学习内容

社会职业探索认知。

3. 活动方式

职业体验活动，邀请来自社会各行业的成功职场人士，开设"职场人物大讲堂"，按照行业分场次举办典型职场事迹报告会。

4. 学科背景

生涯规划教育。

5. 设计理念

（1）新高考改革政策。新高考改革使高中生必须面对选科问题，"专业＋学校"的新高考录取方式也倒逼学生必须提前思考职业方向。

（2）生涯教育理论。提高生涯能力，为未来的发展作准备。生涯教育的首要任务是发展自我概念，个人的生涯计划或生涯决策行为是自我概念的一种实现，职业选择的核心动力来自自我概念的发展。

（3）体验式学习理论。"库伯经验学习圈"理论提出"体验——学习发展的源泉"，强调实践体验是学习的开始，把经验学习阐释为一个螺旋上升的循环程序，要有意识地让学生从具体的体验入手学习探索。

6. 突破亮点

生涯规划课程已经在高中普及开设，有的学校由于其内容和形式过于单一，很多学生对于生涯规划课并不"感冒"，上课积极性不高，以"榜样——引导职业探索"为主题，开展"职场人物大讲堂"生涯规划主题教育活动，突出学生的体验和参与，为高一年级学生们带来了不一样的体验。

⊖ 活动设计——前期准备

1. 调研确定方案

我校是一所城市普通高级中学，虽然是省级示范高中，但生源基础不理想，很多学生入学时不知道学习的出路在哪里，不清楚自己要学什么专业，不清楚将来要从事什么工作。学校通过生涯教育课程、企业参观考察、研学旅行活动和人物访谈等形式帮助高一年级学生进行初步的职业探索，学生的生涯意识已经被初步唤醒。但由于社会实践体验少，学生普遍缺少职业认知，面对"3+1+2"选科有很多困惑，需要引导学生进行职业探索，提升自我认知。通过对高一年级新生生涯教育基本情况调查分析，在生涯教育学科课所进行的初步生涯意识启蒙和自我探索的基础上，结合生涯学科教学目标和学生实际需求，确定"榜样——引导职业探索"主题教育活动目标，精心策划"职场人物大讲堂"主题活动方案。

2. 选聘职场主讲人

学校向社会公开征集生涯教育职场典型人物候选人，推荐在职业发展某一方面具有代表性的成功职场人士为活动报告主讲人。成功职场人士不仅包括取得荣誉称号的专业知名人物，也包括热爱本职岗位、有自我成就感的普通职场专业人士。以"生涯理念"为指导审核候选人事迹材料，考虑当事人的语言表达能力和个人意愿，兼顾行业、职业生涯的不同时期和年龄情况，筛选符合生涯教育目标的20名左右候选人，由学校颁发"特聘生涯教育讲师"聘书，明确双方的权利和义务，确定教育服务的内容要求。

3. 审核内容精心备课

积极响应高中生当前关心的职业探索问题，与报告主讲人反复沟通反馈，完善讲座内容。对主讲人报告内容材料和课件设计提出规范格式要求，选择与职业探索相关典型事迹，重点展示个人学生时代职业理想、专业选择及学习成长历程、工作业绩、工作岗位专业要求、职业精神和发展挑战等内容，报告主题突出选择的重要性。从真实案例具体细节着手进行情境化、过程化、多角度的提炼完善，然后加以概括化，以确保报告内容校本化、通俗化。审查多媒体视频、PPT 演示文稿课件并逐一提出修订完善意见。

4. 动员宣传组织协调

一是按照相同或相近行业划分场次，校内张贴分场次海报宣传，组织学生自主选择场次；二是利用生涯课强调活动的目的意义，动员学生提出自己最关心的问题，汇总反馈给报告主讲人；三是生涯教研组集体备课，培训各分会场主持人，对报告会主持和点评进行分工，突出活动主题，体现生涯理念，加强与报告主讲人协调配合；四是动员全校资源，统筹安排活动时间，提前召开专题会议，明确具体责任分工，多部门协调配合，安排场地和会务接待服务，共同完成准备工作任务。

5. 制订应急处置预案

制订活动安全和意识形态应急处置预案，把握意识形态主动权，防范可能出现的突发情况，按照要求向上级报备。

⊖ 活动实施——报告会程序内容

1. 主持人介绍主讲人

介绍主讲人学习经历和职业身份，突出主要荣誉称号和业绩成果，树立学习榜样，激发学生兴趣，直击学生的兴奋点与兴趣点。

2. 主题报告

真实感人的事迹，熟练的专业技能，体现主讲人爱岗敬业精神和自我成就感。重点突出行业入职标准、核心素质要求、晋升路径和发展挑战等，展示相关职业领域完整、准确的信息。结合个人职业规划之路、专业成长历程和内心感受，给高中生提出选科建议。

3. 互动交流

答疑解惑，积极回应高中生当前关心的职业认知问题，解答学生在高中学习、专业选择、职业准备方面存在的种种困惑。

4. 生涯教师点评

鼓励学生结合报告内容进行自我反思，分享奋斗经历，树立良好榜样，感悟人生真谛，激发学习动力。帮助学生调整学习心态，布置实践反思作业，培养职业兴趣，对学生选科准备和职业实践体验进行引导。

5. 巩固跟进

一是鼓励学生与报告主讲人建立经常联系，对感兴趣的问题进行个别咨询；二是通过问卷调查和现场满意度表现，评估报告效果，选拔优秀主讲人组建我校"生涯典型人物讲师库"，将各位报告主讲人的职场真实事迹编辑为资源案例，为更多高中生提供间接经验；三是重视信息宣传，通过媒体宣传报道，拓展活动效果；四是活动深化推进，在生涯课上分享学生聆听报告会的收获感想，同时结合前期的学生自我探索，安排学生利用休息日完成一次职业实践体验活动，尝试选定个人职业方向，进一步促进内省与反思，为"3+1+2 选科"作好充分准备。

⊖ 总结反思

在学校的全力支持保障下，依据主题活动计划方案，我们顺利开展了"榜样——引导职业探索"主题教育活动。活动达到了预期目标，在随后学校组织"3+1+2 选科"分班过程中，高一年级学生普遍反馈"职场人物大讲堂"活动影响很大，主题教育取得明显成效。我校已经连续组织两届高一年级学生参加"职场人物大讲堂"生涯规划主题教育活动，在实践反思中不断改进，我们认为以下关键环节需要特别关注。

1. 精心规划设计，突出生涯教育目标

"榜样——引导职业探索"主题活动不仅是一项分场次报告会，它需要生涯课堂教学和实践体验活动的前期支持。"职场人物大讲堂"不是普通的信息接收行为，也不能办成励志教育活动，是生涯理念指导下的职业探索活动，活动目标要突出"梦想、适应、选择、发展"等关键词，通过分享体验职场真实案例，引导学生进一步认识自身的职业潜能优势和不足，尝试多维度地剖析自我，发展形成职业兴趣，思考和规划自己的未来职业方向，激发学习行动力量。

2. 关注学生选择，突出学生主体地位

随着高考综合改革的稳步推进，中学生拥有了更多的自主选择权，同时开设多场次报告，取舍的过程中也是一次决策训练。大讲堂不是简单的"我说给你听"，而是与成功的职场人物"零距离"交流，主讲人服务于学生需要，学生带着问题学习，报告过程的准备、实施和结束后，都有互动交流机会。"职场人物大讲堂"生涯教育主题活动突出体现了高一年级学生在体验式活动中的主体地位。

3. 挖掘身边典型，充分利用校友资源

公开征集"职场人物大讲堂"主讲人，表现最积极、主动承担主讲任务的是校友和家长。优秀校友解读不同职业特点，分享个人职业体悟，为学弟学妹们的选科提供更广阔的思考空间，为学弟学妹点亮一盏盏梦想的明灯，为他们走进职场、走向未来引航。

4. 服务中心任务，把握好活动的时机

如何科学决策是生涯规划成败的重中之重，"职场人物大讲堂"主题活动安排在高一年级选科分班之前，高一年级全员参加，其他年级自愿参加。活动前要安排必要的生涯唤醒，在普遍开展职场人物访谈基础上，确定为学校选科分班前的常态化生涯规划教育主题活动课程。

生涯教育，我们走在大路上；生涯教育，我们愿做探路者。面对新的形势，我们还需要不断总结经验，持续的实践反思，不断完善优化，争取将"榜样——引导职业探索"主题"职场人物大讲堂"打造成我校生涯教育实践活动体系中的特色品牌课程。

为成长为未来

——秦皇岛市新世纪高级中学生涯规划设计展示比赛活动实施方案

秦皇岛市新世纪高级中学　康曙光　田学峰

⊖ 基本情况

● 活动主题

为成长为未来

● 活动类型

生涯规划设计方案个人展示

● 适用年级

普通高中高二年级（选科分班后）

● 活动目标

1. 反思、总结个人的选科过程，坚定信心，树立更加明确的学涯目标，作好合理的人生规划。

2. 给高一年级学生在选科分班中提供可借鉴的案例，支持高一年级新生顺利完成自己的选科。

● 实施条件

1. 高二学生已经经过了一年的生涯探索，包括高一上半学期的生涯课和下半学期的各种生涯活动，经过了选科和调整，掌握了一些基本的生涯知识，有一定生涯规划的能力和基础。

2. 学校有生涯教师团队观摩过浙江省中学生生涯规划大赛，对学生可以进行指导和点评。

3. 学校有可容纳近700人的学术报告厅，配套的多媒体设备。

⊖ 主题说明

1. 主题目的

生涯规划的主要目的在于唤醒个人意识，不断成长，迎接未来的挑战。"为成长·为未来"生涯规划大赛就是通过学生的生涯探索，明确和梳理自我的内生涯，越发清晰地了解外部职业世界与高中学习生活的联系，更加促进学生学习的内驱力，不断完善自我，成长为更好的自己。

2. 活动方式

以生涯规划个人演讲比赛的方式展示自我认知、高中选科、专业方向和职业目标。

3. 学科背景

生涯规划教育。

4. 设计理念

新高考改革的到来让每一位高中学生都必须认真思考自己的学涯和职业生涯规划。在高一年级一年时间的学习生活结束后，选科分班已经是既定事实。面对"3+1+2"模式的 12 种选择，学生需要对去年一整年的学习生活状况加以反思和总结，回顾自己的收获，反思自己的不足。认真作好未来两年直至高考的学涯规划，并对将来大学选专业和就业方向作好规划，在不断探索内心世界和外部职业世界的同时，适时调整，努力做到"回顾过往不后悔，面对未来不彷徨"，成为一个更好的自己。

5. 突破亮点

不同于以往的生涯课程，生涯规划设计大赛更侧重于学生对职业世界与大学专业、高中选科及当下学习生活的联系。通过不断探索，学生更加清晰自己的兴趣导向、职业价值观及欠缺的职业素养和职业能力。在今后的学习生活中会有侧重、有意识地不断提高不断调整，这种由"被动地接受安排"到"主动地规划人生"的变化对于学生的成长是极为有利的。

⊖ 活动实施过程

调查问卷、筛选优秀问卷、座谈征集意愿、培训指导、初赛阶段、决赛阶段。

1. 设计决策规划表

经过了一年的生涯课程学习，学生已经面临选科走班，根据学生对内生涯和外生涯的探索过程设计了学生"选科"生涯规划辅助决策。（见附）

2. 全员参与完成规划表

生涯教师先召集班长进行生涯探索决策规划表的填写培训，然后由班长对班级学生进行决策规划表的培训，学生根据自己分班选科前的探索过程和职业倾向认真填写该表。

3. 面试座谈，重点培训

（1）召集决策规划表完成比较优秀的同学进行座谈，播放浙江省中学生生涯规划大赛特等奖视频，说明举办大赛的目的既是自我目标的进一步确定，也为给其他同学启示和引领。随后了解学生个人参赛的意愿，将参赛意愿强烈的同学纳入重点培训对象。

（2）经考虑后愿意参加生涯规划设计大赛的同学，上交生涯规划书，对未来职业—大学专业—高考选科进行逐一分析，对自己的兴趣、性格、能力、价值观进行剖析，对如何践行梦想提出具体办法。

（3）生涯教师根据学生提交的生涯规划书，有针对性地召开座谈会，指导学生重视内生涯和外生涯的结合。对于职业的认知不要只看到光鲜的一面，更要了解这个职业背后的艰辛，并要了解自己与这个职业之间的能力差距，需要在今后的学习生活中如何提高自己。（生涯规划书要求见附）

4. 参加生涯规划方案展示大赛

首先，选手做自我介绍，并展示职业规划PPT，同时对PPT作陈述演讲。时间限制在5～8分钟之内。将按选手自我认知、职业认知、目标及规划实施设计、语言表达及现场感染力、多媒体展示等项目评分。参赛选手可以向大家展示个人特长或者才能爱好之类，时间为1～3分钟，最长不得超过3分钟。

其次，PPT演讲结束后，现场评委可根据选手PPT内容提问，选手可以根据个人高考选科方向或者未来职业发展方向进行回答。

再次，生涯教师针对选手的生涯规划方案及回答问题的表现进行点评。

最后，由评委评分公布成绩。

⊖ 活动反思

生涯活动的设计一定要有针对性，符合新高考对生涯教育的要求，贴近学生的实际需要。高二学生经历了一个学年的生涯规划课程，已经初步了解了内生涯和外部职业世界的探索方法，虽然不够深入，但有一定的借鉴意义。通过生涯规划大赛给高一新生做一次生涯展示，既能更好地为自己的学涯和生涯规划进行必要的梳理，也可以让高一学生再一次生涯唤醒，提醒他们早作规划，避免选科分班时候的盲目和盲从。本次活动的实施极大地激起了高一学生对生涯课的兴趣，更好地为高一第一学期末的分班选科做好了铺垫和引导。

附：

学生"选科"生涯规划辅助决策表

姓名		班级			性别	
自我探索	兴趣类型					
	能力特长					
	性格类型					
	职业价值观前三项					
	家庭能够提供的资源支持					
	成绩好的学科					
	自己喜欢学科					
职业探索	重点探索职业岗位名称	适应或满意程度评估 * 备注一				探索方式 * 备注二
		社会需求	工作环境	职业要求	职业发展	
选科决策	测试、探索选择的过程					
	自己理想的职业					
	目标院校专业对应学科目录必选的学科					
正式选科方案 1+2						
个人梦想是什么？目标院校和自己选科理由及满意度						
如何提高学习成绩实现自己的高考目标：计划方案（如字数多可单附页）						

备注一职业探索之适应或满意程度评估 * : A. 非常适应或满意；B. 比较适应或满意；C. 一般适应或满意；D. 很不适应或满意；E. 非常不适应或满意。

备注二职业探索之探索方式 * : A. 职业人物访谈；B. 职业实践体验；C. 职业专业报告会；D. 网络查询学习等。

生涯规划书要求

1. 认识自我、准确定位

参赛学生需充分认识自我与外部环境，结合新时代对人才的需求取向及新高考选拔人才方式的变化来准确为自己定位。包括对自己兴趣、价值观、性格、能力以及未来就业机会、职业选择、家庭资源和社会变迁等外在环境的认识、评价。

2. 确立志向、设定目标

参赛选手需要考虑多方面问题，例如，我喜欢的学科是什么？我成绩好的学科是什么？这种选科组合对应将来的大学院校和专业是什么？我将来想从事什么职业？想到哪个城市工作，等等。确定自己的职业目标，并在实践过程中不断优化目标。

3. 对职业世界的探索

参赛选手需要对自己对向往的职业作相关探索。例如，这些职业的工作环境如何？需要哪些工作能力？工资待遇如何？

4. 制订详细的行动计划

为了能够实现自己的人生规划，现阶段需要做出努力。例如：计划采用什么措施提高学习、工作效率？计划学习哪些知识，掌握哪些技能，提高哪些能力？采取什么办法认识自我的能力，开发自己的潜能，等等。

生涯规划设计比赛评分标准

一、自我认知（25分）

自我分析清晰、全面、深入、客观，能清楚地认识到自己的优势和劣势；从个人兴趣爱好、成长经历、社会实践中分析自我；将个人能力、行事风格、职业价值观分析到位；自我评估理论、模型应用正确、合理。

二、职业认知（25分）

对未来心仪行业的发展前景及现状了解清晰，并且了解行业中的就业需求；对目标职位的工作职责、任职者所需技能等的分析到位，做到"人职匹配"；通过对外部环境的分析，能清楚认识到自己的优势和不足，及其对职业发展产生的影响。

三、目标及规划实施设计（25分）

职业目标确定和发展对应高中学业规划（选科）及升学路径（目标大学和专业），设计要符合外部环境、个人特质（兴趣、能力、性格、价值观）及学业水平要符合实际，可执行可实现；行动计划清晰，对保持优势补齐短板，全面提升个人竞争力有针对性、可操作性。

四、语言表达及现场感染力（15分）

发音与吐字清晰、语言流畅、层次清楚；内容丰富有条理，逻辑性强；用词恰当。

演讲充满激情，善于引导现场观众，肢体语言恰当、丰富，能够感染他人。

五、多媒体展示（10分）

多媒体展示PPT逻辑设计与层次清晰，对作品各项内容的关键点提炼得准确，有针对性。

职业探索谋划未来，专业聚焦助力选科

——秦皇岛市新世纪高级中学生涯职业探索系列活动案例

⊖ 基本信息

设计单位：秦皇岛市新世纪高级中学

活动方式：职业体验、考察探究、设计制作

组织实施：田学峰、刘磊、张芳、康曙光、查明

案例指导：张铁军

⊖ 背景分析

1. 问题提出

河北省高考制度综合改革实行"3+1+2"选科制度，"专业＋学校"的新高考录取方式倒逼高中生必须提前思考专业方向，需要从高一年级开始就为自己的职业方向作出预设。开展职业探索类综合实践活动可以帮助学生增强职业体验，助力学生制定发展目标，指导其顺利完成人生的初步选择，避免在选科时和志愿填报时的盲目性。新高考背景下的此项活动非常必要，满足学生的迫切需要。

2. 选题来源

本次综合实践活动课参考《中小学综合实践活动课程指导纲要》附录6《职业体验及其他活动推荐主题及其说明》10～12年级活动主题3"高中生生涯规划"。结合我校实际和学生发展现状，将其他学段的"职业调查与体验"（初中）、"找个岗位去体验"（小学）和本学段的"研学旅行方案设计与实施"（高中）相关主题统合"职业探索"主题，定位"选科分班"目标，进行校本化开发后综合呈现。根据学校选科时间安排，安排在高中一年级一个学期或两个学期实施。

3. 学情分析

我校是一所城市普通高级中学，虽然是省级示范性高中，但生源基础不理想。学生的生涯意识虽已被初步唤醒，但由于社会实践体验少，学生普遍缺少职业认知，面对"3+1+2"选科有很多困惑，很多学生入学时不知道学习的出路在哪里，新高考下的志愿填报和选科有哪些变化，从高一起要作什么准备，如何结合自身的学科能力、兴趣方向进行选科，如何提前了解职业作好规划，高中学科与大学专业之间有什么关联，在种种问题面前，学生大都是茫然无知的。因此，在生涯教育学科课所进行的初步生涯意识启蒙和自我探索的基础上，结合生涯学科教学目标和学生实际需求，需要引导学生进行职业探索，提升职业认知。

4. 学校资源

职业探索是生涯规划教育的一个重要组成部分，我校是"河北省高中生涯规划实验学校"和"秦皇岛市高中生涯规划工作室"基地学校，已经制订了"生涯规划教育课程实施方案"，开设了生涯规划教育必修课，具备了组织生涯教育主题综合实践活动的师资条件。在生涯理念的指导下，形成了"职业—专业—学业"选科思路指导系统，通过精心设计开展"职业探索"为主题的综合实践活动，引导学生结合自身兴趣、爱好、个性、潜能，积极探索职业发展方向，为未来发展打下坚实基础。

5. 活动方式及条件保障

主题综合实践活动以职业体验方式为主，同时包括考察探究、设计制作和社会服务方式。我校建立了校外社会实践基地，聘请了多位职场成功人士为"特聘讲师"，校内有容量较大的多个报告场地，配套的多媒体设备，具备组织活动的相关条件。

⊖ 活动目标

以培养学生综合素质为导向，统合综合实践活动"价值体认、责任担当、问题解决、创意物化"四项目标，具体完成如下目标任务：

1. 通过真实经历和体验，加深学生对职业的独特性了解，促进自我概念的形成。

2. 深入了解感兴趣的职业，初步获得对相关职业的认知。

3. 明确社会职业与大学专业的关系，初步确定自己的职业方向。

4. 运用生涯理念，自己作出选择，完成个人的选科方案。

5. 加深对劳动创造价值的理解，形成正确的职业价值观。

⊝ 实施过程

● 环节一：唤醒准备（新生开学一个月内完成）

1. "入学首日即生涯启航"。以为高一新生量身设计的收纳面谈活动导入生涯教育主题，调查采集学生成长经历中的关键信息，面谈启蒙生涯意识。引导新生入学第一天便开始思考自己的未来，初步唤醒新生的生涯意识。

2. 优秀校友事迹报告。新生军训期间请优秀校友分享个人职业体悟，梳理高中学习特点、专业选择、职业特色等生涯信息。

3. 组织"成就事件"主题班会。鼓励学生在讲述个人成就事件的过程中挖掘个人潜能，树立信心，为未来引航。

4. 明确职业探索体验的意义和目标。通过生涯教育课指导学生自我认知的理论和方法，教给学生职业探索的调查方法、人物访谈的技巧等。

● 环节二：制订方案（总体方案开学一个月内完成、分项目方案活动前一周完成）

1. 调研制订方案。通过对高一年级新生生涯教育基本情况调查分析，在生涯教育学科课所进行的初步生涯意识启蒙和自我探索的基础上，结合生涯学科教学目标和学生实际需求，精心策划综合实践主题活动方案，安排职业探索活动任务。

2. 动员宣传组织协调。调动全校资源，明确具体责任分工，多部门协调配合，统筹安排活动时间，共同完成准备工作任务。校内张贴海报宣传，组织学生自主选择活动项目。

3. 制订应急处置预案。制订活动安全和意识形态应急处置预案，防范可能出现的突发情况，按照要求向上级报备。

● 环节三：体验探索

1. 安排学生个人考察体验（最少一个月时间）。利用周日和国庆假期，高一年级生涯学科课以家庭作业的形式明确三项学生个人考察体验任务：一是职业人物访谈，学生自己选定访谈人物，初步了解该人物的职业特点，提升职业环境认知，培养职业兴趣；二是走进大学校园，与大学生面对面沟通，亲身体验大学校园生活，了解大学专业设置，了解不同的学科和专业今后的就业方向；三是社会职业实践服务，学生选择一种职业进行为期一天的职业体验，深刻体会普通劳动者工作的艰苦，培养职业意识和职业情感，探索未来职业发展的切入点。实施过程中，注重家校配合，要求家庭资源提供支持。

2. 统一组织企事业体验考察（高一年级第一个学期完成）。与正大食品有限公司、市中心血站、康泰医学等企事业单位取得联系，共建社会实践基地。分批组织高一年级学生走进不同领域、不同类型的社会实践基地，实地参观考察生产流程，聆听人力资源负责人解读公司核心岗位特征，由各重点岗位人员与学生们分享岗位心得和职业经验、求职心路等，拓展学生职业认知。

3. 精心组织研学旅行活动（高一年级第一个学期完成）。我校将研学旅行与生涯教育有机融合，先后在高一年级组织"一朝步入西安，一日读懂千年""传承红色基因，根植爱国情怀""铭记历史，筑梦未来"等体验式研学旅行活动。开阔了学生的视野，增强了学生的自理、实践、创新等生涯管理能力，让学生在行走中体验，在体验中成长，激励学生反思，理性规划自己的学涯目标。

● 环节四：引领升华

1. 典型示范引领职业人物大讲堂（个人考察体验完成并组织分享后安排，按照职业分类多场次2课时进行）。积极响应高中生当前关心的职业探索问题，精心选择、邀请成功职场人士，按照行业分场次举办典型事迹报告会，组织高一年级学生根据个人兴趣选择参加。真实感人的事迹，熟练的专业技能，体现主讲人爱岗敬业的精神和自我成就感。主讲人结合个人职业规划之路、专业成长历程和内心感受，给高中生提出选科建议。并通过互动交流，答疑解惑，积极回应高中生当前的种种困惑。生涯教师点评，对学生选科准备和职业实践体验进行引导。通过榜样引领，学生在体验中引发内省，促进自我探索，激发学习动力。

2. 邀请大学生进高中校园（职业人士大讲堂完成后进行，全体参加报告1课时，按专业分类多场次2课时）。与东北大学秦皇岛分校"学霸公益团队"建立合作共建，每年邀请东大学生走进高中校园，解读本院系各专业核心课程与高中各学科的关系以及如何为高中与大学衔接作准备等问题。与高一年级学生互动提问，户籍在首批高考改革实验区——上海市和浙江省的大学生还分享了自己高中选科的经验和教训。"面对面"专业探索活动让高中生对大学专业与高中选科的关系有了更深层次的认知，明确了要用专业的规划来成就精彩的未来。

3. 组织选科讲座团队辅导（模拟选科前安排，按照学科分 6 场次同时进行，重复安排组织 2 场，安排在晚自习进行，学生根据自己的意愿选择可完整参加 2 个学科场次）。在模拟选科前，教务处精心准备，举办了选科指导讲座。由物理、历史、政治、地理、化学、生物学科的教研组长分 6 个会场为高一年级学生培训。6 个学科各讲两场，学生根据自己的意愿选择参加。分别介绍本学科的学科素养、学科特点、课程标准和高考考纲对应的重点，高二分科后学习内容和难度挑战，大学对应专业等。实地了解不同的学科和专业今后的就业方向，让每个孩子在将来选学科填志愿的时候，强化与职业探索的联系。各学科教师接待学生个别咨询。

● 环节五：反思物化

1. 教师指导反思交流（单项活动结束后生涯课跟进安排）。通过团队辅导和个别指导咨询，指导高一年级学生分析职业体验，引导学生进一步认识自身的职业潜能优势和不足，尝试多维度地剖析自我。

2. 制订个人选科方案（表格形式，生涯教师指导下 1 课时完成）。综合自我认知、职业探索等因素，指导学生尝试确定未来职业方向，形成个人"3+1+2"选科意向。

3. 组织生涯规划设计比赛（选科后进行，活动结束后一周安排选科调整）。通过个人申报、班级初评、年级比赛、全校观摩的形式，组织生涯规划设计比赛。展示自己的学科选择和职业规划，反思自己的选科方案，激发学习行动力量。

⊖ 效果评价

● 成果分享展示

个人考察和体验、企业体验考察和研学旅行活动要求统一表格物化反馈，在生涯课上内部交流，分享各项目职业探索收获与感悟，推进活动深化。作业提交和分享展示数据分析列为评价指标。

● 典型案例提炼

通过问卷调查和现场满意度访谈，评估活动效果，将优秀活动分项目进行提炼，编辑为精品案例，为更多高中生提供间接经验。案例完成数据列为评价指导。

● 物化选科方案

要求每一名高一年级学生完成选科方案。在制订选科方案时"是否体现了职业探索综合实践活动的支持"和方案的按时完成率列为评价指标。

⊖ 活动反思

在学校的全力支持与保障下，依据综合实践活动计划方案，我们顺利开展了"职业探索"综合实践活动，活动达到了预期目标。在随后学校组织的"3+1+2"选科分班过程中，高一年级学生普遍反馈"职业探索"活动影响很大。新高考改革启动后，我校连续组织两届高一年级学生参加"职场探索"综合实践教育活动，在反思中不断改进，我们认为以下关键环节需要特别关注。

● 全校协调动员，不断优化实施条件

学校开设生涯教育课程并成立相关管理研究机构作为系列综合实践活动的重要保障。需要生涯学科教师的前期规划和后期指导支持。目前，2020 年的部分活动因当前疫情防控的要求，有些活动受到限制，只能简易组织安排，影响了活动的效果。例如，大学校园封闭管理后，进入大学校园有限制，只能变更为"面对面访谈大学生"。

● 强化主体地位，突出生涯教育目标

在活动中，学生有充分的自主选择权，体现了学生的主体地位，鼓励学生进行个性化体验。"职业探索"综合实践活动需要生涯理念指导，活动目标要突出"梦想、适应、选择、发展"等关键词，不仅关注"选科和志愿填报"近期目标，更立足未来长远发展。如果自我认知指导不到位，学生参加职业体验缺少理论指导，影响活动效果。

● 服务中心任务，把握好活动的时机

生涯规划教育的主要目标是发展自我概念，如何科学决策是生涯规划成功的重中之重。职业体验的三项活动不是顺序安排，是根据实际情况和学生个体愿望，交叉进行的。根据我校选科分班计划安排，2018 级组织活动的时

间安排为一学年，2019级组织活动的时间安排为一学期，保证在高一年级选科分班之前结束。

全新的职业体验活动给学生们带来了全新的认识，拓宽了学生的职业视野，很多学生由此明确了未来的职业方向。通过调查反馈我们发现，越来越多的学生接受和喜欢这项活动，这门课已经成了老师、家长和学生谈论的热点。以职业探索为主题的综合实践活动已经确定为我校选科分班前的常态化生涯规划教育活动，希望通过不懈努力，将"职业探索助力新高考选科"打造成我校综合实践活动体系中的特色品牌课程。

附：

新世纪高中高一年级新生生涯规划教育情况调查问卷

班级：　　　姓名：

高一年级各位同学：

为了帮助各位新生顺利适应高中学习生活，以便为规划未来学业发展提供可靠的数据和建议，我们进行一项有关高中生生涯规划方面的调查活动。本问卷将安全地保护好您的个人信息，希望大家如实认真回答。谢谢大家的配合！

一、基本信息：单选题（请将选择字母汇总到对应空格内）

问题序号	1	2	3	4	5	6	7	8	9	10
答题结果										

1. 你是否了解生涯规划的相关知识（　　）

A. 非常了解　B. 了解　C. 不是很了解

D. 一点也不了解　E. 没有考虑过

2. 你是否了解自己的兴趣和特长（　　）

A. 完全清楚　B. 较清楚　C. 不清楚　D. 很不清楚　E. 完全不清楚

3. 你是否了解自己的优点和缺点（　　）

A. 完全清楚　B. 较清楚　C. 不清楚　D. 很不清楚　E. 完全不清楚

4. 你认为以你现在的学习基础，通过高中三年的学习，可能对应考上哪个层次的大学（　　）

A.985 或 211 名校　B. 重点院校　C. 普通院校　D. 专科院校　E. 不清楚

5. 如果将来读大学的话，你现在是否知道自己喜欢和适合的学科专业
（　　）

A. 完全清楚　B. 较清楚　C. 不清楚　D. 很不清楚　E. 完全不清楚

6. 你今天上课之前是否考虑过自己的职业梦想（　　）

A. 完全清楚　B. 较清楚　C. 不清楚　D. 很不清楚　E. 完全不清楚

7. 你认为高学历和低学历的人的最大区别在于（　　）

A. 为人处世　B. 个人素养　C. 工作能力　D 知识水平　E. 以上四项目
全包括　F. 其他

8. 你觉得上普通高中最重要的一项是（　　）

A. 学习知识　B. 提高能力　C. 前两项都重要　D. 与初中一样听家长的
E. 其他

9. 你认为对自己的未来高考目标选择，最优先考虑的关键因素主要来自
（　　）

A. 父母亲友的期望　B. 学校的教育和培养　C. 周围同学的意见　D. 社
会舆论评价　E. 自己的愿望　F. 国家政策　G. 学校老师的指导

10. 初中升学到高中，你认为应该如何适应高中的学习生活（　　）

A. 自然适应　B. 自己主动调整　C. 家长老师的帮助　D. 向同学学习
E. 总是不适应

二、简答题

1. 你对新世纪高中印象最深的是什么？最喜欢哪些方面？

2. 你知道新高考改革"3+1+2"选科信息吗？请列举。

3. 适应新的高中的学生生活，你有哪些具体的困惑问题和需求？

A. 晚自习等自主学习方面：

B. 与学科的老师配合方面:

C. 住校等生活自理方面:

D. 处理与同学的关系方面:

E. 时间管理方面:

4. 你最喜欢哪几个学科（最多三个学科，依次排序）？简单说明理由。

5. 上高中就应该有高考升学梦想！你心中确定的理想大学是哪所？大学最想学的专业是什么？（如果不清楚，如实回答）

6. 如何规划自己的高中学业，你最大的困惑是什么？希望学校老师给你哪些方面的指导？

秦皇岛市新世纪高级中学职业人物访谈记录表

访谈目的：通过成功职业人物访谈，了解社会职业的特点，帮助自己清楚地定位理想职业，发现未来职业发展的切入点，制定更加合理的学习计划以及科学选科、报考专业。（建议通过家长或教师的社会关系联系一个自己可能感兴趣职业的专业人士进行访谈）					
被访者基本信息					
被访者姓氏:	性别:	职务/职称:		职业种类:	工龄:
毕业院校:		学历:	所学专业:		
工作单位:			主要成就:		

访谈内容（访谈实录）

问题1：您是如何找到现在这份工作的？ 从事本工作多少年了？

问题2：目前本行业内要求从事这份工作的人刚入职一般应该具备什么样的学历层次？

问题3：您认为做好这份工作应该具备哪些专业知识和技能？

问题5：据您所知，从事这种工作的人在单位或者行业内发展的前景怎样？

问题6：您工作中一天通常要做些什么事情？关键环节和挑战是什么？

问题7：目前该职业初入职工作阶段的每月的薪水范围是多少？

问题8：个人评价该职业岗位的优势和劣势各是什么？

问题9：从事这份工作实现了您的人生价值吗？家庭对您现在的工作满意吗？

访谈总结收获
一、对被访者职业岗位的印象和评价（正面和负面）
二、个人感受（是否愿意从事本职业）
被访谈人反馈意见（职业选择建议）

姓名：	年级：	班级：	访谈时间：

秦皇岛市新世纪高中学生访谈大学生记录表

被访谈大学生姓氏		性别	
高中学校	考入大学		
所学专业		高考分数	
高中时优势学科			
高中时职业理想		选科	
志愿填报最想上大学			
志愿填报最想学专业			
对现就读大学的评价			
大学最难学课程			
本专业就业方向和自己职业理想的关系			
提问其他感兴趣问题			
大学生给高中生选科建议			
个人收获感悟			
预设个人选科倾向和高考院校层次目标			
访谈人		班级		访谈时间	

秦皇岛市新世纪高级中学学生假期职业体验报告表

姓名			班级		
体验单位				体验时间	
体验岗位					
体验目的					
职业体验过程（一个工作日内按时间顺序填写）	具体时间段		完成的具体任务		
本岗位需要哪些专业能力	对学历的需求				
	对专业的要求				
	对学校层次的要求				
本岗位需要哪些核心的职业精神					
本岗位体验过程中让你印象最深刻的事情					
职业体验收获与感悟（可另附页）					
接待单位负责人评价					
备注					

入学首日，让生涯启航

——新世纪高级中学 2018 级新生注册生涯规划教育实施案例

秦皇岛市新世纪高级中学　张芳　车文友

⊖ 基本情况

● 活动主题

新生注册期间的收纳与面谈

● 活动类型

学校课程资源

● 适用年级

高一新生

● 活动目标

1. 建立信任关系：让学生和家长喜欢、信任、敬畏学校，争取让家长放心孩子在我校学习，新生愿意到我校上学。

2. 收集关键信息：包括家庭信息和学生独特性格、价值观及特殊体质等有效信息，为筛选特长和特殊学生提供依据。

3. 唤醒生涯意识：在理想大学、理想职业等问题的回答中，引导学生思考未来人生规划。

● 实施条件

学校图书馆地点相对独立，利用一楼楼道空间，两门分别出入，不让新生和家长走回头路。

⊖ 主题说明

坚持"做最好的自己"的办学理念，为学生的终身发展奠基。新生注册工作要实现学生教育的多维目标。学生踏入学校大门的第一步，生涯教育就开始了。坚持以生为本，应用生涯教育理念，把握注册契机，初步唤醒新生的生涯意识，为新生适应三年的学习和学校三年教育管理作充分准备。

⊖ 活动设计——前期准备

● 整体思路

1. 新生注册工作由学校统筹安排，教务处牵头（专门的工作计划安排）负责，德育处、总务处、党办、安保处、信息中心、年级组等多部门分工合作，协调配合，共同完成任务。将生涯教育相关内容列为注册流程之一。

2. 整体体现生涯教育的展示内容：严谨的注册流程、热情的态度和周到的服务、规范的学校管理、丰硕的办学成果、一流的办学条件、教职工积极的精神面貌，等等。

3. 实施生涯教育内容：主要通过"收纳面谈"环节实现，由年级组具体负责，"生涯规划"课题组成员提供理论和技术支持，现场观察指导，年级主任、全体新高一年级班主任和部分志愿教师在现场实施。

● 收纳面谈步骤及要求

1. 工作地点：地点相对独立，单独安排较大室内房间（建议图书馆二楼最大的空房间），保证过程流畅，争取不让新生和家长走回头路。

2. 面谈流程：接待领取面谈表—新生个人独立填写—单独一对一面谈问询—背景墙照相（如陪同家长合影）—完成离场（扫《新生情况详细调查表》二维码，回家完成后提交）。

3. 关键信息采集处置。根据学生面谈表的个性化信息和现场面试表现，就关键信息进行具体化核实，提出改进建议，并以简单符号形式记录，提出初步安置及管理建议。年级组将特殊信息分类统计，作为班主任深入了解学生和班级管理依据。面谈表和注册当日照片归档整理到学生的成长档案中。

● 收纳面谈表和调查问卷的编制

1. 收纳面谈表：设计询问家庭成员、个性特点、特殊体质、心理测试等5个左右问题，要求新生现场限时个人独立完成。参与收纳面谈的班主任根据测试的结果，就某方面特殊情况进行具体化面谈，核实关键信息。

2. 扫码网络调查问卷：在入学报到须知中产添加二维码，手机扫描后进入答题界面，完成后提交，自动生成统计数据。问卷内容设计要充分征求班主任意见，目的是掌握学生的全面信息。例如，学生和家长的多种联系方式；兴趣、爱好及特长；曾经对自己影响最大或者最成功的事（成就事件）；

未来高中三年对自己的规划设想等。

⊖ 相关事宜

1. 培训学习。新生注册前要确定好新高一班主任人选，提前进行生涯规划教育理论和技能培训，明确目标，掌握基本的面谈技巧，认真编制好调查问卷。

2. 环境优化。参与当天注册、面谈及全体接待的教职员工要注意个人仪容仪表及待人接物的态度，以最优的精神面貌树立我校教师的良好形象。有关部门提前准备，做好卫生环境、学生纪律要求，在食堂、宿舍及体育馆部分区域迎接家长参观。

3. 跟进落实。分班后军训报到前及时将收纳面谈收集到的资料分配给对应的新高一班主任，为开学后班主任管理提供参考信息。军训方案中要有相关生涯教育内容的安排。

4. 开学后如果补录学生，除了要执行以上注册的流程外，还要进行专题感恩教育和纪律教育，让学生感谢学校给了上学的机会，并遵守学校的纪律，争取"留得住，学得好"，为年级的管理和学校和谐稳定发展创造良好的环境。

5. 合影留念区背景墙的设计，要体现学校的办学理念；要有欢迎词；考虑到节约，以后新生注册继续使用，尽量不写哪级新生；有留出学生写姓名的位置，照相后整理编号，发给班主任提前熟悉学生的情况。

⊖ 总结反思

在学校各部门的支持与配合下，高一新生收纳面谈活动顺利进行，活动达到了预期目标，共收集 678 份学生个人资料，对注册新生的家庭情况、心理状况、学习习惯、性格特点、生涯规划意识等方面有了初步的了解，收纳表将作为新生成长档案的第一页，便于新高一年级班主任对新生有所了解。面谈环节初步筛选出部分学生可能有身体、心理方面的问题，需要班主任老师重点关注，给予更多的帮助与关心。

活动有序进行，家长们认为我校理念先进，敢于创新，尊重学生差异，关注学生成长，使学校在在场家长心中留下了很好的第一印象。

整场活动时间较长，导致注册工作进行缓慢，可以考虑将时间调整为新生入学后在军训期间完成。

附：

新世纪高级中学 2018 级新生成长档案调查问卷

亲爱的同学，当拿到这份问卷时，你已成为秦皇岛市新世纪高中的一员，我代表全体师生欢迎你！为了完善你的成长档案，现在请你放松心情，静静地回答下面的问题，一定要认真填写哦！

姓名：　性别:（男）/（女）　注册编号：

1.《西游记》中下列人物你最想成为哪一个？（　　）

A. 孙悟空　B. 猪八戒　C. 沙僧　D. 唐僧

2. 你与谁一起旅游去过最远的城市（　　）

A. 父母 省内　B. 父母 国外　C. 父母 省外　D. 朋友 省内

E. 朋友 省外　F. 朋友 国外　G. 其他人

3. 你有没有莫名其妙感到烦躁，情绪低落，浑身无力（　　）

A. 经常　B. 偶尔　C. 从没有

4. 你长期与谁一起居住（　　）

A. 父亲　B. 母亲　C. 父母　D. 姥姥姥爷　E. 爷爷奶奶

F. 自己　G. 其他人

5. 在你成长过程中，你心里最感激的是谁？（　　）

A. 父亲　B. 母亲　C. 老师　D. 自己　E. 朋友　F. 其他

6. 你认为学习是（　　）

A. 学习知识是必要的环节，可接触新人新事物

B. 没感觉，别人学我也学

C. 必需的，不认真学习将来很难生存

D. 不必要的，只要家里有钱就不用愁

7. 假如你遇到不顺心的事，你通常首先会向谁倾诉（　　）

A. 家长　B. 老师　C. 朋友　D. 其他

8. 你在课堂上被老师冤枉了，你首先会（　　）

A. 在课堂上说清楚　B. 课后和老师沟通

C. 在心里生气　　　D. 用自己的方式发泄不满情绪

9. 你认为决定你学习成绩最关键的因素是（　　）

A. 学习方法　　　　B. 自己的努力程度

C. 老师的教学水平　D. 学习目标明确　　E. 其他

10. 今天你已经成为一名高中生了，考上理想的大学将成为你努力学习的目标，根据自己的学习实力和兴趣爱好，请写出你最想考上的大学名称（　　），将来最想从事的职业名称（　　）。

11. 请发挥你的想象力，从下面给出的词语中选取三个或三个以上的词组成一个句子。

男孩　女孩　兔子　老虎　猫　餐厅　学校　医院　剪刀　日记本　啤酒　枪

12. 请画一棵你心中的大树：

13. 你患过的最严重的疾病：　　　　　　　　（如实填写）

14. 如果有其他特殊情况或特殊需求请告知老师：

2018 级新生生涯教育调查问卷分析报告

调查问卷共包含 14 道小题，除去第 14 题，其余 3 道题可以分为八类：

第一类，2、4、5 题，主要涉及对学生家庭状况的调查。第 2 题是对家庭经济情况的隐性调查，选和父母同去占 91%，省内 63%，省外 31%，反映出 94% 家庭经济状况一般是普通家庭，因今年北三镇招生，农村孩子多，经济条件一般。第 4 题是对家庭成员构成的调查，A 父亲（2%）、B 母亲（8%）、C 父母（85%）、D 姥姥姥爷（2%）、E 爷爷奶奶（3%）。选 A 或 B 可能是单亲家庭，选 D 或 E 可能是父母外地打工的留守儿童甚至是孤儿，还需要年级和班主任在平时多观察，如果能确定是这类学生要给予更多的关怀。第 5 题，选 A、B、C 三项的占比达 97%，对于选其他答案的同学要找时机了解背后的原因。

第二类，第3题，是对学生心理情绪状况的调查。有3%的同学选择了C，这类学生的心理情绪应该得到重点关注。

第三类，第6、9题，是有关学习态度、学习习惯的调查。第6题，选C和D的同学占9%，反映出这一部分同学处于被动学习的状态，学习的内驱力不足。第9题，选B的同学占53%，反映出学生学习的基础差、动力不足，没有明确的目标，需要教育引导。

第四类，第1题，是有关学生性格情况的调查。分析结果时要注意，学生的选择可能是正向的，选择与自己性格一致的人物，也可能是反向的，选择了与自己性格相反的但又是自己想成为的人物。

第五类，第7、8题，是有关学生处理负面情绪的方法的调查。选C朋友的占57%，说明现在的孩子有心理问题或情绪低落时，倾诉的对象主要是朋友。第8题，选C、D的占8%，对这部分同学班主任老师要介绍学校的心理教师队伍以及学校的心理咨询室的功能，尽可能地为他们提供释放负面情绪的通道。

第六类，第10题，有关未来职业规划调查。学生最想上的大学：燕大、东大、科师、河北师大、厦大、武大、浙大、清华、北大、麻省理工。将来最想从事的职业名称：军人、警察、科学家、教师、心理医生、演员、歌手等。从学生的答题情况反映出学生对有哪些大学不清楚，只知道身边的大学或是国际名校，并不是根据自身条件填写的，甚至前面理想大学填燕大，后边职业填医生，燕大毕业当医生，可能性不大，前后不匹配。基于此题的调查结果反映出学校开设生涯教育的必要性。

第七类，第13题，关于特殊体质的调查。调查结果为：过敏性鼻炎、肺炎、肠胃炎、感冒、骨折等，未发现严重的疾病，没发现特殊体质的学生。

第八类，第11、12题。第11题是测试学生是否有暴力倾向或心理抑郁的调查。例如，一个男孩用枪打死了一只老虎，这类造句属于有暴力倾向的。一个女孩看着一只猫在流泪，有抑郁倾向，要做心理方面的辅导。从调查的结果看，整个年级占2%，有十几个学生有这样的倾向。第12题是画大树，其实是画我们自己，画好的树分为树枝、树干和树根三个部分，调查不同学生性格差异，根据秦皇岛市第五中学心理学博士宋跃培训指导，对有问题的学生进行筛选，让班主任在日常教育教学中给予更多的关注。

收纳面谈工作的注意事项

一、收纳技巧

1.收纳之前要告知目标及规则，提高学生的重视程度，但也不用紧张。收纳是为了帮助学生建立成长档案，这是对过去的自己的总结，也是未来的自己的起点。

2.集体收纳保证环境的安静。

3.强调独立完成。

二、面谈技巧

1.温暖开场——无论你采用什么样的风格，一个热情而平易近人的开场白总是较为有利的。面谈教师需要寒暄一下，形成一个温暖、轻松、和谐的氛围。

2.询问记录——教师需要征求学生意见，学生同意记录方可记录，如不同意可在事后及时记录。

3.提问与澄清——教师对想进一步澄清的问题可进行针对性的提问：你的意思是？我可以这样理解吧？疑问性的复述。

4.倾听与观察——默不作声地看着被面谈学生适时点头，或者复述他的话：陈述性的复述他的话表示你在听，并且听懂了，要给他思考的时间，尽量不直接打断，可以进行疑问性的复述。要注意观察表情（玩世不恭、认真恭敬、皱眉头、面带笑容）、身体姿势（小动作、抖腿、紧张）、语言（响亮不慌不忙、低沉怯懦、语速快口误多、吭吭哧哧、逻辑清晰）等。

5.引导与追问：总结前面的内容，举个例子、打个比方（第5题、第8题）。

6.共情与分享：第7题、第1题。

7.反馈与梳理：不流露负面情绪，要正面反馈与梳理。

一腔热血战高考，满腹诗书写人生

——生涯教育渗透下的高三励志班会

秦皇岛市新世纪高级中学　张芳

⊖ 基本情况

● 活动主题

生涯教育渗透下的高三励志班会

● 活动类型

生涯融合德育活动

● 适用年级

高三年级

● 活动目标

1. 从时间管理、梦想规划的角度给予学生学业规划的相关指导。

2. 合理规划时间、制定目标，做到科学备考。

3. 从高三紧张而枯燥的拼搏过程中挖掘人生财富，感受奋斗之美。

● 实施条件

除班级场地、人员安排外，需要有全体学生家长的配合，以及优秀校友的视频录制。

⊖ 主题说明

● 活动背景

高三（9）班是文科普通班，班级里只有 16 名文史类考生，其余 32 名同学均为艺体类考生。庚子年初，肆虐的新冠病毒肺炎让人始料未及、猝不及防，也打乱了艺体类考生的艺考、体考的节奏。高考倒计时进入 43 天，随着高考冲刺的紧张压力加大，学生们情绪不太稳定，他们也许惊慌，也许茫然，也许徘徊，也许在潜意识中还会有些颓废，他们不知道 43 天内自己应该干什么，也不清楚 43 天能带给自己哪些改变。因此，如何引导学生正确对待压力，消除负面情绪，合理规划 43 天的备考时间，成了本次班会的主题。

● **设计理念**

1. 目标管理

目标管理是以目标为导向，以人为中心，以成果为标准，而使组织和个人取得最佳业绩的现代管理方法。在高三励志班会中融入目标管理理念，让学生最后冲刺的 43 天不盲目、不慌乱，以目标为导向，以期取得最佳效果。

2. 体验式学习理论

"库伯经验学习圈"理论提出"体验——学习发展的源泉"，强调实践体验是学习的开始，把经验学习阐释为一个螺旋上升的循环程序，要有意识地让学生从具体的体验入手学习探索。

● **突破亮点**

本次班会不同于传统的励志教育班会，而是在班会中融入了生涯教育的元素。激励了学生备战高考的斗志，其中生涯导师分享的生涯故事，既提振信心，又科学地指导学生制定可行目标及行动方案。

⊖ **活动设计——前期准备**

● **分工安排**

1. 编导特长生负责班会流程策划，设计班会实施方案。

2. 播音特长生负责班会的主持工作，并依据班会流程撰写主持词。

3. 摄影特长生负责视频的录制及剪辑，并负责多媒体设备的调试。

4. 美术特长生负责前后黑板的布置，并设计"理想漂流卡"，发给每一名同学填写，准备在活动中分享、交流。

5. 声乐特长生负责歌唱部分的选歌及排练。

6. 唐山一模考试文史类考生班级第一名季某某同学从时间管理的角度介绍学习经验。

● **设备调试**

音乐、多媒体的准备。

● **发动家长**

给每一名学生家长布置任务：写一封信，录制一段视频，要求以鼓励为主。

● 选择优秀校友

邀请目前在西安利物浦大学就读研究生的 2014 届学长赵某同学录制一段视频，分享自己的学习经验，并介绍大学相关专业特点。

⊖ 活动实施

● 开场词

奋斗是石，敲出星星之火却有燎原之势；奋斗是路，指引新的征程达到理想彼岸。庚子年初，肆虐的新冠病毒肺炎让人始料未及、猝不及防，战役中无数逆行者勇敢坚毅、为国担当，是他们用血肉之躯筑起了中华民族坚不可摧的战役长城，保护着四海八方的平安。我们无法参与前线的战役，但我们可以用奋斗拼搏的精神，考出佳绩，报效祖国。今天，在全国人民抗击疫情取得阶段性胜利之时，我们也迎来了高考倒计时 43 天的日子。这 43 天注定是一段热血沸腾的传奇，因为我们已经播下了梦想的种子；这 43 天注定是一次刻骨铭心的超越，因为我们依稀触摸到了 7 月的精彩。

● 导师关怀鼓士气

聘请校党总支书记田学峰担任高三（9）班的荣誉班主任兼生涯导师。田书记是秦皇岛市田学峰高中生涯规划工作室主持人，在这次班会上，他提前分析了同学们的考试情况，站在专业的角度，解读了高考分数线的确定方法，并向同学们分享了他的生涯故事，给大家注入了强力信心——向 43 天要成绩！田书记要求同学们分析个人现状，结合自己的目标，给高考前的最后43 天制定一个提分目标，同时规划出实现这个目标的合理路径。

● 教师寄语诉衷肠

播放提前录制并编辑好的教师寄语视频。殷殷教诲，真切流露出老师们的决心和爱心。"做最好的自己"不是一句苍白的口号，而是面对人生的一场庄重誓言，是写给青春的一份完美答卷，不拼到最后一刻绝不放弃，遇见最好的自己是永远的步伐。

● 表彰优秀扬斗志

在刚刚过去的唐山一模考试中，很多同学靠着拼搏的韧劲，执着的勤奋取得了可喜的成绩。表彰先进，才能追随先进；追随先进，才能成为先进。请班级党员帮扶教师李国栋老师宣布表彰名单。

● 学而优者传经验

唐山一模考试班级第一名季某某同学介绍自己在时间管理方面的经验。

1. 合理分配时间，注意劳逸结合，善于交替用脑。

2. 学会根据心境及大脑状态安排复习内容。

3. 提高时间利用率。

4. 制定一个作息时间表。

● 学长解惑倾心谈

古人云：见贤思齐。在成长的道路上向榜样学习，向前辈取经，可以使我们的学习事半功倍。目前在西交利物浦大学读研究生的 2014 届赵某学长特地录制了一段视频，分享了他的学习经验。选择赵某同学作分享是基于他个人学涯之路的考虑。赵某同学中考成绩偏低，高考只考上了专科，但他在志愿填报时选取了自己擅长的英语专业，而规避了他最不擅长的数学学科。升入大学之后，他在英语的学习之路上如鱼得水，游刃有余，之后的五年里顺利地完成了专接本，本升研的逆袭之路。赵某学长的经历给学生注入极大的动力，也提醒同学们要提前规划，并为了目标坚持不懈地追求。

● 殷殷家书话深情

发放家长们偷偷写给孩子们的信。班主任老师提前私下联系了每一位家长，并让他们把心中的万千叮咛之语付诸文字，将心中的爱流淌在笔尖。

● 酬赠亲人立长志

此时此刻，同学们心中有千言万语不吐不快，请同学们把心中的话语以及给 43 天定下的目标写在"理想漂流瓶"上，并亲手把它粘在后黑板墙报上的"理想大树"之上，让它见证冲刺高考的 43 天。

● 高歌一曲长精神

全班齐唱《我的未来不是梦》。未来不是梦是因为脚下有路，沿着脚下的路，坚定不移地走下去，才能走向远方。没有经过拼搏诠释的青春，只会是苍白的；没有经过奋斗考验的青春，只能是遗憾的。43 天，是冲刺的 43 天！43 天，是造就人生辉煌的 43 天！43 天的汗水挥洒将饱满 7 月收获的果实；43 天的拼搏苦战将嘹亮 7 月归航的凯歌！43 天后迎接我们的不是高考的终点，而是人生的新起点；43 天，不放弃一点希望，不留下一丝遗憾，并将这种精神深植心底，融入血液，带进未来，写满人生，在新的征程上不断地遇见那个最好的自己！

⊝ 总结反思

● 以学生为主体，班主任为主导

本次班会是学生的班会，学生广泛参与并在班会上受到教育是本次励志班会的出发点和归宿，也是开好班会的基础。本次班会充分调动每一名学生的能力与兴趣，学生在班会过程中充分发挥其自主性，有多种机会在不同情境下去实践、去体验、去感悟，而班主任只是活动的组织者和协调者。

● 生涯元素的加入有利于调试学生的心理状态，满足生涯规划的需求

临近高考，繁重的学业和"飘忽不定"的成绩让学生心生焦虑，生涯导师的科学指导与学长的经验之谈有助于学生缓解焦虑，冷静下来分析出路，科学合理地安排最后冲刺阶段的学习。

杜绝课桌涂鸦，创建文明校园

——生涯视角下的班级青年志愿宣传活动方案

秦皇岛市新世纪高级中学　张芳

⊝ 基本情况

● 活动主题

杜绝课桌涂鸦，创建文明校园

●活动类型

学校团委青年志愿者活动

● 适用年级

所有年级

● 活动目标

1.提高全体同学爱护公物，保护校园环境的意识，提高自身的素质和责任感，能够自觉抵制不文明行为，从而在全校营造文明、健康的校园氛围，助力美丽校园、文明校园的建设。

2.在活动中引导学生为他人、为集体服务的价值观的养成，发挥班级每名学生的能力优势，并将他们的能力优势应用到实践当中，在活动中进行职业体验。

⊝ 主题说明

● 活动目的

1.加强劳动教育的需要

新课程改革提出，学校应该在加强劳动教育方面首先有所探索、有所作为。加强劳动教育不仅仅落实在课程之上，还是一个价值观的培养问题，在日常教育中引导教育学生尊重劳动、热爱劳动。同时，劳动教育也不仅仅是在于教给学生一些劳动的知识、劳动的技能，而是要在整个育人过程中，在学生日常行为习惯的养成中引导学生自己的事情自己做，培养劳动意识。

2. 美化校园环境的需要

部分学生把桌面当作他们的草稿纸，在上面留下五花八门的涂鸦，桌面上坑坑洼洼——"课桌文化"正肆意泛滥。"课桌文化"不但充斥我们的教室，丑化我们的环境，影响我们的学习，更在污染我们的思想。所以，清除、杜绝"课桌文化"刻不容缓！

3. 满足学生生涯体验的需要

学生在志愿者活动的真实情境下，转换角色，从学校中的一名被管理者转向倡议者、管理者，让学生在活动过程中促进生涯成熟与潜能开发。

● 活动方式

1. 青年志愿劳动活动。

2. 青年志愿宣传活动。

● 活动内容

1. 班级团支部组织学生清理学校西阶梯一教室的桌椅涂鸦，拍摄前后对比及劳动过程照片。

2. 班级团支部协调全体学生开展志愿宣传活动。

● 突破亮点

在传统的志愿者活动中加入生涯教育的元素，使活动目标多维度发展，既实现了立德树人的教育目标，又让学生在活动过程中开发潜能，提高生涯成熟度。

㊁ 活动设计

● 活动准备

1. 动员工作

高二（9）班召开班会，让每名学生了解活动详情及活动意义，调动学生们的积极性，并安排分工任务，提前作好准备。

2. 任务分配

编导特长生：组成活动策划小组，负责活动形式设计及人员分配的工作，做好整体调度工作。

美术特长生：组成美工小组，主要负责签名条幅、活动海报、纪念品等用品的设计与制作。

摄影爱好者：组成摄像小组，设计拍照方案，并组织签名的同学拍摄手拿标语照片。（杨某某、刘某某、马某某三位同学）

播音特长生：组成宣传小组，顾某某、安某某两位同学进录音棚录制倡议书音频（用于现场循环播放），姚某某、曹某某同学负责现场主持，杨某某、惠某某同学负责现场采访。

体育特长生：组成道具小组，负责现场布置，包括桌椅、宣传展牌等。

其余同学：主要负责签名活动、发放纪念品工作的组织。

3. 物品准备

（1）清理工具若干，如清洁液、抹布、橡皮、洗碗布等。

（2）宣传条幅，内容为"莘莘学子书桌情，只留书香不留痕"，学生们自愿在上面签名。

（3）活动倡议海报，内容为活动倡议书（见附）。

（4）活动宣传海报，内容为课桌涂鸦清理前后的对比图片及志愿者清除课桌涂鸦的活动留影。

（5）活动纪念品。制作 1000 个印有学校校徽、校训、班徽及活动主题的书签。

（6）20 套桌椅。

（7）音箱、话筒设备。

（8）粗马克笔若干。

（9）志愿者佩戴班徽。

● 活动时间

2019 年 6 月 20 日—7 月 10 日。

● 活动地点

扬帆新世纪雕塑处，场地相对空旷，可以摆放 30 套桌椅。

● 注意事项

1. 班级各负责人要针对自己负责的工作拟定具体安排，特别是人员分工要明确。

2. 全体同学服从分配，积极参与，吃苦耐劳，乐于奉献。

3. 宣传活动要有序进行，每一名志愿者要做到微笑服务，有礼宣传。

⊖ 活动实施

1. 志愿劳动。2019年6月25日，高二（9）班团支部组织班级学生清理学校西阶梯一教室的桌椅涂鸦，拍摄前后对比及劳动过程照片。

2. 志愿宣传。2019年7月4日第八节课，面向高一、高二全体同学，高二（9）班全体同学发起"杜绝课桌涂鸦，创建文明校园"的志愿宣传活动，进行宣传教育，倡议条幅签字，发放印有倡议标语的小纪念品。

3. 倡议劳动。2019年7月6日第八节课，高一、高二同学自觉清理本班课桌涂鸦，另招标5个班级组成5支志愿小组，分别清除西阶二、西阶三、东阶一、东阶二、东阶三共五个阶梯教室的课桌涂鸦。

4. 活动总结。召开班会，播放整个活动过程的电子相册，学生用成就事件的讲述方式交流心得感受，并布置作业，思考下一次文明志愿者活动内容。

⊖ 总结反思

本次活动立足学校校情，面向全校学生，在志愿劳动的过程中，学生感受到了清理课桌涂鸦的艰难，由此引发他们爱护公物的反思；在志愿宣传活动中，增强了学生的主人翁意识，所谓"治人者必自治"，在呼吁其他同学"拒绝课桌涂鸦，创建文明校园"的过程中，对于参加的学生而言是一次精神洗礼。同时，生涯教育元素的加入又扩展了活动的维度，这不仅是一场志愿者活动，也是一场生涯体验活动，学生在体验中挖掘个人能力，扮演不同角色，促进生涯成熟。

附：

"杜绝课桌涂鸦，创建文明校园"倡议书

亲爱的同学们：

你们好！

教室是我们学习的重要环境，教室里的一张张课桌陪伴我们走过了青春的岁月，见证了我们学习的快乐与艰辛，是我们最亲密的伙伴。

然而，当你在教室全神贯注地学习时，是否会因为课桌上奇葩的涂鸦而走神？当你在考试中奋笔疾书时，是否会被课桌上斑驳的字迹打断思路？当你看到被"浓妆艳抹"的书桌时，你是否会质问那些被涂鸦者所丢

失的修养呢?

也许通过涂鸦你的情绪得到了释放,但这种非理性方式却是以损坏公物、破坏学习环境为代价的,同时也反映了一些同学道德意识、文明养成习惯方面存在缺陷。拒绝课桌涂鸦,创建文明校园,从我做起,从现在做起!因此,我们向同学们发出倡议:

一、选择合理释放情绪的方式,正确认识课桌功能。日记、运动等方式都可以让我们的不良情绪得以释放,应认识到课桌是我们的学习工具,是公共物品,不要让它成为我们释放情绪的工具。

二、增强自我约束,做文明学生。提高自身道德修养,用我们的行动去感染身边每一位同学,争做文明学生,团结一致,改善我们的学习环境。

三、互相监督,增强个人责任意识。在进行自我约束的同时,我们每个人都有责任和义务制止他人的不文明行为,提醒他人拒绝课桌涂鸦,在相互监督中共同传递校园正能量。

同学们,青春当以文明为伴,书桌应是素颜最美!所以,让我们对课桌涂鸦说"不"!为新世纪校园的美丽、为新世纪校园的文明贡献自己的一份力量!

倡议人:高二(9)班全体同学

姚某某同学的活动心得

这一次的青年志愿者活动对我而言既是一次精神上的洗礼,也是一次重要的锻炼。曾经我也是涂鸦大军中的一员,可当我擦拭那些顽固又丑陋的课桌印记时,我告诫自己要做一个文明人。我以为这就是我最大的收获,可是当志愿宣传活动开展后,老师同学们为我们竖起的大拇指,同学们认真听我们讲解并在"拒绝课桌涂鸦"的条幅上郑重签字的样子,让我顿时感觉到了自己的伟大,这是我从未有过的体验,原来伟大并不"大",它就存在于为集体服务的"小处"。在活动中,我还很荣幸地担任了主持工作,虽然专业学习播音主持已经将近一年,但在这么大的场合做主持,这还是第一次。紧张之余更多的是激动与兴奋,我发现自己喜欢站在舞台中间的感觉,未来我会更加努力学习专业课,我要考传媒大学,我要用我的声音去传递正能量。

精彩社团，出彩生涯

——秦皇岛市新世纪高级中学生涯视角下的社团活动

秦皇岛市新世纪高级中学　康曙光

在新高考改革的浪潮下，高中学习生活已不再是"双耳不闻窗外事，一心只读圣贤书"这么简单了，更需要老师和学生"抬头看路"，放眼望世界。学生对于外部世界的了解和探索，可以通过自己的家庭社会资源和学校组织的各种社会实践活动来逐步实现。在学校内部除了上生涯课程，还可以通过参加社团活动来修炼和提升自己的各方面能力及价值观。

我校社团活动自开展以来，有过很多学生在其中大显身手，2018届毕业生摄影社团社长李晓晨就是一个坚定职业理想的同学，他对摄影和绘画都有着非同一般的兴趣和能力，所以高考就选择了影视摄像方向，并且通过两年的努力达成了目标。过去，社团活动的开展主要在于为学生搭建展示和发展特长的平台，并未突出过生涯发展的价值意义。而今，在生涯教育开展方兴未艾的校园里，生涯社团的建设及其他社团生涯指导的作用被提到了日程上来。

⊖ 唤醒生涯意识，内外探索结合

高中生处于从青少年到成年的过渡时期，人生观、价值观和世界观正在逐渐形成，生理和心理发展存在着很大程度的不平衡。16～18岁的青年内心世界存在着服从与对抗、封闭与开放、依赖与独立等诸多矛盾。从小被父母长辈管教约束导致他们的自我认知严重不足，缺少自我内心的审视，对兴趣、性格、能力和价值观的探索不成体系，缺乏系统的指导。甚至很多学生从来没有考虑过自己的主动选择与内生涯的匹配，大部分都是为了迎合父母的喜好、遵从师长的指令。马斯洛的需求层次理论告诉我们，人的发展最高需求层次是自我实现的需要，而且只有人类中的成人才会产生这种需要。自我实现的需要（Self-actualization Need）：人们追求实现自己的能力或者潜能，并使之完善化。

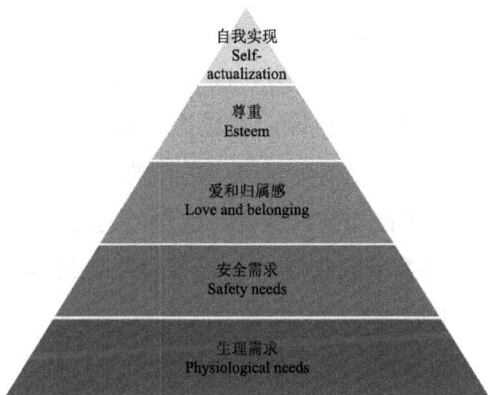

高中生涯社团活动的开展需要符合学生的青春期身心发展特点，目的在于帮助其唤醒生涯意识，开展自我认知，并逐步形成自我认同。生涯意识是一个人对自己的内生涯认知和评价，并对外部职业世界探索的开始。生涯社团活动主要是以兴趣、能力、性格和价值观的探索为主导，引导学生开展内生涯探索，逐步培养对职业世界的认知能力，了解个人内生涯与职业之间的联系和差距，注重在高中阶段提高自己相关的能力，同时考虑个人发展与家庭资源、社会需求变革的契合。

⊖ 生涯、心理团队合作发展

高中生涯社团建设针对高中生的特点，依托学校的力量，将生涯社团的活动纳入校园文化生活当中。我校具有国际认证和国家认证的生涯规划师近10人，国家二级心理咨询师和三级心理咨询师也有近20人，具备了专业辅导能力和社团开设的师资条件。生涯社团活动形式不仅需要配备专业的师资、教育资源，也需要开拓家庭资源和社会资源，为学生提供实践平台，打造"学生—学校—家庭—社会—学生"相互关联的活动圈。校园内部，通过与心理教师开设的心理社团联合，打造具有心理辅导和生涯指导双重作用的社团，利用心理学专业知识帮助学生建立对自我的认同、对未来的坚定。校园外部，一是依托家校联盟让更多家长中的职场精英走进学校，开设职业人物大讲堂和职业访谈活动，让家长朋友成为我们生涯教育辅导团队的重要组成部分；二是进一步发掘毕业生中的优秀代表，让他们以自身的成长经历为案例，为现在的在校生分享生涯故事，促进学生学涯和生涯的良性发展。

⊖ 打造品牌活动，提高社团吸引力和影响力

学生社团只有具备良好的形象和影响力才能够吸纳大量优秀的人才，进而保证学生社团的可持续发展，所以学生社团必须发展属于自己的社团品牌活动。像我校音乐老师辅导的校园广播站组织的"校园主持人大赛"，在社团活动中得以年复一年地传承，为学播音主持的艺术生提供了广阔的展示平台。学生生涯社团也应该在加强自身内部建设的同时，努力构建属于自己的品牌活动。例如，校团委可以指导并组织各种生涯游戏、"为成长为未来"生涯规划大赛、生涯规划情景剧大赛等。

总之，我们为社团建设赋予更新更全面的意义和作用，为学生的成长起到辅助和引领作用。

第五章
CHAPTER FIVE

团队辅导讲座

让梦想照进现实
——高一新生入学教育之生涯讲座

秦皇岛市新世纪高级中学　康曙光

ᕬ 基本信息

活动时间：入学军训第一晚

活动地点：学术报告厅

参加人员：高一全体新生

ᕬ 第一版块：破冰预热

亲爱的同学们，大家晚上好。在我今晚的分享之前想先问同学们几个
问题：

第一，同学们为什么选择上高中？

（学生大部分回答）为了考大学。

第二，你打算考什么大学？

（生）清华、北大、燕大、河北师大……

第三，考这所大学的什么专业？

（生）除个别学生回答，大部分学生茫然。

第四，这个专业对应的未来职业方向是什么，你清楚吗？

（生）几个同学表示清楚，大部分不太清楚。

第五，这份职业是你的内心理想还是父母要求呢？

（生）爸妈觉得好，工资高、很体面、工作不累……

ᕬ 第二版块：链接高考志愿

既然我们谈到了高考和未来填报志愿，那我想先简单聊一下今年的高考
和三个填报志愿的例子。2020 年的高考成绩已经公布，录取结果也已陆续揭
晓。作为河北人，我们真的是为河北考生感到骄傲，也感到不公。2020 年高

考理科 700 分以上的达到了惊人的 108 人。可想而知，我们的考生已经将应试能力提高到了极致的水平。高分的选手当中必然有梦想清晰、目标坚定的人。然而是否也有考生变成了刷题的机器，为了考试而考试，为了高分而拼命，至于内心的热爱、自己的兴趣和价值观在哪里，又何曾想过？至于考完之后的填报志愿，已经完成"使命"的考生把它甩给了家长，家长当然也愿意去为自己的孩子选择一个"看上去很美好"的专业，更为了将来能有一个体面的好工作。很多时候，孩子的人生都是被家长刻意安排的，或者被功利心裹挟的。我们的学生就这样深陷于分数和名次的竞争中，"双耳不闻窗外事，一心只读圣贤书"，丧失了对真实世界的体验和对自身感受的觉察，麻木地跟随着指挥棒埋头苦干着。

暑假里我接触到三个考生，帮他们简单梳理了志愿填报，下面我们来看一下这三个例子。

考生 A，女生，文科生，561 分，农村家庭。代替她咨询的是她的嫂子，说这个女孩老家是邢台农村的，父母和哥哥什么都不懂，让看着报个志愿就行。学生自己没有什么兴趣，只要能考上就行。

考生 B，女生，理科生，578 分，农村家庭。她的小姨是我在支教时的同事，打电话来帮她咨询。考生自己想当医生，家里觉得女孩当个老师挺好，稳定还不累，最重要的是可以安排到离家近的地方。最终被河北师范大学生物系免费师范生（提前批）录取。

考生 C，男生，理科生，618 分，农村家庭。最初咨询的是考生父亲，一问三不知，就说让根据分数帮忙参考一个学校。

后加了考生微信，考生自己表示也没什么兴趣，也不知道什么专业对应的就业方向。后来我推荐他登录了新精英的公众号做了免费的兴趣（SEA型）、性格（偏内向）和价值观（成就感、经济报酬、人际关系）测试，又在田书记的指导下帮助考生通过回忆成就事件梳理了一下个人优势和专长——喜欢数学、擅长动手操作、有管理能力。

最后确定了几个方向——以工科为主（机械工程、电气工程、土木工程、软件工程、能源动力工程），理科（数学类、物理学类），农学（林学类）。

以上三个考生最初都是没有自己的兴趣偏好，考完之后就把报志愿的事交给了亲属或者父母。特别是前两个，在我提出跟考生谈谈，做个测试的时候，家长都觉得没必要。这让我不禁感慨，这可是有可能决定孩子一生方向的大事，孩子的命运就这样被安排？为什么一生下来父母就帮孩子决定长大要做什么，从来不问孩子想做什么？考上大学就是人生圆满吗？找到所谓的好工作就算成功了吗？那么通往未来之路在哪儿呢？作为教师我深感惶恐，我更期待突破。

⊖ 第三版块：种下梦想的种子

接下来我想跟大家分享一个我比较喜欢的歌手毛不易的故事。毛不易来自黑龙江一座小县城，因为父母是老来得子，所以对他没什么约束。从小喜欢音乐的毛不易高考考入杭州师范大学护理专业，毕业成为一名男护士。2017 年，他参加一档名为《明日之子》的选秀节目成名。他有几首歌流行度比较高，《像我这样的人》《感觉自己像巨星》《假如有一天我变得很有钱》。听听这些歌曲，你会发现他不甘心做一名男护士，内心有对音乐和未来的憧憬。他本名叫王维家，后来改成了不易，大家都以为是"不容易"的意思，他本人解释道：不易，就是不改变。他对音乐的热爱和梦想从未改变，因此一直坚持创作和演唱，不易是他对待梦想的方式。

向梦而生，让成长配得上未来。生涯教育的本质就是梦想教育，而梦想是一个实践的过程，没有终点。我们所设立的考大学、找工作、买汽车、买房子，都是一个个的目标，它可以通过努力被实现，那么以后呢？我们过多地将目光着眼在目标的达成上，而忽视了这个努力的过程。梦想需要不断调整和重构，让人在追求梦想中不断地成长和进步。成长了，梦想的意义也就实现了。

● 梦想与初心

有位智者说，学习是为了完善人生，而非享乐人生，追求卓越，成功就会在不经意间追上你。——兰彻

《三傻大闹宝莱坞》这部电影相信很多人都看过，主人公兰彻不为学历学位、不为高薪高职，只为了内心对机械工程的热爱，走进了大学。"知道我为什么第一名吗？因为我热爱机械，工程学就是我的兴趣所在，知道你的兴趣吗？"

人活着有太多身不由己，能像兰彻那样跟着感觉走实属不易。法尔汉热爱摄影，却苦于父亲的阻拦，只能在帝国学院攻读他并不感兴趣的工程

学，于是他成了倒数第二，但当他决定从事摄影的时候，成功向他打开了一扇门；拉加，一个贫苦学生，面临家庭带来的各种压力，只能寄希望于神，他对现实的畏惧与逃避让他稳居倒数第一，但当他丢掉畏惧，勇敢面对生活时，幸运女神真的朝他招手了。也许就如兰彻所说：很多时候，我们由于各种原因，不能选择做自己喜欢做的事情，但是有时候，只要你勇于跨出那一步，说不定就可以改变你今后的人生。

存在主义大师萨特说过一句话："我们的决定，最终决定了我们。"我一直认为人生就像一棵大树，我们每个人出生就像从根部出发，面对人生岔路口，我们一次次地做出决定，最终走出了不同的人生轨迹。梦想与现实的差距就在于坚持在正确的道路上走下去！

● 梦想与兴趣

湖南耒阳的钟芳蓉，高考成绩 676 分，位列全省文科第四名。当她决定报考北大考古专业时，却遭到一些网友质疑。钟芳蓉对此多次表示："自己从小就喜欢历史和文物，受樊锦诗先生的影响，选择报考考古专业。"樊锦诗知道她的故事后鼓励她，"不忘初心，坚守自己的理想，静下心来好好念书"。星河滚烫，你是人间理想，因有热爱不惧岁月漫长。

● 梦想与坚持

梦想的实现绝不会一帆风顺，大多数都会因为个人或环境的变化与阻碍而半途而废。

四川农业大学农学院学生刘昊林，高三时，因为看了一篇杂交水稻亩产增产的新闻报道，对袁隆平心生崇拜，决定报考农学。育秧、移栽、肥水管理、病虫害防控……2019 年 10 月，历时 5 个多月，他终于吃到了亲手种植的"大米"。"这是首次尝试种植杂交水稻，预料到过程会很辛苦，没想到这么难！虽然卖相不好，但米饭的清香，绝对是市场上的大米比不了的！"

"追星"容易，追梦不易，所以每一步都要踏实而坚定。

● 梦想与成长

张家城，今年 13 岁，5 岁时因一场意外失去右臂。在一个培训班上，他第一次接触篮球，从此彻底迷上了这项运动。

运球投球，行云流水，面对更高更壮的对手，他毫不退缩。张家城的偶像是易建联，未来希望成为专业的篮球运动员。他说："要么努力，要么放弃。"

不是每个人都能坚守初心，追逐梦想。放弃有时很容易，而坚持逐梦才难。我们经常听到有人抱怨"梦想还是不要有，都是空想"，"实现梦想太难了，还是现实一点吧"。自己缺乏实践梦想的勇气和能力，反过来抱怨梦想，否定自己的同时还不忘打击别人的积极性。那些没有实现过梦想的人，潜意识里总在合理化自己的无能，甚至希望每个人都如此。中国首富、阿里巴巴前董事局主席马云说过一句经典的话："梦想还是要有的，万一实现了呢。"

我们常听人说：二十岁的贪玩，造成了三十岁的无奈；三十岁的无奈导致了四十岁的无力；四十岁的无力，奠定了五十岁的失败；五十岁的失败酿造了一辈子的碌碌无为。那么面对未来，你准备好了吗？

⊖ 第四版块：未来可期，梦想可及

● 面对未来——焦虑不断

焦虑从何而来呢？我们分析焦虑主要来自以下三个方面：

1. 对未来不确定性的迷茫感；

2. 不能适应环境变化的无力感；

3. 担心被社会淘汰的恐惧感。

那么我要告诉你，超越焦虑最好的办法是主动成长，迎接挑战。

● 面对挑战——缺乏自信

缺乏自信和勇气主要是因为解决问题的能力不足。我们要做的就是正视自己的不足，努力发掘自身优势，通过大量的刻意练习来提高能力。所有的技能都可以通过大量的练习来增加熟练程度，进而熟能生巧。我们对陌生的事物总是缺乏挑战的勇气，对于熟练到不用思考就可以准确操作的事情就充满信心。就像古文《卖油翁》提到的：取一葫芦置于地，以钱覆其口，徐以杓酌油沥之，自钱孔入，而钱不湿。因曰："我亦无他，惟手熟尔。"

● 面对课业——效能低下，缺少方法

很多同学学习效率低，缺乏方法，那就应该主动探索寻求帮助。比如，向老师请教，向学霸咨询，不断反馈，适时调整，找到适合自己的方法。

没有谁可以天生成功，只有在不断实践的过程中，主动寻求资源，突破自我设限，能力自然提高。

● 面对未来——目标缺失，动力不足

没有目标的人生就像是在大海中漂泊的小船，永远靠不了岸。所以明确

目标要做到"三点"，提出"四问"。

做到三点：

第一点：探索价值，明确自己的追求。

第二点：树立榜样，给内心注入力量。

第三点：阶段反馈，看到自己的改变。

提出四问：

第一问：这个目标是什么？

再次确认将梦想落实到具体的目标上。

"我要成为好学生""我要考好大学""我要成为成功人士"，这些都不够具体。目标要具体清晰，"好学生"的标准是什么？哪些大学算得上"好大学"，"成功人士"如何界定？最好具体到每一步的实现上。比如，数学考到90分以上，排名上升到班级前十名，三个月戒掉抽烟的坏习惯，等等。

第二问：为什么要实现这个目标？

这个目标是自己真实的内心向往，还是只为了取悦他人？如果将别人的期待当作自己的目标，就会动力不足。一旦遇到困难，痛苦就会被放大，就很容易打退堂鼓，导致半途而废。

尝试自己与内心的对话：如果目标实现了，我会和现在有什么不同？如果目标实现了，我收获到了什么？如果目标实现了，这件事带来的意义是什么？

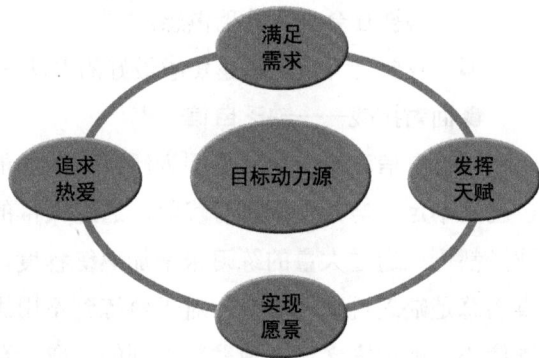

第三问：如何落实行动实现目标？

落实行动是至关重要的环节，我们可以通过过程规划、时间管理和及时反馈来实施。

1. 过程规划

（1）计划分解。不积跬步无以至千里。同学们可以尝试将任务分解到每一周、每一天甚至每一节课，细小的任务更容易达成，从而更利于积累自信。

过程规划

计划分解　要事优先　习惯养成　寻求支持　总结嘉许

（2）要事优先。明确自己的薄弱学科，有重点地分配学习时间和精力。尽量不要让不重要也不紧急的事影响自己的学习节奏和规律，做到将好钢用到刀刃上。

（3）习惯养成。坚持每天的学习计划，养成良好的作息、学习、休闲、合理分配的习惯。

（4）寻求支持。主动寻求老师和同学的帮助支持。

（5）总结嘉许。

2. 时间管理

（1）觉察时间利用状况。

（2）缩小时间颗粒度。

（3）让时间与规律合拍。

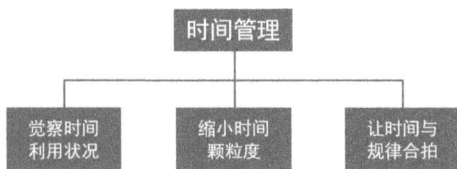

时间管理

觉察时间利用状况　缩小时间颗粒度　让时间与规律合拍

3. 及时反馈。包括进度反馈、满意度反馈、收获反馈。

及时反馈

进度反馈　满意度反馈　收获反馈

第四问：如何衡量目标已经达成？

目标达成一定要有界定的依据，比如时间、标准、数量等。

时间：什么时间完成？要明确目标完成的具体时间点。

例如，10月底完成50篇英语阅读理解。

标准：有什么标准可以确认目标已经实现？

例如，成绩提高到了班级前十名。

数量：目标完成的具体数量要求。

例如，读一本书，一天要读完几章或者多少页。

同学们，面对未来我们会想到梦想，也会感到恐惧和担心，但未来可期、梦想可及。我们需要不断和未来产生链接，用未来的价值来鼓励自己。从此，我们会踏上一条通往未来的道路。只有践行梦想，在目标实现的过程成长自己，焦虑、自卑、恐惧都会消失，伴随你的将会是不断地超越自我带来的成就感。

心中有梦，你才可能成为你想成为的那个你。

愿我们每个人都能心中有梦，眼中有光，脚下有路通远方，做一个坚定而幸福的追梦人！

参考文献

[1] 赵昂，任国荣. 通往未来之路——培养有梦想的孩子 [M]. 北京：机械工业出版社，2020.

新世纪高级中学职业生涯人物事迹报告会
艺术分场活动案例

秦皇岛市新世纪高级中学　张芳

⊖ 主持人开场介绍

● 介绍报告人并表示欢迎

刘玮婷，毕业于秦皇岛新世纪高级中学，现就读于中央戏剧学院 2016 级广播电视主持班。2016 年以全国女生第 7 名的成绩考入中央戏剧学院播音与主持专业。2018 年参加电视剧《与其微醺何不醉》拍摄，2017 获得中央国际广播电视台主持大赛全国五强，荣获第二十一届"齐越节"优秀奖，参与中央电视台《回声嘹亮》国庆特别期节目录制，曾任中央电视台《诚信助力品牌》采访记者。

● 介绍活动意义

1. 推进"生涯教育"省级立项课题的实施，完善我校生涯教育课程体系建设，更好地开展生涯规划教育活动。

2. 职业生涯人物事迹报告会为学生职业探索服务，为高一年级学生"3+1+2"选科提供参考。

● 介绍听讲目标

报告会不是一对一的回答问题，同学们要认真听，还要认真思考，理性分析，教师要明确告诉学生"重点听什么"和"重点思考什么"。

1. 职业探索——了解报告人涉及的行业和岗位专业常规，包括日常工作内容、工作条件、工作要求等。

2. 报告人都是成功人士，有的可能暂时还没有更高的社会荣誉，但有高度的自我成就感，成功需要高尚的职业道德和扎实工作的专业精神，要深刻领会。

3. 建立职业与专业学习的联系，清楚岗位入职条件，高中阶段要提前准备，特别是即将面临的选科要与理想职业相联系。

⊝ 主讲人生涯演讲

尊敬的各位领导、老师、亲爱的同学们：

大家好！我是2016级毕业生刘玮婷，现就读于中央戏剧学院，非常荣幸能够重回母校作为优秀毕业生代表站在这里，在此请允许我代表所有毕业生向长期以来关心和帮助我们的老师致以衷心的感谢，感谢老师们这三年的谆谆教诲和悉心照顾。

三年的时光转瞬即逝，高中三年的生活仿佛一切就在眼前，在这里的每一天都令我十分难忘。每当我和别人提起母校时，我都会形容这是一所与众不同的学校，我们在这里努力学习并成长。这不仅是我的母校，也是培养和见证我人生起航的地方！

今天站在这里，看到这么多学弟学妹们感到非常亲切，就仿佛看到了几年前的我，眼神当中有很多期待，也有一丝疑惑，还有对未来的道路的迷茫，但同时内心深处却始终有一份坚定。其实当时我也是这样的一个复杂综合体。现在的我，以一个过来人的身份想和我的学弟学妹们说：不要害怕现在的迷茫，我们找好适合自己的道路，就可以达到自己的目标，当然这个过程当中会有许多艰难，但是一切的上坡路都是难走的，我们要学会迎难而上。

"努力了的才叫梦想，不努力的就是空想。你所付出的努力，都是这辈子最清晰的时光。"2016年，经过一年多的努力和付出，最终我在播音与主持艺术的专业考试中，拿到了南京艺术学院全国女生第2名，浙江传媒学院全国女生第3名，辽宁大学河北省第1名等诸多好成绩，并最终以全国女生第7名的好成绩进入到中央戏剧学院学习。在这些院校的考试之中，我感受到艺考就是一个人生起伏的缩影，有成功，有失败，有忐忑，有振奋，有激动，有失落，有痛苦……可以说是五味杂陈。所以经历过艺考之后，我变得更加成熟了，也更加坚定了自己的目标，我想如果成熟和成长是必需的，那么不如让它来得更早一些吧。

"世界上有两个可贵的词，一个叫认真，一个叫坚持。认真的人改变了自己，坚持的人改变了命运。"上了中戏以后，我发现身边的同学都是那么优秀，所以自己的那种自豪感、光环一下就没有了，置身其中我发现自己就是一个普通人。进入大学我感受到每一门课程都是有用的，而且更多的收获是对我们心智的磨砺。所以在这个优秀的团体当中，你我只有更加努力才能变得更好。就在前段时间，和我关系不错的同班同学主演的影片《老师好！》上映了，他就是在影片当中饰演洛小乙的王广源。我们每一个同学都是朝着这个方向在努力发展，包括我现在也时常接到爱奇艺公司的节目录制邀请，我目前签约的演艺公司也在对我进行培养和积累，这些鼓励和培养让我没有停下来的时间，一直在不断对自我提要求。

很多人觉得，艺人、主持人这些身份蒙着一层神秘的面纱，也有很多人会和我打听说"玮婷啊，怎么了解自己适不适合走这条路？"或者说"为了实现自己的理想和目标，我们在高中的时候可以做哪些努力和行动？"在此呢，我可以和同学们分析讲解一下我所从事的相关行业需要参考的问题以及对高中生的建议。

1. 如何进入本行业？

进入这个行业要追源于我对艺术职业的执着追求以及老师和家人们的大力支持与培养，这些因素让我在学生时期就打下了坚实基础。通过学习播音主持专业升入大学，实现专业对口，虽然这个行业没有明确的学历要求，但"中戏"这个标签就意味着与这个行业的资源零距离接触，我所毕业的院校其实无形之中给了我进入这个行业的"绿卡"。我相信所有领域都会有职业变动，我的工作相对来说最大的变动就是职位互通性，比如全能艺人，可以唱、跳、演、导、主持，样样精通，他们能在各个领域都有一席之地，所以说，这些领域的工作职位并非一成不变的，相应地也给予了我非常多的机遇和挑战。

2. 做好这一职业应具备什么知识技能和经验？

专业知识方面：具备普通话发音与播音发声、语言表达技巧、即兴评述、主持播报、朗诵演讲等能力。

行业经验方面：对自己要高要求，增强自律性，还要保持长期的阅读习惯，常看新闻，接受外界各类信息等。要花充足的时间和精力进行自我锻造培养，让自己从内而外地不断充实提高。

3. 胜任此工作的个人品质、性格和能力品质有哪些？

要具备自我认知能力、自律能力及调整能力。要充分了解自己，知道自己能做什么，缺少什么和热爱什么，这一点是十分重要的。这其中自我约束能力也是重中之重，一个完整的人格就是在自我约束和自我提升中成就新的自我。另外时时刻刻的自省能力和学习能力是这个行业艺人最需要具备的能力和修养。

4.完成本岗位日常工作，每天都做些什么？工作环境怎样？

日常工作环境相对自由，所以绝大多数时候有充沛的时间去调度自己来进行专业提高，一旦公司下发通告，就要对自己的行程安排有一个精准成熟的调度。一天之内飞两到三个城市是很常见的事情，然后就是要对通告进行充分的准备和洽谈，以最好的面貌和精力去迎接每一项工作。工作环境是根据通告来决定的，有的时候是拍摄现场，拍摄现场也会有录影棚和外景之分，每一个环境需要用最短的时间去适应和备战。除此之外也要和身边的不同种类的工作人员相处融洽，从每一个工作人员身上挖掘到不同的专业性和精神品质，以此达到对各行各业的了解和积累，这也是潜在的工作任务。

5.你实现个人人生价值了吗？

如果说现在我就讲我实现了自己的人生价值，那就太大言不惭了，毕竟相对于这个社会、这个行业，我还只是个新人。但是我很幸运，我正朝着我的目标努力前行。

6.怎么看待这个工作领域将来的变化趋势？

就我的认知而言，我所处的工作领域每一天都是瞬息万变的，每一天我也在反问自己如何在不断的变化和挑战中，成为巨大逆潮的淘金者。其实变化趋势有很多不可控因素，但是拥有个人的专业实力并不断努力提高是我能够做到的。一个优秀合格的主持人、艺人，不断挖掘自身潜力，提高内心修养，精修专业素养，才是在这个行业内站稳脚跟的必胜法宝。

7.高中哪些课程和活动对将来从事这个职业有专业基础作用和积极影响？

其实我想说，同学们现在接触到的每一门课程对我从事的这个行业都有非常大的帮助。语文培养我们深厚的文学功底，史、政提高了我们的人文素养，数学弥补我们逻辑上的不足，完善我们的立体空间，英语带来的帮助更是自不用提。那么除此之外呢，艺术类的培养当然就是通过专业的播音主持课程，帮助我最先接触这一行的专业知识，具备一个主持人的素养，提供一个非常优秀的大学平台，将我的艺术价值与职业相融合。

8. 想从事这个职业，高中阶段如何准备？

同学们要珍惜并且利用学校设立的各个文艺社团这个资源，努力投入创社、组织当中。通过参加社团活动摸索自己的兴趣爱好，大胆尝试学习有助于帮助自我更加了解自己的潜力和爱好。当然也可以采纳校外专业艺术老师的建议，我也是后期通过专业性极强的机构以及老师的辅导，才能够将艺术作为自己升学甚至走向这个行业的敲门砖，所以同学们应该大胆地去进行尝试。

不忘初心，方得始终。学习艺术的道路上，不但需要自己的刻苦努力，更重要的是良师的教导和一个好的平台。希望所有心怀梦想的学子，在梦想的路上坚定不移地走下去。至此，我想对我可爱的学弟学妹们说，自己才是生活的主人，我很理解在座的各位，你们每一个人，在高中的年纪很有可能被眼前的事物分散精力，但大家应该有自我负责的责任意识，要知道你们现在眼前能够看到的只是很小的一片树林，甚至树上可能连果子都没有，但穿过树林还有森林，值得你们眼花缭乱的远远不止眼前的几颗果子。希望大家可以有这样的认识和勇气，去追寻自己的梦想，在成长的路上砥砺前行，成就未来！

⊖ 学生现场提问环节

1. 您认为作为专业的主持人应具备怎样的素质？

2. 参加艺考时都遇到了哪些困难和挫折？是怎么克服的？在艺考中有哪些建议？

3. 您认为播音主持对您的生活有什么益处？

4. 有没有与娱乐圈的人接触过？

5. 您是如何在专业课优秀的同时又能保持文化课的成绩稳定呢？

6. 是什么支撑您每天坚持练习？

7. 您在刚开始参与这方面时会紧张吗？有困难您都是怎样面对的？

8. 有人说：艺术生高考容易些，但就业前景不好，是吗？

⊖ 相关注意事项

主持人要有政治敏锐性，把握意识形态主动权，如发现报告有违规内容，要及时纠正表明立场。要求报告人传递正能量，向学生介绍本行业面临的挑战，但不讲潜规则。重点讲对职业岗位的认识、对职业精神的理解和践行。

⊖ 主持人提出参加报告会后学生的行动建议

根据自己的职业兴趣、学习能力、家庭背景等因素选择目标职业，有选择地进行职业探索。

1. 通过社会关系对相关职业人群进行访谈。
2. 通过社会关系进行直接的生涯体验社会实践（感兴趣的职业）。
3. 通过网络学习探索（专业课程、就业方向、机遇与挑战）。

七分成绩定，三分志愿拼

——2020 年高考志愿填报技巧电视访谈实录

⊖ 基本信息

● 标题

七分成绩定，三分志愿拼——2020 年高考志愿填报技巧

● 主持人

刘记者

● 嘉宾

秦皇岛市新世纪高级中学　党总支书记　田学峰

⊖ 访谈内容

● **主持人**：观众朋友大家好，这里是正在直播的今日报道。扫描屏幕下方的二维码，关注今日报道微信公众号，可以了解更多新闻资讯。同时您也可以登录抖音 App，搜索并关注秦皇岛今日报道官方账号，发现身边更多新鲜事、突发事、感人事！

每年一度的高考，是我国最重要的国考，它承载着近千万个家庭的希望，决定着近千万考生的命运和前途。再过几天，高考成绩即将出炉，相信作为高考招生非常重要的部分——志愿填报更是人们关注的焦点，"七分成绩定，三分志愿拼"已成为多数考生和家长的共识。今天我们《有请新闻当事人》邀请到了市新世纪高级中学党总支书记田学峰，和大家一起探讨一下 2020 年的高考志愿填报技巧。田书记，您好，欢迎您做客我们的直播间。

● **嘉宾**：主持人好，观众朋友们大家好，我是秦皇岛市新世纪高级中学党总支书记田学峰。党建是我的主责主业，生涯教育是我的任教学科。

● **主持人**：田书记，您一直是在教育一线工作吗？

● **嘉宾**：是的，工作 30 多年一直从事教育工作。8 年前因为指导自己的

孩子填报高考志愿，成功的体验，让我相信学业是可以规划的，开始接触时并喜欢志愿填报这项工作。高考志愿填报属于生涯规划教育研究的内容，高考改革后生涯教育学科成为高中的必修课。在学校的支持下，几年来，我积极参加专业认证培训和国内学术交流，在工作中主动探索实践，目前是国家认证生涯规划师、GCDF全球职业规划师、高考志愿咨询师，秦皇岛市教育局"高中生涯教育工作室"的主持人。

●**主持人**：那您在填报志愿方面，可以说，您是个行家啦？

●**嘉宾**：行家谈不上，我是高考志愿填报的爱好者，我们有一个生涯规划工作室团队，有很多同行。

●**主持人**：高考结束已经有 10 天左右了，马上就要出高考成绩了，相信很多考生和家长现在心情也都比较焦急。

●**嘉宾**：是的，咱们河北省的高考成绩公布时间是 7 月 23 日，本科批次填报志愿的时间是 7 月 25 日 18：00 至 29 日 18：00，只有 4 天时间。

●**主持人**：填报志愿，选择一个专业、一个大学，可以说从某种程度上决定了一个人的人生走向。

●**嘉宾**：高考志愿选择什么大学，影响人的一生，有调查统计数据显示，相当比例的大学生后悔自己当初的志愿选择。

●**主持人**：今年河北省报考的考生人数是 60 多万，比去年增加了不少。

●**嘉宾**：河北省高考人数连续 5 年增加，形势很严峻，特别是一批次和二批次志愿合并，机遇和挑战并存，填好志愿也是高考成功非常重要的一步。

●**主持人**：田书记，您觉得在报志愿之前，考生们最重要的是需要准备什么？了解什么？

●**嘉宾**：除了清楚了解高考录取规则外，就是自我的认知——内生涯的探索，还有大学专业、社会职业的认知——外生涯的探索，否则缺少自我认知、不清楚院校和专业常识，很容易出现误报现象。

高考志愿选择和填报的原则

知己——自己的兴趣、性格、潜能、学科能力构成

知彼——政策、条件、环境、大学的专业知识

学有所长——自己有能力学好的

● **主持人**：好，准备工作做好了，开始报志愿。现在和我上大学的时候应该很不一样了，我了解到有很多名词，来看一下大屏幕：

投档线（提档线）、线上分（线差）、全省排名位次、同位分（同位次分）、平行志愿、志愿服从调剂、征集志愿……

（主持人和嘉宾了解，知道的就知道，不知道的就向嘉宾请教，聊起来）

● **嘉宾**：说到这，我要给主持人出道题，请看大屏幕……

河北省平行志愿规则案例

小明：2019 年高考成绩 616，理科本科控制线 502。

志愿排序	院校名称	6个专业排序	是否服从调剂	录取后 最低投档分数线统计
01	河北师范大学	略	是	555
02	燕山大学	略	是	574
03	兰州大学	略	是	615
04	河北工业大学	略	是	588
05	河北经贸大学	略	是	543
……				
10				

问题：小明会被哪所大学录取？请分析理由并指出小明志愿填报的排序错误。

● **主持人**：说自己的答案。

● **嘉宾**：小明同学没有对院校匹配的提档线进行测算，志愿排序存在重大问题。这5所院校，兰州大学是985院校、河北工业大学是211院校，院校层次高，录取分数一般情况是排序在前的。需要说明的是：分数提档线不是录取前确定的，是录取后统计的结果，我们填报志愿时要根据往年某院校的提档线预测。拉开分数、有梯度地排序。

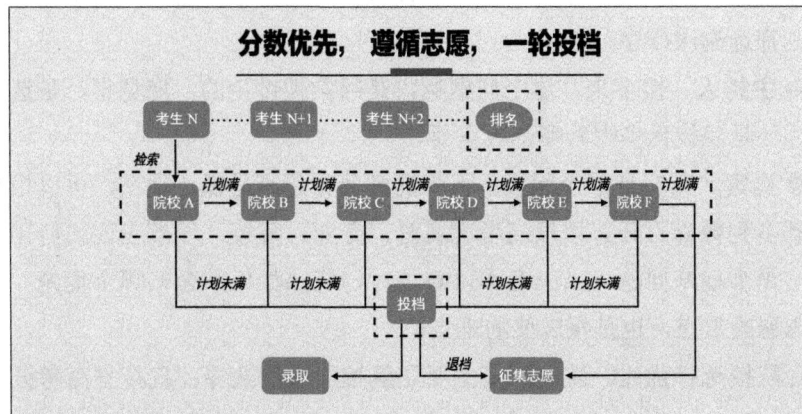

● **主持人**：哦，原来是这样。田书记，我有一个问题，就是怎么样确定自己可能上线的大学呢？这里边有什么技巧吗？

● **嘉宾**：一般采取线差法和位次法。当下，因每年的考试人数、招生人数和院校批次变化，线差法准确度不高，只适用于刚上线的考生碰运气。位次法相对误差小，特别是高分段考生很好用，比如某理科生全省排名 50 名，假如当年清华和北大理科在河北省共招生 80 名，如果该考生能够服从志愿调剂，平行志愿 A 和 B 分别填报北大和清华，都满足两所院校招生章程的规定其他条件限制，没有特殊情况就能够被这两所学校中的一所录取。一般情况下，某一院校招生某一范围排名的考生相对稳定，特别是高分段对应的重点院校，每年的幅度变化不是太大，但也有特例——断篇。排名位次可以换算成同位次分，比如 2020 年理科 600 分，假设全省排名 2 万名（当然有很多并列），我们查 2019 年理科一分一档表，查到 2 万名对应的分数假设是 595 分，这就是同位次分，再查一下 2019 年 595 分提档分数线的院校，向上向下延伸可确定 100 多所院校（当然向上延伸量要小、可能就几分；向下延伸要多些，可以达到二三十分或更多），这就可以圈定分数匹配可能考上的大学。这里有两点特别提醒：第一，网上一般容易查到对应院校提档分数线，这是该院校录取的最低分，大概率是该院校最冷门或被调剂的专业，应该分析录取平均分和各专业录取分数；第二，要参考近 3 年的录取数据，分析变化趋势，还要参考招生计划变化等因素进行综合分析预测。

● **主持人**：比如说啊，我基本符合的院校很多，怎么从这里边选出我最合适的呢？

● **嘉宾**：当然符合条件范围的院校很多，需要根据自己的需求条件和优先原则筛选淘汰排序。

● **主持人**：接下来，这个问题啊，是经常被讨论的，您觉得，是选择专业优先还是院校优先呢？哪个更重要？

● **嘉宾**：其实是三个因素。不管高考分数是高是低，现在，可以报考的院校都多到数以百计。填报高考志愿时，专业、院校、城市应该如何排列组合？这是个战略问题，当三者不可兼得时，应该如何取舍？哪个优先？这既是报志愿的重点，也是报志愿的难点。

1.院校选择优先。院校选择主要是院校层次的选择，直接与高考分数匹配，一般情况顺序从高到低，985 院校、211 院校、普通院校。但有特例，比如首都医科大学，非 211 院校，提档分数超过部分 985 院校。院校选择优势：一是优质资源，高层次院校学习环境好，教师等办学条件水平高，教学质量高，保研的比例高；二是理想就业，有更好的发展前途，只有 985 综合大学才有省级以上选调生资格，直接入职公务员，有的大城市知名企业招工落户不仅限制学历层次，也限制毕业院校层次，有的名牌大学招录教师限制第一学历的层次；三是出国留学机会多，国内名牌大学的毕业生可以更容易申请排名靠前的外国名校，国外名校招生对国内毕业院校有排名限制。院校优先适合群体是成绩好的考生和各科平均没有弱科的考生。如果目标就是上名校，专业可不必太纠结。

2. 专业选择优先。专业很重要，专业意味着一种资质，即从事某一特殊行业所必须具备的资格。专业优先首先考虑的是实现职业理想，能够专业对口，比如职业理想是医生必须报考医学相关专业。考研和就业有专业性特点，有些专业本科不好就业。专业优先原则适合职业理想方向明确的考生，适合按"专业＋院校"为志愿单位平行投档的省，也就是浙江等 6 省市新一轮考试改革实行按专业平行投档的省的考生。严格地说，2020 年河北省以"院校"为单位，平行志愿不完全支持专业优先——按照院校投档，一定比例可能被自己没有选报的专业录取。2021 年河北省也将支持专业优先选择。

3. 城市选择优先。地域的选择，首先满足美好生活环境的向往，满足气候饮食风俗等条件限制，另外就业有地域性特点，很多城市有优势产业支持，容易找到理想的工作。比如，互联网杭州有优势，长沙是媒体之都。有的考生对北上广都市向往，宁可降低院校的层次，优先选择理想的城市。

大学将影响考生发展的广度，而专业将影响考生发展的深度。怎样在大学、专业和院校之间平衡，需要根据考生个人的情况综合考虑：分数决定选择的权利，院校决定未来的平台，专业决定未来的领域，地域决定未来的机会。三全其美最难得，美中不足是常态。

● **主持人**：接下来咱们看一个数据，前几年央视新闻报道，根据大数据显示，2020 年十大热搜专业为人工智能、机器人工程、电子商务、物联网工程、大数据技术、网络与新媒体、网络空间安全、软件工程、学前教育、临床医学。"医学专业大学排名"相关内容搜索热度同比去年增长 164%。田书记，首先第一个问题，您觉得这些所谓的热搜专业或者其他的十大好就业的专业，这些对今年的高考考生报志愿有什么参考价值吗？

●**嘉宾**：应该有一定的参考价值，这与经济社会发展有关系。2020年医学专业热，我个人更理解为是由于疫情防控中全国医务工作者的突出表现。教育部"阳光高考"官网可以查到各专业的就业率等相关数据，但考生不要跟风，没有所谓的专业好坏，适合自己的就是最好的。专业的选择相对复杂，正确的选择是与个人的职业发展方向相一致，需要结合学生个人的兴趣、能力特长及价值观和家庭背景等因素综合考虑。如何尽量做到专业选择不后悔，最有效的办法就是提升自我认知。高三毕业生填报高考志愿的困惑，究其原因往往要追溯至刚进高中校园时对于自我的定位和职业规划上来。考生不要等到分数分布后再确定目标院校和专业，志愿填报准备时间很紧张，考生可以尝试使用"成就事件分析法"对自己的经历进行反思，启发自我认知，有条件的可以在专业人员的指导下利用工具进行职业倾向相关测评，考生家长可以支持考生联系进行职业人物访谈和职业实践体验，这对考生选择专业方向有帮助。

●**主持人**：好，时间非常快，马上就到节目的尾声了，在这里，祝愿今年的高考学子都能金榜题名，考进自己理想的大学，也希望我们今天的节目能对您有实质性的帮助。好，再次感谢田学峰书记做客我们直播间。我们下期节目再见。

注：2020年7月18日，秦皇岛电视台《今日报道》节目播出。

谋在当下，成在未来

——生涯发展视角下的新高考选科指导讲座提纲

秦皇岛市新世纪高级中学　查明

⊝ 设计理念

"选择"是本次高考改革方案的关键词，"选考"是本次改革的亮点。然而要让学生在 6 门学科中选择 3 科作为高考选考科目，确实是给学生和家长出了一道难题。从某种意义上说，正确的选择选考科目是高考成功的关键，也是新高一同学对自己未来走向的一次重要选择。

⊝ 学生情况分析

"6 选 3"到底怎么选，考虑的因素众多，如学生的职业专业倾向，学生的学科兴趣、学生的学科能力等，同时每个因素对个体的重要性又因人而异，我们不能将教师的价值观简单强加给学生。生涯辅导的重点在于"辅"字，所以我们要做得更多的是"助人自助"的工作，帮助学生找到最适合自己的方案，让学生自己作出最优的选择。

⊝ 活动目标

1. 学会使用网络测评工具进行生涯发展的自我探索，整合相关信息。

2. 体验由自我探索到决策选科的过程，掌握选科决策平衡单的使用方法，初步完成模拟选科。

⊝ 活动重点

让学生体验通过生涯发展的自我探索来寻找适合自己的选考科目的过程。

⊝ 活动难点

营造趣味轻松的课堂氛围，帮助学生全情投入选科决策的过程体验中。

⊖ 活动对象

高一学生

⊖ 活动准备

多媒体课件、分组并确定组长、选科案例、河北省普通高中本科招生专业选考科目要求、近三年河北省高考本科投档线。

⊖ 活动过程

● 教师动员热身阶段

1. 解读《国务院关于深化考试招生制度改革的实施意见》和《河北省高考综合改革实施方案》。

2. 学生如何选科，高校如何要求。

3. 规划学涯即规划生涯。

● 教师教授方法，学生个人学习阶段

1. 指导学生借助秦皇岛市高考综合信息服务平台进行霍兰德职业兴趣等测试。

在地址栏中输入 http：//gk.qhdedu.cn：2080/ 进入系统首页。

市直高中的学生可以直接使用"智学网"账号密码登录平台。进入"学生发展指导"栏目，点击相应的评测项目即开始评测。问卷完成后，可以查看测评结果。

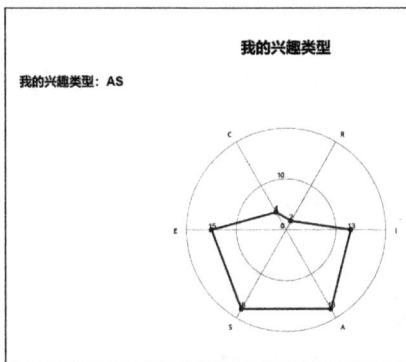

2. 指导学生根据职业兴趣倾向选择职业、专业。

3. 教授学生如何根据选择高校的专业选考要求确定自己的选科。

● 学生个人活动阶段

1. 指导学生自己根据平时成绩，综合评估学习能力。

进一步匹配专业与选科

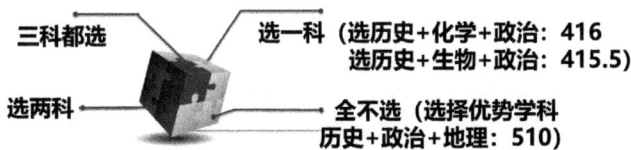

三科都选

选一科（选历史+化学+政治：416
选历史+生物+政治：415.5）

选两科

全不选（选择优势学科
历史+政治+地理：510）

2. 比较近几年高校专业录取分数，进一步匹配选科。

利用近三年河北省高考本科投档线结合自己的学习能力分析结果，可以进一步提升选科和专业院校的配适度。

北京中医药大学：634
物理和历史不限
化学和生物二选一

河北大学：560
物理和历史不限
化学和生物二选一

承德医学院：512
物理和历史不限
化学和生物二选一

北京中医药大学东方学院：395
没有学科限制

感兴趣的职业			中医学				
	专业	学校	选考要求			2018投档线	期中考试成绩
			科目1	科目2	科目3		
专业选考要求	中医学	北京中医药大学	无	化学或生物	无	634	416
		河北大学	无	化学或生物	无	560	416
		北京中医药大学东方学院	无	无	无	395	510
确定选科组合			历史	政治	地理		

兴趣 → 选择 ← 成绩

总结选科的一般过程：

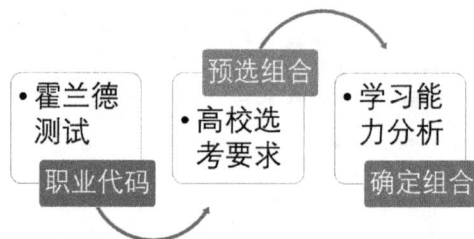

霍兰德测试
职业代码

预选组合
高校选考要求

学习能力分析
确定组合

⊖ 小组活动阶段，模拟选科

小组同学共同讨论分析某同学的评测结果和成绩，填写选科决策平衡单，体验模拟选科。

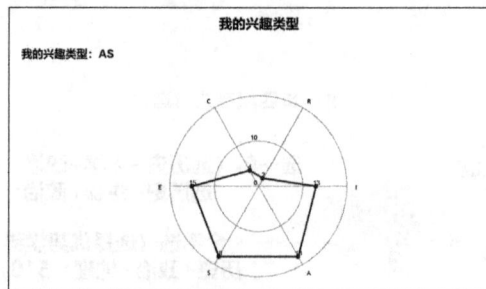

我的兴趣类型

我的兴趣类型：AS

我的兴趣

我的性格特点

　　这一类人往往有很强的创造力，有个性，喜爱表现自我，他们做事情理想化，不重视实际，具有一定的艺术才能，但是又不像典型的艺术家一样孤独、内向，他们可以和人相处比较良好，开朗、富有浪漫主义色彩，这往往也会使他们成为人群中的亮点。但是他们偶尔会缺乏耐力和毅力，当精力耗尽之时就会出现情绪低落，容易信心受挫，是比较敏感、敏感的人。

我的职业爱好

　　他们喜欢的工作要求具备艺术修养、直觉和表现力。由于他们喜欢表现自己的内心感受，他们喜欢从事在舞台上、或是可以展示自己作品的工作，比如演员、明星、指挥家等等。他们比较勇于展示，不惧怕人群，因为别人的赞许会给他们带来极大的成就感和满足感，他们非常需要观众的一类人。所以他们喜欢在公开场合工作，不喜欢独处，害怕孤独。这类人通常喜欢观念而不是事务打交道的工作，他们比较开放、充满想象力，在内心有自己丰富的艺术世界。

发展建议

　　应当避免让这类人从事机械性工作，他们不喜欢与物接触，动手能力不佳，所以应当避免从事单一的反复的体力劳动工作。同时，他们是天生的表演家，需要人们的掌声和喝彩，由于他们心灵敏性、富有想象，尽量不要让他们泄愤，这样会耗尽他们的心理能量，触到内心的低谷，使其在工作中无法发挥到极致。

推荐关注职业

戏剧导演　舞蹈老师　音乐老师　课外老师　广告撰稿人　合唱队指挥　演员　歌星

推荐关注专业

表演学类　音乐类　舞蹈类　广告类　戏剧类

推荐课外活动

参加学校的合唱团　参加学校的鼓乐队　学习声乐、舞蹈或表演等课外班　看音乐剧　听音乐会　阅读广告方面的书籍　尝试进行广告策划

期中考试成绩

语文：106 数学：90 外语：115.5

物理：53 化学：69 生物：75

历史：62 地理：62 政治：68

感兴趣的职业							
专业选考要求	专业	学校	选考要求			2018年投档线	期中考试成绩
			科目1	科目2	科目3		
	确定选科组合						

● 团体结束阶段

向全班同学分享选科的结果并说明选择理由，谈一下活动体会。

⊖ 课后反思

　　个人的兴趣倾向只能表明学生是否愿意在选择的路上走下去，而能够走多远是由学科能力决定的。学生进行学科选择时不仅要考虑兴趣因素和能力因素，还应考虑价值观、家庭等因素的影响。

生涯规划，助力梦想启航
——高一新生入学教育之生涯主题宣讲

河北省昌黎汇文二中　张建华　金艳萍

⊖基本信息
● 活动时间
高一入学军训早训前
● 活动地点
学校外操场
● 参加人员
高一全体新生

⊖ 第一版块：破冰预热

可爱的同学们：

大家好！

很高兴能与大家共度这短暂而美好的清晨时光。经过三天的军训，我感受到了同学们身上散发出的那份青春的昂扬：清澈的目光写满坚毅，黝黑的皮肤透出刚强，挺直的脊梁撑起担当。祝贺你们，我们汇文的新主人！

今天，我要跟大家分享的话题是"生涯规划，助力梦想启航"。

之所以要跟大家分享这个话题，是因为曾经无数的事实让我悲伤地看到：我的学生进入大学之前，面对专业选择的无知和迷茫，以致在高考志愿填报时手足无措；进入大学之后，面对所学专业的困惑与苦恼，以致在就业浪潮中迷失了自我。在这个日新月异的多元社会，科技、文化不断进步，知识、技能不断更新，作为新时代青年的我们，理应未雨绸缪，及早作出人生规划，贮存必备知识，锻炼必备能力，提高个人素养，以适应未来社会对复合型人才的需求，从而实现自身价值的最大化。

要谈"生涯规划"。我们首先得明确几个概念。顾名思义，"生涯"的"生"是生命，是人生，"涯"是边际、是限度，"生涯"就是指有限度的生命，简而言之就是人生。"规划"，是指比较全面而长远的发展计划。"生涯规划"合起来，就是指一个人比较全面而长远的人生发展计划。如果大家还是觉得晦涩难懂，那我就从《西游记》里取点"经"，以便更通俗地让同学们了解生涯规划这件事儿。

⊖ 第二版块：分享一——明确规划的意义

对于86版电视剧《西游记》，大家都应该比较熟悉吧。不知道师徒四人中，你的偶像是谁。我的偶像是唐长老。当然不是因为他的颜值，而是因为他的原型——那个历尽艰险，带回651部经书的玄奘法师。这个被鲁迅先生尊为民族脊梁的高僧，穷其一生致力于中外文化交流，回国后一共翻译了75部经论，1335卷经书，笔耕不辍直至圆寂。记得电视剧中的唐长老每次介绍自己的时候都是说："贫僧唐三藏，从东土大唐而来，去往西天拜佛取经。"他的经典台词恰恰回答了我们生涯规划的经典三问："我是谁？我从哪里来？我要到哪里去？"我一直很钦佩玄奘法师的伟大，他历经春秋冬夏，遍尝酸甜苦辣，凭借毫不动摇的决心，为了心中的既定目标，克服万千艰难，抵住各种诱惑，踏平坎坷，终于历经九九八十一难，取得了旷世真经！在我眼里，唐僧不仅是一名得道的高僧，更是一位高明的生涯规划师。

同学们，高中三年，是一个化蛹成蝶的过程，是一个开花结果的过程，其间自会有疼痛，有失落，有压力，也更会有约束，有义务，有责任。为了让我们的高中三年过得更有价值、更有意义，我们需要好好规划自己的人生，做一个对自己的前程负责的人，做一个为汇文书写辉煌的人，做一个为国家贡献力量的人。

⊖ 第三版块：分享二——找到真实的自己

接下来，我要和大家分享的是火爆全球的动画电影《哪吒之魔童降世》，来思考"我是谁"这个问题。毋庸置疑，我们每个人都希望自己一生下来就是"灵珠"。但实际情况是：总有人使"调包计"，让我们做不成灵珠。虽然那个"魔丸附体"的哪吒，一直生活在"灵珠投胎"的爱的谎言里，面对陈塘关百姓的排斥、孤立与打击，他不止一次地怀疑自己、讨厌自己、放纵自己，直到申公豹残酷地拆穿李靖的谎言，哪吒才恍然大悟，面对敖丙的挑战，他最终发出了"我命由我不由天"的呐喊，并舍命拯救陈塘关百姓于生死边缘。最终，他超脱了那个小小的自我，接纳并成了真正的自己。

看过电影的同学都知道，不管是"灵珠投胎"的敖丙还是"魔丸附体"的哪吒，其实都是一样的。因为没有哪个孩子的人生是注定风调雨顺的，哪怕你天生灵珠，也依旧有不同的生命难题等着你，也依旧需要经历万千磨难。你要知道，所有的生命都是筚路蓝缕的自我认识之路，都一样的艰辛且漫长，其中也包括《哪吒之魔童降世》的导演、制作人"饺子"。我觉得我们在为他的成功与票房欢呼的同时，更该敬畏的是他在国产动画电影不景气的背景下弃医触"电"的勇气和"死磕"五年专注做一件事情的定力和耐力。

同学们，我们生涯规划的第一步就是从寻找真实的自己出发，探寻生涯发展之路，"我是谁？我想成为怎样的人？"拨开双眼的迷雾，看到自己的内心，为生涯发展注入原动力。同学们，高中阶段是生涯规划的黄金时期，也是我们思考人生、探索未来的起点。能否把握好这个关键时期，最终还是取决于我们自己。

⊝ 第四版块：分享三——探寻潜在的能力

我要跟大家分享的第三部影片是《银河补习班》，不知道大家看过没有，我觉得那是一部好片子，尤其容易引起我们这些教育工作者的共鸣。在影片的开始，主人公马飞小的时候常被小伙伴们笑称为"缺根弦"，加之缺少父母的爱，马飞开始变得叛逆而敏感，逐渐对学习失去了兴趣，甚至差点被学校开除。错过儿子七年成长经历的父亲马皓文有两句经典台词，第一句是：人生就像射箭，梦想就像箭靶子，连箭靶子都找不到在哪，你每天拉弓有什么用？第二句是：如果找到了自己所爱，遇到困难，"一直想一直想"，就能越来越聪明，就能把人生的箭射得很好。最后马飞在航天展中找到了自己的"箭靶"，最终当上了宇航员。

同学们，在这个世界上，我们每个人都有独一无二的天赋优势，我们要通过发现自己性格、能力、兴趣等方面的独特性，去寻找发挥自己优势的舞台，从而倾注更多的时间在自己最有潜力的方面继续发展，那将是一件多么幸福而快乐的事啊！

同学们，经过九年义务教育阶段的学习，你们掌握了基本知识，习得了基本能力，接下来的高中三年，将是你们创造未来的新机遇，也是你们奠基未来的新平台。面对新高考，希望同学们放下初中时对学科的偏见，认真对待每一科目，努力尝试践行，发掘自己的潜能，找到自己的优势或兴趣，再根据河北省教育厅公布的各高校对选考科目的要求最终确定自己的选科方向，让未来的选择不再迷茫，让人生的选择越发理性而从容。

同学们，无论是出于家国情怀，还是为了诗和远方，如果我们想活成自己希望的样子，那么，生涯规划就是一个不充分但很必要的条件。认识自我，发掘潜能，培养兴趣，合理定位，脚踏实地，不断激励，定能成就一个最好的自己！

同学们，"盛年不重来，一日难再晨。及时当勉励，岁月不待人。"愿同学们珍惜这最美的青春时光，不惧风雨、热浪和骄阳，直面经历、蜕变和成长，经过这场军训的洗礼，我们终将展翅翱翔……迎着朝阳，披着晨光，让铿锵的脚步在记忆中珍藏，让嘹亮的口号在汇文湖畔回响。让军训记录我们青春的足迹，让军训给予我们人生的智慧，让梦想从这里启航……

以终为始，以梦为马

——新高考背景下高中选科指导讲座提纲

秦皇岛市第一中学　陈立安

　　河北省从 2018 年秋季入学的高一新生开始实行新高考——"3+1+2"模式，从传统的文理分科到面对 12 种科目组合，"如何选科"是学生、家长和老师亟待解决的问题。新高考选科之所以如此重要，是因为选科决定了今后的专业方向，还在一定程度上影响学生对今后职业的满意度和成就感；选科关系到赋分成绩，继而影响高考成绩；选科关系到后续学习信心、同学关系、师生关系；选科影响提前招生、高考志愿填报。为此，我们必须树立"以终为始"的生涯规划理念，力求实现学其所好、考其所长、录其所愿。

　　老高考之下，升学择业模式是：文理分科—高考选大学专业—选择职业；新高考之下，升学择业模式是：选择职业—选专业选大学—高中选考课程。新老高考对比，升学择业模式"始、终"颠倒，即新高考要"以终为始"科学规划。新高考扩大了学生的选择权，将选考科目与高校的学科、专业及职业方向联系起来。这就要求学生既要了解自己的兴趣和特长，又要了解各学科的特点、专业种类和对应的职业方向，做到知己知彼，才能科学选择。而现实中很多学生自我认识不清，对职业、专业等缺乏了解，盲目选择，后患无穷，这就需要老师给予科学指导。我结合工作实践，总结了新高考选科的"八步法"，希望对广大同学有所启发。

　　选科八步法：自我认知—职业倾向—专业方向—选科要求—主选科目—认知学科—演练真题—确定选科

　　⊖ 自我认知

　　自我认知，简单说就是一个人对自己的了解程度。知道自己喜欢什么、讨厌什么、擅长什么，发自内心需要什么，了解自己职业理想，这些都是新高考合理选科的必备条件。

认识自我，从性格开始。性格对人的事业具有重大影响。在选择职业时，应该根据自己的性格，选择适合自己的职业和工作。学生可以通过MBTI 性格测试，找到自己的性格类型，据此初步选择适合自己的职业。

认识自我，要了解自己的兴趣。兴趣影响着一个人的方向。如果我们的大学志愿、未来的职业选择能与自己的兴趣结合，内心就会拥有源源不断的动力，促使我们全身心地投入，不断提高自己应对挫折以及解决问题的能力，将兴趣发展成能力。学生可以通过霍兰德职业兴趣测试，发现自己的兴趣，主动寻找和培养自己的兴趣。

认识自我，要知道自己能干什么。上天赋予我们每个人独特的能力，我们只需发现自己的能力并将它发挥到极致，就会取得满意的成绩。例如，言语沟通能力强，重点考虑汉语言文学、外语类、新闻传播学、翻译等专业。访问你的父母、师长、亲朋好友，把他们认为你的"行"与"不行"记录下来，搜寻记忆中自己的行为，区分出自己的"行"与"不行"，专注优势，择其所长而从之。

⊖ 职业倾向

在正确认识自我的基础上，进而圈定职业倾向。通过公开资料调查、业内人士访谈、体验式调查等方式了解行业特点、需要的能力与专业知识、就业渠道、工作内容、发展前景等，结合家庭社会资源，解决"我想做什么""我能做什么"的问题，为专业选择指明方向。

⊖ 专业方向

通过高考志愿指导网站（阳光高考平台）或专业书籍，系统了解一下目前高校的专业分类及具体的专业设置情况。找到三种以上自己感兴趣的、符合自身特质条件的专业，从主干课程、特色专业、专业实力、培养方向、身体要求、就业前景等六个维度了解专业内涵。专业的选择，不要限定一个专业，那样在志愿填报中风险极大。除了主选专业，还要有备选专业，其实只要专业大类相同，即使是技术性强的专业也是可以替代的，比如学经济与学金融，学数学与学软件开发等。专业与职业选择的关系，可以是一对一、一对多或多对一，做好专业与职业的对接，重要的是努力培养自己的可迁移能力，以顺利应对职业变化，包括沟通技能、解决问题或批判性思维技能、人际关系技能、组织技能、研究技能等。

⊝ 选科要求

在选定专业方向后，即可查阅 2019 年 7 月河北省教育厅公布的 2021 年《普通高校本科招生专业选考科目要求》，明确在河北省招生的各高校关于你所选专业的科目要求。只有在提前了解目标院校招生专业对高中学科的要求下，才能避免将来报考时才发现自己所学科目与招生要求不符的情况。

⊝ 主选科目

河北省新高考"3+1+2"方案，貌似有 12 种选择，实质只有两种选择。一种是选物理，一种是选历史。选物理，即可报 90% 左右的专业；选历史，即使化学、生物都选上，大量的理工类专业，比如电子信息、通信、土建、电气、机械等仍然受限。所以，只要物理学科成绩还可以，我建议就不要放弃。如果就业目标为法学、财会和新闻，物理又处在劣势，就没必要选择，不限选考科目的专业也很多。新高考让学生自己选择，而不是强硬去分文理科，学生选择自己感兴趣的、擅长的、能拿高分的为上策，因为高考升学还是要依据成绩。不要因为可填报专业多就选择物理，低分是不能升入好大学的，而且大学里学相关专业也困难。

⊝ 认知学科

目前，河北省很多高中在高一上学期期末即完成选科，这就要求高一学生在一个学期的学习中，对高中学科有较为准确的认知，一是自己的学习体会、考试成绩排名，二是请教老师或学长，从而对自己的学科兴趣、学科基础、学科能力、学习潜能等正确评估，确保能够在化学、生物、政治、地理四科中合理地再选两科。再选科目的选择一是依据《普通高校本科招生专业选考科目要求》，因为有的专业有再选乃至三选科目要求；二是有利于提高高考总成绩，总成绩高是平行志愿下高考升学的关键。学生要了解自己各科成绩的确切情况，把各科成绩作横向和纵向的分析比较，看清楚哪科更具竞争力，哪科学校的教学资源更好，还要考虑学科的关联性，最好文理兼备。

⊝ 演练真题

在高一入学后，随着学习的深入，可以适当演练同步教学的高考真题，初步感知高考，有助于正确评估自己的学科实力与潜能，从而有利于正确选科。

⊖ 确定选科

到这里就可以比较稳妥地确定选科方案了，最好的答案就在学生自己的心中！学生根据自身的情况而选择，选科前不盲目不草率，选科后不纠结不放弃，终将实现"学其所好，考其所长，录其所愿"！

第六章

CHAPTER SIX

个别咨询与指导

应用生涯理念指导儿子考上理想大学的体验与思考

秦皇岛市新世纪高级中学　田学峰

笔者是一名高中生涯规划教育学科教师，两年前分别通过了 CETTIC 生涯规划师和 GCDF 全球职业规划师培训认证。从事生涯规划教育的缘由是多年前自发地指导儿子考上理想大学的经历，下面与大家分享一下自己的经验。

⊖ 指导儿子考上理想大学的具体做法

儿子很有主见，能够有意识地探索适合自己的学习方法，但学习并不勤奋，平时粗心马虎，眼高手低，忽视对基础知识的巩固，所以导致成绩波动较大。上初中一年级时，我和爱人发现他很羡慕班长学习高效而且成绩稳定，于是就引导他平时多观察班长的学习习惯，关注两人的差异点，将追赶班长定位为自己的学习目标，并根据每次考试结果调整具体的计划。经过两年多的努力，两人关系越来越好，儿子的学习成绩也逐步接近班长，在初中三年级实现了反超。2009 年，儿子顺利考取重点高中，学业规划目标管理初见成效。

2008 年上半年，当时儿子还在上初三（五四学制），我到湖南省长沙市开会，会议组织参观湖南大学的岳麓书院，我感叹，这才是读书的好地方。暑期我同爱人到湖南张家界旅游，专门到长沙市停留参观岳麓书院，她也喜爱湖南大学，商定将湖南大学定为儿子的高考目标，争取共同帮助他实现这一目标。

● 将愿望变成儿子的高中考学目标

通过精心的准备，每次开车送儿子返校的路上，话题总是在"不经意间"谈论他的未来，引导他思考定位理想大学和职业梦想。从湖南大学的优势特点和个人潜能发展等方面，我入情入理地解读，平等地对话，努力与儿子达成共识。锁定"湖南大学"为儿子考学目标的依据理由概括为四点：一是学习能力与学校层次匹配。湖南大学是国家985重点大学，凭儿子当时的学习成绩排位预测高考成绩，有一定差距，但如果本人加倍努力，发挥理想水平，也许有可能达到。二是院校的地域文化。在近现代的历史转折时期，湖南人都发挥了突出的引领作用。湖湘文化的精髓是"知行合一、学以致用、开拓进取，尚武精神"，在省会长沙市上学很容易通过环境熏陶受到积极的影响。三是个人的兴趣特长。根据儿子的个人兴趣、特长等诸多方面情况分析，有几个大学专业大类和学科被列为"不喜欢"专业，而湖南大学的学科专业设置没有这些"不喜欢"的专业，如果高考时一旦出现因分数相对低可能需要调剂专业才能录取时，几乎所有的专业儿子都可以接受。四是院校的布局管理特点。湖南大学坐落在湘江边，没有大门，没有院墙，布局和管理模式符合儿子追求自由的想法。儿子高一时就开始关注这所高校，主动了解关于湖南大学的信息，随着了解的深入，主动认同并向往这所高校，上高三后就和同学说——自己的目标是要考湖南大学。

● **明确目标增加学习内部动力**

一是设定学习考试名次目标。为了让儿子清楚考取湖南大学的最低条件，我认真学习研究高考志愿填报的相关知识，充分掌握国家的高考招生政策和相关规定，综合分析招生信息。我将近几年湖南大学在河北省录取的最低分数、录取指标和全省成绩排序等信息进行了比较分析，提供给儿子参考，他很清楚高考最少高出"河北省一本线"多少分才能考取湖南大学。结合所在高中历年高考录取情况，换算为本年级的大致考试名次，初步确定了自己考试成绩的定位校内名次和定位分数目标。二是帮助儿子养成总结反思的习惯。我们非常重视与儿子的沟通，对他叛逆期的表现和早恋倾向给予尊重和理解，在他挫折时及时陪伴和鼓励。儿子上高中后，我和爱人没有缺席过一次儿子的家长会，家中专门准备了家长会记录本。每次家长会后，我们夫妻先根据详细记录统一思想和传达思路，再吸收儿子参加三人会议，正式向儿子传达家长会信息和我们的思考，要求儿子结合本次考试进行总结反思，重点制定新的阶段目标和改进的学习计划措施。每次重要考试后儿子必定书面进行总结反思，由高一的被动到高二的主动，形成了习惯。三是关注自主招生考试拓宽升学渠道。2011年开始，我特别关注湖南大学网站的招生信息，当发现儿子因某一全国学科竞赛奖励证书符合该校自主招生报考条件时，积极鼓励儿子自荐报名参加自主招生考试。2012年2月，我陪同儿子赴长沙参加自主招生考试，考试期间参观湖南大学校园，儿子非常喜欢这所学校，后来幸运地获得了湖南大学自主招生拟录取资格。

● **心想事成考入理想大学**

儿子的"一只脚"已经迈入了湖南大学校门，增加了他学习的动力。考取湖南大学成为儿子高中学习的动力和努力的方向。每次统一考试后，儿子都会通过总结反思，查找与设定目标定位名次和定位分数的差距，分析原因，确定改进目标和具体措施，主动写出简略的书面整改方案。高考前两个月，儿子所在学校的大门口屏幕上展示他获得湖南大学自主招生考试录取资格的信息，反而增加了他学习的压力，使他沉不下心，很浮躁，导致模拟考试成绩不稳定，年级成绩排序与目标位次差距加大。儿子非常着急，主动增加学习时间，天还没亮就从宿舍到教室自习，晚自习往往是最后才离开。他及时主动调整状态，通过个人潜能分析，明确细化目标，将突破"瓶颈"的重点确定为英语学科，以英语小作文为突破口，经过一个多月的努力将英语成绩提高了近10分。2012年高考结束了，儿子心想事成，以超过湖南大学自主招生提档分数线近10分的成绩被自己比较喜欢的应用化学专业录取。

● **继续尝试取得理想效果**

考上理想大学的成功体验，培养了儿子对规划管理的兴趣，增强了他对追求更高目标的信心。儿子到大学报到前，主动与我谈起他的大学规划目标：除了学业以外，想在管理能力等多方面提高自己——大一当班长、大二当年级长、大三当学院学生会主席。后来这些目标都按期实现，获得"湖南省优秀毕业生"称号，刚上大四就与一家国外公司签订了就业合约。儿子考上湖南大学一年后，侄女开始上高中，我又用同样的办法在高一年级指导她定位四川大学为高考院校目标，心有所期，行有所至，三年后她真的如愿考上了四川大学。

⊖ **生涯教育带给我的启示和思考**

● **生涯规划有力量**

10年前我还没有接触到"生涯教育"的概念，但我崇尚"目标管理"理论，我认为生涯规划就是关于人生的目标管理。我认为在儿子个人生涯规划层面上，我起到了启蒙和引导的作用，最终让儿子获得了自我管理和规划人生的能力。儿子没有将"考研"列为大学努力目标，这是我的遗憾；但儿子却在其他方面出色地完成了自己的大学学习规划，这是我的骄傲。成功的经验让我相信"学业是可以规划的，目标是可以实现的"，激发了我对生涯规划教育的兴趣，新高考改革实施后，我主动要求参加生涯规划教育认证培训，担任生涯课教师。

● 家长有认识的误区

考上理想大学是一个人在高中阶段最关键的学习目标，父母的指导在高中生的选择中起着至关重要的作用。培养孩子，就好比盖大楼，在没盖楼之前，需要有一张设计蓝图，家长和孩子需要共同参与设计。但有的家长只顾耕耘，不管方向，我们身边普遍存在"用 12 年来抓考试分数，用 3 天的时间来选择人生"的现象。我遇到过好多位家长，高考分数公布以后来找我："帮我孩子报个志愿"。如果我问孩子和家长是否有目标院校或兴趣专业，反馈都是没有任何想法。由此可见，家长只是让孩子拼命学习，可是学习了到底往哪个方向去，自己不明确，孩子更不明确，结果到头来，因目标不明确，孩子学习动力不足，成绩或志愿不理想。

● 生涯教育是梦想教育

"成长并为未来作准备"是生涯教育的主题。生涯教育的核心是培养人们的生涯意识，逐步建立系统化的自我认知，提升生涯能力。马云有句名言："梦想一定要有的，万一实现了呢。"生涯教育的灵魂是梦想教育，帮助一个人建构梦想，实践梦想，拓展梦想，建立对于梦想的信心。考入理想的大学只是高中生涯规划的第一步，高中生的生涯目标不仅是理想大学，应该着眼长远——职业梦想。"选科走班"最科学的原则是职业导向，家长要帮助孩子提早规划职业梦想，这样才能通过目标激励去实现。

附：

成长，成为自己的样子
——湖南省优秀毕业生事迹材料

田帝，男，中共党员，湖南大学化学化工学院应用化学专业2012级1201班。

四年前，他独自一人跨过山河大海，从海滨小城秦皇岛来到千年学府湖南大学，开始了自己不一样的大学生活。北方人特有的开朗和热情让他在军训期间就和班里的同学打成一片。新班级成立，他成了应化1201班的第一个、也是他人生中的第一个班长。热爱运动的他是新生足球队的队长，在烈日暴雨不间断的训练中，在决赛惜败的眼泪里，他不仅收获了一帮好兄弟，还懂得了遗憾才是大学里不可或缺的东西；热爱生活的他在迎新晚会上能歌善舞，一曲吉他弹唱更是引起无数尖叫；热爱读书的他，从进入大学开始就制订了100本书的计划。班长这一职务教会了他很多做人做事的方式，也让这个高中男孩开始习惯大学的节奏。班级团结奋进，经过一年的努力，班级的挂科率不仅年级最低，应化1201班还获得了优秀班集体和五四红旗团支部两项重奖。收获了一些成绩的赞许，吸取了一些失败的教训，他开始思考自己是否能在成长的路上做更多的事，能否找到更适合自己的平台。

大二的生活总是丰富多彩的，他成了2012级的年级长。统筹管理年级内的9个班级对他来说是一个不小的挑战。任职期间举办的多次活动，也让他的思维方式慢慢发生着变化。从寝室文化节到合唱比赛，再到综测细项的制度改革，一次次活动一页页策划的背后，他不苟同不盲从，有着自己的思考和考虑。大二期间，他开始热心投身公益，图书馆义务清扫、无偿献血、樟树门小学联谊活动，再到课桌大扫除，处处可以见到他的身影。与此同时，他又成为学工部教育办的一名新成员，小到日常办公室管理，大到主题系列教育活动，成为学生助管的他开始尝试着从老师的角度思考学生工作问题，他也在勤工助学的岗位上拿到了自己的第一份工资。大二学年末，他代表学院前往井冈山参加团中央组织的传统教育培训，优异的表现让他获得了优秀学员的称号，同年被列入党员发展计划，思想开始向党组织靠拢。

転眼间大三了，他鼓起勇气站在台上竞选，凭借同学们的信任和自己的信心当选成为化工院第32届学生会主席，这无疑是忙碌又充实的一年。任职期间，分管的团委学生会新闻工作和公益活动并取得很大的进步，学生会成立了化工院微信平台，新闻宣传效果名列学校前茅；课桌大扫除等活动还被选入"芙蓉计划"。幸运的他在主席团和部长们的帮助下，为一年的工作交出了满意的答卷。在大三的暑假里他策划组织2014年度大学生暑期"三下乡"活动，带领10余人的团队前往岳阳市平江县十一中学进行科技下乡，本着奉献和服务的态度让"三下乡"活动取得了很大的成功。团队还荣获"优秀团队"，自己也荣获"优秀个人"称号。当别人还沉浸在学生时代的舒适中时，他已经穿上正装各处面试寻找实习机会了。在公司实习的日子是他在大学最忙碌的时期。每天正装往返于公司和教室，书包里有文件也有课本；每天早出晚归，这样的付出让周边同学很不理解。但他收获的不只是生活费，更多的是收获了不同于其他人的成熟和经历。他喜欢尝试，喜欢挑战自己。"千年弦歌微生活"产品组创立初期，还对互联网一头雾水的他成了产品经理。十几个人的团队，从默默无闻的微信号到现在校内小有名气的官方平台，从功能单一的菜单列表到整合全面的板块，他和这个产品一样在更新着成长着。而也是在这一年，他成为一名光荣的共产党员，他积极参加支部活动，以实际行动向优秀的党员目标努力。

四年的时间匆匆逝去，毕业季的他比周围的人多了一份淡然，多了一份成熟，也卸下了很多担子。暑期实习时期的优异表现加上大学期间的积淀成长，让他提前找到了一份在日本企业的工作。适合自己的就是最好的，他很少和同学去攀比，卸下了之前学生工作，他又开始追寻自己一直的梦想——开一家咖啡店。在法学院几个研究生的资金支持下，法学院中厅建起了一家小小的咖啡店，他开始学习如何当好一个店长，如何调配咖啡，如何管理店员。虽然每天还在忙碌着，但他开始和自己的梦想越来越近。

知道自己要什么，不盲从于其他人，这是他入学以来一直坚持的事情。他很羡慕那些成绩拔尖门门功课优秀的人，但他知道付出什么就会回报什么。时间有限，大学四年里，他找寻着属于自己的一条道路，做着自己的梦，以自己的标准来要求着自己。在别人眼里，他是一呼百应的学生会主席，是聚光灯下的吉他手，是绿茵场上风一样的少年，是技术宅的产品经理，是优雅的咖啡店店长。但是在自己眼里他就是他自己，一个敢于尝试敢于选择的自己。成长，成长为自己的样子，大学四年，他是充实的，因为他收获了一种不一样的生活。

梦想，前行的方向和力量

——高中生生涯咨询案例分析

秦皇岛市第一中学　华元杰

☉ 案例背景

在新高考改革背景下，生涯规划成为高中必不可少的一门课程，只有带领学生探索自身潜在的兴趣、潜能、优势、性格、价值观等内生涯结构以及专业、职业和院校等外生涯部分后，才能引导学生科学选科。

河北省采取"3+1+2"的选科模式，除了语数外三门课程必选外，首选科目物理和历史二选一，再选科目化学、生物、历史、地理四门课程选择其中两门。选科的理想顺序是根据职业选择大学专业，再根据专业选择该大学专业要求的科目。例如，某生立志做一个救死扶伤的外科医生，坚定学习临床医学专业，那么首选科目就必须选择物理学科，再选科目则可以选择化学或生物，地理或政治。

选择职业的依据又是什么呢？核心因素是一个人的职业人格，主要指内生涯因素，具体包括兴趣类型、潜能的分布、性格特点和职业价值观四个部分，其次是考虑行业前景、就业机会、家庭资源等外部条件的影响。

本案例咨询的背景是在我校高一年级已将职业人格的四个组成部分探索完毕的情况下进行的。我校采用的职业人格测评工具包括霍兰德职业偏好量表（兴趣探索）、加德纳多元智能测试（潜能分布探索）、MBTI职业性格量表（性格优势和劣势分析）以及舒伯的职业价值观理论（价值观澄清）。

☉ 咨询过程

某天下午的最后一节自习课，跟往常一样，在送走了第一个来访的同学后，咨询室迎来了第二个来访同学（化名楚楚）。见到她，我的第一印象是她情绪有些低落，面部几乎没有表情，肌肉显得有些僵硬，心情十分沉重，整个人呈现出一副无精打采的状态。

坐到沙发上，我轻轻地问她："想和老师聊些什么？"

她很干脆地回答："老师，我不知道自己该干什么。"同时，睁着一双大眼睛直直地看着我。

我听了感到有些疑惑，问道："我们已经做了职业人格的探索，你还是一点目标都没有吗？"

她说："是的。"

我继续追问："那你能告诉老师你的测评结果吗？"

她回答说记不起来了。

记不住测评结果不足为奇，毕竟学生每天课业繁重，光作业就已经忙得不可开交。每周一节的生涯课频率低，内容又不同于学科课程，对学生来说十分生疏。所以测评结果加理论解释都只能给学生留下一个大概印象，不刻意复习和强化记忆，自己的测试代码记不住也是常见的正常现象。所以，我在每节课上都会叮嘱学生将测评结果记录在一个重要的笔记本上，方便以后选科和填报高考志愿时查找回忆。

我试着帮助楚楚回忆霍兰德测评结果，我问："社会型 S 有吗？"她摇摇头。"那现实型 R 呢？"她说好像有。再问及其他的测评，她都印象不深了。

无奈之下，我提议给她做一个生涯幻游，她欣然同意。

于是我让她做了两个深呼吸，放松身体，她配合得很好。接下来，让她想象自己来到了十年后，看到了十年后的自己。她已经二十几岁，开始工作了。我问她，每天早上出门，去一个什么样的地方工作？

她闭着眼睛描述道："我一个人来到了一个工作室，工作室里没有其他人，只有我自己。"

我问道："那你在做什么？"她继续描述："我在设计产品。"

"是什么样的产品呢？"

"不是很清晰，但是我在画什么。"

"你一个人在工作室里工作时的感受是怎样的？"

"很开心。不用和人打交道，做着我喜欢的设计工作。"

幻游到这儿，我们就结束了。

"听起来你并不是没有目标啊？好像做设计是你喜欢的工作，独立开一间工作室是你理想的工作方式，做你不太喜欢和人打交道的职业。"我尝试进行小结，同时提出自己的疑问。

"但是，老师，我妈妈不让我学美术。"她看向我的眼神，透着无力和无助，也似乎在向我求援，又像是在告诉我，自己真正的卡点在哪里。

我问她有美术功底吗？她说之前一直在学。

"那为什么现在不让学了呢？"我问。她告诉我自从她考上了一中，妈妈就希望她把文化课学好，走正常高考的路线。另一个原因是妈妈说她朋友的孩子为了考一个好点的大学选择了学美术，结果美术没学好，文化课也落下了，之后妈妈就坚决不再让她学美术。每次她一提起这个问题，爸爸妈妈就严厉斥责她，让她安心学习。她尝试了几次均失败了，有一次妈妈非常严厉地要求她以后不许再提美术的事儿。

自从她感到愿望难以实现后，学习更加没有动力，目前成绩在班级里倒数。

接下来，我询问了她空间智能（八大智能之一）的得分，她说挺高的，不是满分十分就是八九分。在确认她对学美术的态度足够坚定，内心十分渴望，同时发现她的确有学美术的潜能后，我鼓励她勇敢地为自己的人生负责，建议她拿出信心和勇气再次跟妈妈沟通，还告诉她可以向妈妈描述这次咨询的过程以及生涯老师的评估结果和建议。

几天后的一个课间，楚楚看到我在其他班上完课，兴奋地跑过来告诉我，她妈妈已经同意她学美术了。

原来，咨询后的当天晚上，她就迫不及待地给妈妈打了电话，表示要为自己的人生负责，表达了还是想学习美术的愿望，也强调了咨询后老师的评估结果和建议。这次家长没有反驳孩子，而是又找了一位生涯咨询师做了二次测评，还专门找到一位美术老师为孩子做了专业方面的评估。最终的结果是两位老师也都认为孩子有学习美术的天赋和潜力。

"将爱好变为专业，再到后来的职业，这应该是人生最大的幸福和成功。有了梦想，有了追求，有了目标，确定了人生奋斗的方向，美术课和文化课都不耽误，而是更加努力，相互促进。若没有老师的帮助，我觉得自己不可能如愿学习美术，就像海伦·凯勒认为，老师是重塑她生命的人。"在我想要将这个咨询案例写出来征得楚楚同意的过程中，楚楚发自内心地表达了自己的喜悦和对我的感激。

心理学家武志红说："人需要走一条成为自己的'英雄之旅'，全然找到自己，成为自己，才能走向更广阔的世界。"曾奇峰老师说："人的本能是最可靠的。"

每个人都是独一无二的个体，内心的渴望，对梦想的执着，坚定信心地追求，最终都只能靠他本人去完成。因为每个人的人生都只能由自己来负责。

此后每一次见楚楚，她都是生龙活虎的状态，总是笑容满面的样子。我想这就是梦想的力量。我坚信，对于每个个体而言，只有梦想的种子发芽，一个人才会有人生的方向和前行的力量，未来，生命才有希望真正绽放。

☉ 感悟——学校咨询的利弊

由于学校咨询量较大，追踪和回访起来并不方便，所以我校常规的要求是学生咨询后即时在咨询记录表中给老师简单地反馈自己感受到的被帮助的程度（很有帮助、有帮助、较有帮助、稍有帮助、未有帮助）。因咨询后很少做专门性的主动回访，只有部分学生会在后期告知老师自己的变化和得到的帮助。

本案例给我的启示是：无论是生涯咨询，还是心理咨询，对学生所起到的作用可能会产生"蝴蝶效应"，特别是在来访者面对较为重要的人生节点时，尤其如此。对尚处青春期的学生来说，他们在和父母沟通时，缺少信心、勇气、力量、方法和技巧等。此时，若能得到咨询师的帮助，坚定信念，事情往往会变得容易得多。就像小孩子开门，门把手的高度对他来说就是无法企及的难题，而对于一个成年人来讲是件轻而易举的事情。

除了上述学校咨询在回访方面的劣势，学校咨询也有其优势。那就是由于心理老师或生涯规划老师有机会给学生上课，在课堂上往往就已经赢得了学生的信任。当学生预约和按约定来咨询时，往往已经作好了充分的心理准备，阻抗很少。而影响咨询效果最重要的因素就是咨询师本人和咨询关系的建立，这是学校咨询明显的优势所在。

愿每个生命都能找到自己的天赋使命，勇敢地去实现自己的理想，使人生更加圆满幸福！

志愿填报不慎重，复读路途莫后悔

——高考志愿填报案例分析

秦皇岛市新世纪高级中学　李楠

高考分数一公布，高三同学们需要重点关注高考志愿填报，否则就可能会进入非理想院校、专业，或者是要选择高三复读。每年，因各种原因选择高三复读学生都不在少数。

有的同学是真没有考好，连起码的录取控制线都没达到；有的同学高考分数很高，在家静候录取佳音，结果没有被录取或录取到自己不理想的院校、专业，只得选择高三复读之路。无奈回归复读路，缘起志愿太疏忽。为了让今后毕业的高三同学们不因"疏忽"而复读，我把因"疏忽"填报志愿，最后无缘高校的几个案例与大家分享，希望对高三同学们填报志愿提供必要的帮助。

⊖ 案例一

李文丽（化名）：文科生，新世纪高中毕业的考生，2014年高考分数537分，高考结束后未被录取，后复读于衡水二中。填报的第一志愿有（没有完全列举）：哈尔滨师范大学（汉语言文学专业）、辽宁师范大学（思想政治教育）、曲阜师范大学（汉语言文学）。

师生对话——老师："文丽，你当初如果略微降低一点对报考学校的要求，会被录取吗？"李文丽："会的。我后来查过，如果把第一志愿填成河北民族师范学院就一定可以被录取的。"老师："要多读一年高三，你后悔吗？"李文丽："嗯，挺后悔的。因为复读这一年高三，就意味着晚工作一年。其实，就我的家庭条件来讲，我应该早一点参加工作！"老师："过去的已经无法改变，现在竭尽全力，好好备考，明年的高考志愿务必要慎重填报。"李文丽："谢谢老师！"

问题分析：李文丽在高考填报志愿时，第一志愿填的都是自己非常感兴趣、喜欢的学校和专业，这很好，因为选择自己感兴趣、喜欢的学校和专业更有利于今后的发展。但是她忽略了一个问题，高考分数够不到自己非常感兴趣、喜欢的学校，如果稍微降低要求，还是可以被录取。

其实考上大学后会有更宽广的平台，只要努力，完全可以去考自己非常喜欢的大学，读研究生，这也算一种较好的选择。现在李文丽已经是燕山大学马克思主义学院研二的学生，而且各方面发展都很好。其实李文丽同学的案例不是个例，每年都会有很多毕业生身不由己地选择复读。在此，特别希望，即将高三毕业班同学们吸取李文丽同学的经验教训，考出好成绩很重要，顺利地进入上大学更重要。

⊖ 案例二

刘晨曦（化名）：文科生，鹤岗市第三中学毕业的考生，2018 年高考分数 497 分，高考结束后复读于鹤岗市育才中学。填报的第一志愿有（没有完全列举）：哈尔滨师范大学（对外汉语）、吉林师范大学（对外汉语）、齐齐哈尔大学（汉语言文学）。

师生对话——老师："晨曦，你当时为什么不填'服从专业调剂'呢？"刘晨曦："老师，因为我当时不太理解'服从调剂'是什么意思。"老师："哦，如果你当时填写'服从专业调剂'，能被你填报的学校录取吗？录取结束后，你有没有查过具体的录取分数线？"刘晨曦："录取结束后看了一下，如果我填写'服从专业调剂'齐齐哈尔大学的历史学专业就可以被录取。"老师："如果录取到调剂的专业，你会去读吗？"刘晨曦："会的。"老师："那实在是可惜了。"

问题分析：

这里给同学们介绍一下什么是高考志愿"服从专业调剂"。"服从专业调剂"是指高考分数达到所填报学校的投档线，但未达到所报专业录取分数线，同时该校仍有专业未录满可以录取，这样考生便可以被未录满的专业录取；如果填"不服从调剂"，该学校便不能录取，相应就会被退档。

现在越来越多的高校实行按大类招生，大学给予部分成绩优异的学生转专业的机会，所以服从调剂能以相对低的分数进入高校，这不失为一个上大学的好办法。建议即将填报志愿的考生最好填写"服从专业调剂"，这样可以增加录取机会。

⊖ 案例三

刘宇（化名）：文科生，鹤岗市育才中学毕业的考生，2017 年高考分数483 分，高考结束后复读于宝泉岭高级中学。填报的第一志愿有（没有完全列举）：黑龙江大学、哈尔滨理工大学、东北石油大学。

师生对话——老师："你是因为没有被报考的学校录取，所以才选择复读的吗？"刘宇："是的，老师。当时我填报的学校都集中到了一个档次上，都没有到提档分数线。"老师："有点遗憾，如果填报志愿时，拉开梯度就有机会被录取的。"刘宇："是的！我确实在填报志愿时太不谨慎了，如果当时填报一所像大庆师范学院、绥化学院或黑河学院的高校，现在应该已经是一名大学生了。"

问题分析：

刘宇没有被录取的原因是填报志愿时"扎堆"了，没有让填报的学校与学校之间有一个梯度关系。其实填报志愿时，也需要"搭配"，"搭配"院校、"搭配"专业，不过这里我们更习惯称这种搭配为"院校梯度"和"专业梯度"。

很多考生和家长了解生活中的搭配，但在高考志愿填报时，却忽略了"搭配"，也可以理解为"梯度"。"梯度"在志愿填报中起着非常重要的作用，运用得好，可以助力高考志愿填报万无一失。因为平行志愿不等于平等志愿，在院校选择上要有高有底、有好有次、有先有后，这就是"梯度"。

如果考生根据高考分数，同时报考几个实力相当的学校，那么可能会出现什么问题呢？如果没有被平行志愿甲录取，那么就极有可能也不被其余乙、丙、丁等录取。因为这几所学校实力相当，自然录取分数也会相近。所以，填报高考志愿之间一定要有梯度关系，不能"扎堆"去报等级相同的一批学校。

希望上述案例能为即将参加高考的高三同学在高考填报志愿时，提供一些帮助，少走一些弯路，考入自己理想的大学。

第七章

CHAPTER SEVEN

学校文件及经验材料

秦皇岛市新世纪高级中学
生涯规划教育课程实施方案（试行）

秦新中〔2019〕11 号

⊖ 课程背景

● 落实高中育人新目标的需要

生涯规划贯穿一生，高中阶段是自我意识形成和发展的关键时期。《基础教育课程改革纲要（试行）》明确提出："普通高中教育应为学生的终身发展奠定基础。"《关于新时代推进普通高中育人方式改革的指导意见》对学生发展指导和生涯教育提出明确要求。

● 落实新高考综合改革的需要

河北省高考制度综合改革实行"3+1+2"选科走班制度，而选科和高考志愿的填报有着直接的关联。在高中开展生涯规划教育，可以提升学生自我认知，指导学生通过分析自己的特质科学地选科，确定职业方向，减少院校选择和专业选择的盲目性。

● 激发学生自我学习潜能的需要

我校是一所城市普通高级中学，虽然是省级示范高中，但生源基础不理想，很多学生人生目标不明确，影响自我管理和自我发展。开展生涯教育，可以帮助学生明确未来的职业规划，将有助于培养学生的学习兴趣，提升学习动力。

⊖ 课程理念

● 目的意义

高中阶段处于生涯探索期，是学生自我概念形成的关键时期。我校的办学理念是"做最好的自己"，这依赖于生涯理念下学生自我概念的建立。生涯教育不仅是学科教育，更是全新的教育理念下教育教学内容与形式的变革。

● **理论依据**

以霍兰德的人格与环境类型论、舒伯的职业发展理论、加德纳多元智能理论为指导，借鉴中国本土化的生涯教育最新应用理论成果。

● **生涯教育理念**

以"成长为未来作准备"为生涯教育主题，明确实践体验是主要路径。认同生涯教育是梦想教育，建构梦想、实践梦想、拓展梦想。相信生涯教育越早越好，再晚也不晚，只要开始了就不晚。点亮自己，照亮他人，教师的职业生涯更需要规划。

● **校本化开发**

针对当前国家和地方没有生涯教育课程标准和统编教材的实际，结合本校高中学生实际情况，参考借鉴先进学校成果，通过生涯学科教师的选用、改编和增编，进行校本化开发和校本化实施。

⊖ **课程目标**

让学生通过探索认识到自我的独特性，建构起属于自己的梦想，激发成长动力，合理规划自己的高中生涯。

● **在态度层面**

唤醒生涯意识，建立自我概念，帮助学生树立起职业生涯发展的意识。

● **在知识层面**

让学生清晰地了解自身角色特性、院校专业设置、未来职业的特征以及社会职业环境。

● **在能力层面**

建立积极的职业意识，进行科学的自我分析，帮助学生获得自我认知与分析技能、信息搜索与自我管理技能、规划和适应调整技巧等能力，掌握沟通方法和技巧，进行正确决策，初步确定职业方向。

⊖ **课程内容**

● **自我认知教育**

学会认识自己的性格特征、兴趣爱好、工作价值观、多元智能、认识自己的优势和不足，并学会表达、调节情绪、沟通技能，树立正确"三观"。唤醒自我生涯规划意识，形成自我概念，思考学习与未来专业职业发展的关联性，找到人生的方向。

● **专业和职业探索**

增加对自我和环境的认识，了解大学院校和专业设置。通过实践体验探索职业环境，学会用发展的眼光看待职业，正确认识职业和个人生活的关系，根据自身特点和社会实际情况，畅想自己的梦想职业。

● **学业规划教育**

在自我认知的基础，更好地适应高中学习，科学安排三年课程的修习计划，明确自己的选科和选考意愿，培养和发展自己的兴趣与特长。

● **学会生涯决策**

重点指导学生选科分班和志愿填报。帮助学生全面了解新高考的各项变动并掌握选考策略，综合考虑心理素质、学业水平、社会发展、职业要求和大学专业要求等条件，选择与自己职业发展方向密切相关的科目、高校及专业。指导学生将个人意愿和社会需求相结合，对自身兴趣和能力动态预判，掌握选择高考科目的具体操作方法。

● **指导规划实施**

明确对自己的选择负责，探索适合自己的有效学习方法，学习自我适应和自我评价方法，掌握时间管理和目标管理等技能，促进学生个人生涯发展。

⊖ **设置管理**

● **课程形式**

明确生涯教育为必修课，规范开设。采取学科课、专题教育课、社团活动课、社会实践体验课（研学旅行）、学科融合课、团队辅导课及个别咨询等多种形式，以专题课程的方式呈现。

● **课程设置**

高一年级以学科课为主，结合社会实践体验课，以选科为重点目标；高二年级以专题活动和团队辅导课为主，以学法指导和制订个人学涯计划方案为重点目标；高三年级以团队辅导课和个别咨询相结合，重点是目标管理和志愿填报指导。

● **课时安排**

每周1课时，高一年级列入课表，高二年级每周1课时实施总量控制，高三年级适当减少课时。

● 师资配备

根据个人意愿，以兼职为主，从现有各学科骨干教师中选择和培养生涯学科任课教师，可以跨年级任课。以参加专题培训国家认证"生涯规划师"为骨干，成立生涯学科备课组和教研组。

● 教材使用

自主研发生涯校本教材《秦皇岛市新世纪高中生涯教育指导手册》，作为生涯教师上课的教学资源，并将在课程实践中进一步修订完善。

● 课程管理

在学校教务处统筹管理的基础上，成立"学生发展指导中心"，逐步完善生涯教育校本研修和课程建设的组织机构。

⊖ 课程实施

● 建立"课题引领、项目带动"机制

"河北省高中生涯规划教育实验学校"项目带动，"高中生职业生涯规划教育课程体系的建构研究"课题引领，结合学校实际，坚持问题导向，生涯教育研究工作和日常教学工作同步进行。

● 完善生涯教育校本研修制度

支持专业师资认证培训，鼓励参加国内生涯教育学术交流，积极开展生涯教师的集体研讨。完善集体备课研修制度，生涯学科教研组固定每周二下午组织研修活动。以生涯体验为载体，精心策划形式多样的生涯教育实践活动，加强生涯教学模式研究，开发专题课程精品案例。

● 重视生涯工作室引领示范

依托"秦皇岛市田学峰高中生涯规划工作室"，搭建生涯学科骨干教师交流、分享平台，通过专业引领，问题研讨，经验分享，成果物化，促进整体研修能力的提升。

● 构建全员生涯教育育人机制

关注教师职业生涯的规划和个人专业成长，落实生涯骨干教师、班主任、全体教师三级团队生涯培训计划，争取让每位教师都成为学生的生涯导师，学科融合课贯穿各学科，普及生涯教育个别咨询。充分利用家长等各种社会资源，优化生涯教育育人环境。

⊖ 课程评价

1. 课程考核按照课堂和活动表现、课堂作业完成、实践活动总结反馈、个人生涯规划方案成果四个部分进行。

2. 评价形式包括学生自评、小组评价和教师评价，建立学生成长记录档案。

3. 根据本校学生的实际需要，可适当增补和删减教学基本内容和基本要求，考核内容和要求相应调整。

附：

《秦皇岛市新世纪高中生涯教育指导手册》目录草案

第一分册　序言

　第一部分　精彩人生始于规划

　第一节　高中，我来了

　第二节　踏上生涯列车

　第二部分　认识自我唤醒潜能

　第一节　发动"小引擎"——兴趣探索

　第二节　发现自己的长板——能力探索

　第三节　天生我才必有用——性格探索

　第四节　心中的灯塔——价值观探索

　第三部分　学会选择拥抱明天

　第一节　选我所爱　爱我所选

　第二节　高考与个人发展

　第三节　新世纪高中学生生涯指导手册

第二分册　序言

　第一部分　职业的基础知识

　第一节　职业世界风采多——职业认识

　第二节　天才也怕入错行——深度了解

　第三节　下一步我们去哪里——职业探索

　第四节　多彩人生我掌握——职业选择

　第二部分　生涯教育系列活动

项目带动，课题引领，
积极推进高中生涯规划教育课程建设

河北省秦皇岛市新世纪高级中学　田学峰

秦皇岛市新世纪高级中学成立于 2000 年 5 月，是河北省秦皇岛市教育局直属公办普通高中，2003 年被评定为河北省示范性普通高中。学校占地153.4 亩，总建筑面积 5.4 万平方米，现有在职教职工 196 人，教学班 41 个，在校生 2009 人。学校办学特色突出，是国家级青少年篮球俱乐部会员学校、河北省高中阶段高水平运动员训练基地、河北省优秀传统体育项目学校、河北省对外汉语示范学校、河北省对外交流示范学校，先后获得河北省园林式单位、河北省语言文字示范校、河北省优化学生心理项目实验学校、河北省依法治校示范校、河北省思想政治教育先进集体、河北省教育系统志愿服务先进单位等荣誉称号。

河北省高考制度综合改革实行"3+1+2"选科走班制度，生涯教育课程成了高中必修课。2015 年 10 月我校被批准为"河北省高中生涯规划教育实验学校"，我校利用先发优势，提前谋划、积极探索生涯规划教育课程建设和实施。2017 年 9 月，我校"高中生职业生涯规划教育课程体系的建构研究"课题被河北省教育科学规划办审批立项为"十三五"规划课题。2019 年，我校田学峰书记被秦皇岛市教育局确定为"秦皇岛市田学峰高中生涯规划工作室"主持人，以实验项目为契机，以课题研究为依托，积极发挥生涯教育工作室优势，通过项目带动和课题引领，推进高中生涯教育工作取得明显成效。下面将我们的做法与大家分享。

⊖ 抓骨干培训，校本研修推进生涯师资队伍建设

● 提高认识明确目标

生涯规划贯穿一生，高中阶段处于生涯探索期，是自我概念形成的关键

时期。我校充分认识到生涯教育的作用与重要性，生涯教育不仅是学科，更是全新的教育理念下学校教育教学内容与形式的变革，因为任何素养最终指向都是人的发展与价值取向的形成。我校的办学理念是"做最好的自己"，这依赖于生涯理念下学生自我概念的建立。我校领导班子及时转变教育观念，抓住我校被评为生涯教育实验项目校这个机遇，明确以"成长为未来作准备"为生涯教育主题，以专业师资队伍建设为重点，制定生涯教育学科校本研修的短期和长期目标。

● 建设骨干团队

生涯教育是新学科，师范大学没有对口专业，需要选派其他学科骨干教师专门参加生涯教育专业认证培训后兼职任课。生涯规划教育学科的师资培训还没能列入省市教师培训项目，由于缺少足够合格的生涯教育专业师资，很多学校无法正常开设生涯课。我校将培养专业师资作为重要工作来抓，三年多来共分 9 批次选派课题组骨干成员参加专业培训，积极参加"青少年生涯教育联盟""河北省青少年职业生涯发展研究会"专业研讨活动。我校直接用于生涯教育师资认证培训的资金已经超过 10 万元，参加生涯研讨交流活动的资金超过 15 万元；先后有 9 名教师取得国家认证生涯规划师资格，5 名教师取得 GCDF 全球职业规划师认证。

● 完善校本研修制度

2017 年学校成立"生涯教育"课题组，2018 年成立生涯学科备课组，2019 年成立"学生发展指导中心"，逐步完善了生涯教育校本研修和课程建设管理的组织机构。生涯学科教师需要持续学习培训，认证培训只是"领进门"，"修行"必须靠校本研修持续推进。生涯学科备课组每周固定时间组织研修活动。外出学习的骨干教师归来后，在校内进行二次交流分享。坚持每年暑期对新高一年级全体班主任、生涯学科任课教师进行全员校本培训。

㊁ 抓课题引领，研教同步推进生涯教育课程建设

● 立足校本研教同步

结合学校实际，"高中生职业生涯规划教育课程体系的建构研究"课题坚持问题导向，课题推进课程建设，服务新高考改革。"生涯"课题研究与生涯教育教学工作紧密结合，突出实践性和针对性。通过集体备课、校本研发、研学旅行、选科走班、志愿填报等任务驱动，聚焦重点，以案例研究为

载体，引领解决我校生涯教育课程推进中面临的突出问题。

● 自主研发编写生涯校本教材

在广泛学习的基础上，立足于我校学生实际开展生涯校本教材的编写工作。校本教材《秦皇岛市新世纪高中生涯教育指导手册》已经完成三册，作为生涯教师上课的教学资源，并将在课程实践中进一步修改完善。逐步完善《新世纪高级中学生涯规划教育课程实施方案》等规范文件。基于"库伯经验学习圈"理论，探索完成了"五步体验式"生涯课堂教学结构模式。

● 构建生涯教育课程体系

规范开设生涯教育必修课，生涯教育课以学科课、专题活动课、社会实践体验课、学科融合课及个别咨询多种形式开设，以专题课程的方式呈现。高一年级以学科课为主，每周每班1课时，列入课表，结合社会实践体验课，以自我认知、指导选科为重点目标；高二年级以团队辅导课为主，以制订个人学涯计划方案为重点目标；高三年级个别咨询和团队辅导课相结合，重点是目标管理和志愿填报指导。高二、高三年级按每周1课时，实施总量控制。全新的生涯教育课给学生们带来了全新的认识，越来越被学生接受和喜欢，这门课已经成了老师、家长和学生谈论的热点。

㈢ 抓创新实践，直面问题服务推进高考改革

● 积极开展职业体验综合实践活动

生涯教育从学生进入高中的第一天就开始了。在新生入学注册报到时，我校组织开展高一新生生涯教育基本信息调查，对每名新生进行一对一的生涯问题收纳面谈。利用假期和休息日安排学生完成生涯人物访谈、社会职业体验、走进大学访谈大学生等社会实践作业。征集事业成功的家长和校友为特聘讲师，定期举办生涯人物事迹报告会。在生涯理念下组织研学旅行活动。邀请东北大学秦皇岛分校"学霸公益教育团队"，解读各专业核心课程与高中学科的关系，专业探索面对面，提前让高中生与大学生衔接。我们研究开发了"入学首日即生涯启航""职场人物大讲堂"等精品综合实践活动课程。

● 积极探索选科走班策略

我校将指导选科列为高一年级生涯课的重点任务目标，并由"学生发展指导中心"负责统筹组织实施。在推进"3+1+2"模式选科过程中，生涯

教师重点指导学生进行内外生涯探索，及时以反思和分享的形式进行点评，指导学生依据自我认知和职业探索，以"职业—专业—学科"为思路引向，科学合理地确定选考科目。这些做法使我校选科走班教学秩序顺畅，运行平稳。

● **高度重视升学指导教育**

高考志愿填报是广大考生和家长最关心的话题，也是生涯教育的内容目标之一。我校分别在高一年级新生第一次家长会、高二年级选科后、高三年级第一次考试后、高考结束第二天、高考分数公布当日等重要的时间节点，面向学生和家长举办多层次的高考志愿填报讲座。同时我校还承办河北省高招咨询会，让考生与大学招生办面对面沟通。除集中讲座外，我校生涯骨干教师还面向全体高三毕业生提供高考志愿填报个别咨询服务，深受考生及家长的好评。

通过积极的实践探索，我校生涯规划课程建设成果丰硕。2019年3月，我校承办"秦皇岛市高中生涯教育现场培训会"，重点展示我校推进生涯教育实验项目和课题引领生涯教育课程建设的经验做法。我校多次选派骨干教师为全市各高中学校生涯教育学科送课示范，指导生涯教育学科建设。2019年9月，河北省教育厅有关领导到我校调研高考综合改革推进情况，全方位了解我校生涯规划课程建设、选科走班运行做法，对我校课题引领生涯教育课程建设的实践探索给予充分肯定。"高中生职业生涯规划教育课程体系的建构研究"课题正在结题验收，出台《新世纪高级中学生涯规划教育课程实施方案》等课程体系建设文件，阶段性成果在全市推广借鉴。

新高考，新挑战。《关于推进新时代普通高中育人方式改革的指导意见》对普通高中学校生涯教育提出了新的要求，我们愿做高中生涯教育的探路者，面对新的形势，不断探索实践，不断提高生涯教育工作水平，争取建成全市生涯教育师资培训基地，为推进新高考改革作出更大贡献。

注：2019年12月8日，在杭州"2019首届全国中学生涯规划教育学术年会"上，秦皇岛市新世纪高级中学获得"全国学校生涯规划教育先进单位"，本文为代表学校在大会典型发言交流提纲。

　　回顾近两年来的实践研究，一篇篇生涯规划教育教学案例带给我们的是成长的记录，是吐故纳新的思索，集结着工作室全体研修成员的智慧与心血。案例内容不追求体系完备，而突出实用价值，关注实践应用。虽然体例不一，篇章结构不尽完美，文字也略显粗糙，但字里行间记录的均是探索过程中的串串脚印，凝结的是实践过后的种种成果。

　　我们深知，生涯规划教育对于一个人未来发展非常重要，每个孩子都是最独特的自己，都应拥有更好的未来。现实是梦想的起点，孩子们的梦想都值得赞许，值得记录，值得规划，值得追求，值得喝彩。当然，为梦想护航的生涯规划教育也值得我们每一位教育工作者去潜心学习，不断实践。

291

　　案例的作者从事生涯规划教育工作的时间都不太长，只有极少数具备心理学教育的学科背景，几乎都是"半路出家"，出于对生涯教育这一新学科的热爱，成为生涯规划教育的同道中人。受水平所限，难免有些疏漏，衷心希望大家阅读后提出宝贵意见。

　　在本书出版之际，谨向所有给予我们指导、关心、支持和帮助的单位和个人表示感谢！感谢秦皇岛市教育局的关心和支持！感谢河北省教育厅基础教育处二级调研员梁永良和河北省青少年职业生涯发展研究会会长苏志霞教授为本书撰写序言！感谢秦皇岛市新世纪高级中学为生涯规划工作室研修活动提供了鼎力支持！感谢秦皇岛市教育科学研究所为生涯规划工作室搭建了案例交流展示平台！感谢中国人生科学学会学生发展指导专业委员会专家的指导和支持！感谢赵昂老师、任国荣老师、许庆凡老师的培训指导！

　　每一个案例都配套开发了课件，如有需要，请与编委会联系，邮箱 qhdwztxf@126.com。

2021 年 6 月 6 日